国家社会科学基金项目（11CZX016）

爱因斯坦
社会哲学思想研究

Research on
Einstein's Social Philosophy

杜严勇◎著

中国社会科学出版社

图书在版编目（CIP）数据

爱因斯坦社会哲学思想研究/杜严勇著. —北京：中国社会科学
出版社，2015.9
ISBN 978 - 7 - 5161 - 6635 - 2

Ⅰ. ①爱… Ⅱ. ①杜… Ⅲ. ①爱因斯坦，A. (1879～1955)—社会
哲学—哲学思想—研究 Ⅳ. ①B712.59

中国版本图书馆 CIP 数据核字（2015）第 170519 号

出 版 人	赵剑英
选题策划	郭晓鸿
责任编辑	慈明亮
责任校对	周 昊
责任印制	戴 宽

出 版	中国社会科学出版社
社 址	北京鼓楼西大街甲 158 号
邮 编	100720
网 址	http://www.csspw.cn
发 行 部	010 - 84083685
门 市 部	010 - 84029450
经 销	新华书店及其他书店

印 装	北京君升印刷有限公司
版 次	2015 年 9 月第 1 版
印 次	2015 年 9 月第 1 次印刷

开 本	710×1000 1/16
印 张	16.75
插 页	2
字 数	253 千字
定 价	62.00 元

目　录

序 科学之外的爱因斯坦及其意义

刘 兵

在科学史上，有形形色色各种不同类型的科学家，他们对于科学的贡献，在大小上，也有着差别。排除了一些有争议的或颇不靠谱的排名之后，应该说，牛顿和爱因斯坦是被公认为贡献和影响最大的科学家。也曾有人按照某些"计量"的"定量"方法来做这类评判，例如，选择最权威的科学家传记工具书对不同科学家的相关条目的长度等来衡量，结果差不多也是如此。

科学家之所以成为科学家，是因为其科学研究和科学贡献，科学家成为著名科学家，通常也是因为其在科学上重要的突出贡献。这当然是一个显而易见的说法。但是，科学家除了其从事科学研究的这个职业特征之外，也是一个人，也会在科学之外有着各种与科学相关或不相关的活动和言论。而且，我们也可以注意到，当一个科学家足够著名之后，那些与科学直接或间接相关，甚至与科学不相关的思想、观念、社会活动、言论等，也会成为专家们研究的内容。例如，我们经常会看到，一些大科学家（这里的"大"，大约包括了相当于"著名"或科学贡献特别突出的级别含义）与更多从事具体的技术性细节研究（当然这些研究也是科学的重要组成部分）的科学家相比，经常会表现出其对更深层的哲学等问题的关注和思考，甚至于对其他重要的社会事务也有着不同凡响的见解。当然，不同的科学家在这些方面之贡献的价值，还是有很大差别的。

不过，具体到爱因斯坦，应该说是在这方面非常突出的一个典型。以往人们说到爱因斯坦，大多是因为其科学贡献，虽然也会有人谈及他的社

· 1 ·

会哲学思想等，但通常并不那么系统。而实际上，从对社会、哲学等方面的思考的深入性、独特性和启发意义方面来说，爱因斯坦可以说是科学家中非常特殊的重要人物。杜严勇的这本新作《爱因斯坦社会哲学思想研究》，便是目前国内对此问题最为系统全面的研究，对爱因斯坦的宗教观、民族观、科技观、教育观、自由观、世界政府以及社会主义思想等七个方面的内容进行了系统的梳理和总结。

正如作者在其书中所说的，他力图以三个指导思想（也可以说是"工作原则"）来进行这项工作，即："第一，思想与个人经历相结合。在探讨思想观点之前，将爱因斯坦的相关经历弄清楚，结合他的经历来理解其思想；第二，思想与行动相结合。行动体现思想，反映思想状态，因此，在探讨爱因斯坦的社会哲学思想时，尽可能与他的具体行动及其影响联系起来，从而形成较为完整的认识；第三，思想与历史背景相结合。为了更准确地理解思想的地位与价值，必须将其放在当时的社会历史背景中去分析。如果仅限于讨论爱因斯坦个人的论述，可能会过分拔高或贬低，从而导致不必要的误解。同时，还需要关注到同时代以及后来的学者对相关思想的分析和评价。"我觉得，此书作者在写作中基本上是体现和贯彻了这几条原则，而且，是在基于相当丰富的原始文献和其他相关文献的基础上，言之有据地、全面地描绘了爱因斯坦作为一个思想家、一个哲学家、一个关心社会事务的科学家，甚或一言以蔽之，作为一个知识分子（在这个词最原始的意义上）的光辉形象。

关于此书所讨论的具体内容，读者自会在书中读到，没有必要在这里多讲，但其重要意义，却正如此书作者在总结中所说的："对爱因斯坦的论著阅读越多，对他的敬佩之情也就越深，这是阅读爱因斯坦的读者的普遍感受。爱因斯坦的社会哲学言论虽然并不全面、系统，但的确是深刻的。只要他的社会哲学思想能够给我们一些启示，这其实就足够了。爱因斯坦毕竟是一位科学家，而不是神学家、教育家、政治家。当然，我们可以说爱因斯坦是一位真正的思想家。阅读他的文字，能够给人以启迪，从他的思想中得到精神与心灵上的激励与升华，而不是单纯地获得一些知识，这才是一位思想家真正的魅力所在。"

阅读这本书，我的一个时时出现的联想，还是"知识分子"的概念。

在网上的"百度百科"中，有这样一段还标注了文献出处的说法，即"'知识分子'这个概念来自西方。据一些学者考证，欧洲有关知识分子的概念有两个，就现行较常用的英文来说，一个是 intelligentsia，另一个是 intellectual。前一个词来自俄国，1860 年由俄国作家波波里金（Boborykin）提出，专指 19 世纪 30—40 年代把德国哲学引进俄国的一小圈人物。'知识分子'是指一群受过相当教育、对现状持批判态度和反抗精神的人，他们在社会中形成一个独特的阶层。后者则是法国一些学者从前述的'德雷福斯'事件后开始广泛使用，这个词专指一群在科学或学术上杰出的作家、教授及艺术家，他们批判政治，成为当时社会意识的中心。"

对比之下，我们显然会从对此书的阅读中得出结论：爱因斯坦不正是后一种意义上的"知识分子"吗？

之所以在这里谈起这些，其实一个潜在的原因，便是近年来网上关于"公知"（公共知识分子）形象变化，先是热炒，后是被污名化。在中国的语境中，"公知"与前述意义上的知识分子差不多是等价的，而且因为加上了"公共"这一限定词（姑且不论这一说法在更早期的历史上的含义），甚至可能让人更容易理解其性质和特点。但"公知"概念和"公知"形象在中国的遭遇，一方面有"公知"自身的原因（即其并未达到理想的标准和水平），另一方面也还有许多更复杂的原因，这里不说也罢。但我们在这里却完全也可以说，其实爱因斯坦正是那种理想的、典型的、标准的"公知"！

简而言之，此书的价值可以包括：第一，让人们更全面地了解爱因斯坦这位伟大的科学家；第二，让科学家可以有一个可供他们学习的理想榜样；第三，通过对爱因斯坦的社会哲学思想的了解，让人们受到启发，去更好地思考更多的超出科学之外的重要问题。

是为序。

2015 年 1 月 7 日于清华大学荷清苑

前　言

　　爱因斯坦（Albert Einstein）是一位伟大的科学家，同时也是一位有着深厚的哲学修养和强烈的社会责任感、正义感的思想家。他对包括宗教、教育、民族、战争与和平等许多社会问题都有不少论述，并参与了较多的社会活动，产生了很大的影响，有的甚至影响至今。本书所探讨的爱因斯坦的社会哲学思想，就是来自他的这些关于社会问题的基本观点、社会活动及其影响。

　　最早从整体上论述爱因斯坦的社会哲学思想的是美国学者欣肖（Virgil Hinshaw Jr.）。他从科学与价值、国家与个人、和平主义、犹太复国主义等四个方面论述了爱因斯坦的思想。[①] 我国学者李醒民从开放的世界主义、战斗的和平主义、自由的民主主义、人道的社会主义、远见卓识的科学观、别具只眼的教育观、独树一帜的宗教观等七个方面全面论述了爱因斯坦的社会哲学思想。[②] 如果说欣肖的论述还比较简单的话，那李醒民的研究就可以说是非常全面、深刻了。如何在已有研究成果的基础上再进行拓展、深入，是笔者长期以来思考的核心问题。

　　经过反复思考，笔者努力在研究爱因斯坦的社会哲学思想的过程中，坚持以下三个方面的指导原则。

　　第一，思想与个人经历相结合。在探讨思想观点之前，将爱因斯坦的相关经历弄清楚，结合他的经历来理解其思想。

　　第二，思想与行动相结合。行动体现思想，反映思想状态，因此，在

[①]　Hinshaw Jr. , Virgil. Einstein's Social Philosophy. In Schilpp, Paul edited. *Albert Einstein: Philosopher-Scientist*. New York: Tudor Publishing Company, 1951, pp. 649—661.

[②]　李醒民：《爱因斯坦》，商务印书馆 2005 年版，第 225—390 页。

探讨爱因斯坦的社会哲学思想时，尽可能与他的具体行动及其影响联系起来，从而形成较为完整的认识。

第三，思想与历史背景相结合。为了更准确地理解爱因斯坦的思想的地位与价值，必须将其放在当时的社会历史背景中去分析。如果仅限于讨论爱因斯坦个人的论述，可能会过分拔高或贬低，从而导致不必要的误解。同时，还需要关注到同时代以及后来的学者对相关思想的分析和评价。

笔者尽可能将这三方面的指导原则都落到实处，不过，在不同的章节中，以上三个方面的指导思想的侧重点各有不同。由此，希望能够对爱因斯坦的社会哲学思想形成比较全面、客观的分析与评价。

江晓原在上海交通大学出版社出版的 ISIS 文库总序中说："ISIS 文库决心平视科学技术——甚至可以俯视。"① 可以说国内已有的大多数爱因斯坦的研究成果在一定程度上是对爱因斯坦"仰视"的结果，本书试图把爱因斯坦作为一个普通人来看待，做到"平视"爱因斯坦，从而来认识作为"普通人"而不是"伟人"的爱因斯坦。

本书讨论了爱因斯坦的宗教观、民族观、科技观、教育观、自由观、世界政府以及社会主义思想等七个方面的内容。每一部分的讨论不求面面俱到，而是以点带面，重点选择某些方面展开论述。本书内容大致以爱因斯坦的社会哲学言论及行动的发生或产生影响的时间为序，每一章的内容都相对独立。不同章中重复的专有名词以及参考文献都重新完整标注，以方便读者阅读。另外，为了保证内容的完整性与阅读的方便，在不同章节中少数引文有重复引用的情况，请读者谅解。

---

① 江晓原：《平视科学，甚至俯视："ISIS 文库"总序》，2013 年 8 月 18 日，http://blog.sina.com.cn/s/blog_ 485f2bc80102e4tb.html，2013 年 12 月 1 日。

第一章 宗教观:科学研究的动力之源

从 20 世纪 20 年代开始,爱因斯坦就科学与宗教的关系,发表了为数不少的论述,产生了很大的影响。作为一名杰出的科学家,爱因斯坦的宗教观对于科学史与科学哲学家、神学家以及普通民众来说,都是一个很有趣味的话题。不过,目前出版的许多关于爱因斯坦的传记对这个问题要么简单提及,要么根本只字不提。国内学者也发表了不少关于爱因斯坦与宗教的论文,但大多局限于爱因斯坦本人的论述,对爱因斯坦有关论述的背景及其影响,以及与科学史家、科学哲学家、神学家等不同领域学者的观点及其异同鲜有提及。本章在尽可能全面地占有相关资料的基础上,试图对这一问题进行再探索。

第一节 爱因斯坦的宗教经历

1879 年 3 月 14 日,爱因斯坦出生于德国乌尔姆(Ulm)市,父母都是犹太人。虽然爱因斯坦的父母不信仰宗教,但他在上学期间却有过一段深刻的宗教信仰经历。在爱因斯坦读小学期间,根据巴伐利亚当地的法律要求,他必须要上宗教课。这样爱因斯坦在学校里接受了正规的天主教的宗教教育,但家里还是请了一位远房亲戚来给他讲犹太教,由此唤起了爱因斯坦的宗教热情。爱因斯坦的妹妹玛雅(Maja Winteler-Einstein)回忆说:"他听说有一种上帝的意志和令上帝喜悦的种种工作,以及有一种符合上帝意志的生活方式,而这些教义在他并未合成一个确定的教条。然而在他的宗教感情中还是这样地充满着热忱,他自愿严格遵守宗教戒规的一切细则,举个例子来说,他一点猪肉都不吃。这是出自良心的要求,并不是因为他在家庭中已经发现了这种先例。他忠实地保持这个自我选择的生活方式好几年。"① 爱因斯坦最早的传记作者莫什科夫斯基（Alexander Moszkowski）写道："一种宗教情感意识在爱因斯坦身上显现出来，加上学校教育和家庭教育的影响，来自美好生活环境的刺激加强了这种情感。但是，这并不是由于家里例行的习惯导致的，而是爱因斯坦同时学习犹太教和天主教而发生的。他从这两种宗教当中得到这样的认识，它们可以共同作用，加强信仰，而不互相矛盾。"②

爱因斯坦自己也对这段宗教热情印象深刻，不过，他认为自己产生宗教信仰的原因并不在于接受了宗教教育。1946 年，他在《自述》中说："当我还是一个相当早熟的少年的时候，我就已经深切地意识到，大多数人终生无休止地追逐的那些希望和努力都是毫无价值的。而且，我不久就发现了这种追逐的残酷，这在当年较之今天是更加精心地用伪善和漂亮的字句掩饰着的。每个人只是因为有个胃，就注定要参与这种追逐。而且，由于参与这种追逐，他的胃是有可能得到满足的；但是，一个有思想、有感情的人却不能由此而得到满足。这样，第一条出路就是宗教，它通过传统的教育机关灌输给每一个儿童。因此，尽管我是完全没有宗教信仰的（犹太人）双亲的儿子，我还是深深地信仰宗教。"③

1891 年，也就是在爱因斯坦 12 岁那年，他的世俗宗教热情突然终止了。他说："由于读了通俗的科学书籍，我很快相信，《圣经》里的故事有许多不可能是真实的。"④ 爱因斯坦还接着说："我很清楚，少年时代的宗

---

① 爱因斯坦：《爱因斯坦全集》（第一卷），赵中立主译，湖南科学技术出版社 2009 年版，第 63 页。

② Moszkowski, Alexander. *Einstein: The Searcher——His Work Explained from Dialogues with Einstein*. Translated by Brose, Henry. London: Methuen & Co. Ltd., 1921, p. 221.

③ 爱因斯坦：《爱因斯坦文集》（第一卷），许良英等编译，商务印书馆 2009 年版，第 1—2 页。

④ 这些通俗科学著作是来自俄罗斯的犹太学生塔尔梅（Max Talmey）推荐给爱因斯坦的《自然科学通俗读本》以及毕西纳（Ludwig Buchner）的唯物主义著作《力与物质》，他每周四来爱因斯坦家里吃午餐，经常跟爱因斯坦讨论一些科学和哲学问题，还向他推荐康德的著作。《自然科学通俗读本》由伯恩斯坦（Aaron Bernstein）撰写，是一套非常著名的科普著作。这套书讨论了动物、植物及其相互依存，还有关于它们起源的假设；以及恒星、流星、火山、地震、气候等许多内容，都是关于自然界相互作用的知识。参见 Frank, Philipp. *Einstein: His Life and Times*. New York: Alfred A Knopf, 1972, p. 13. 对这个问题的详细讨论，参见 Gregory, Frederick. The Mysteries and Wonders of Natural Science: Aaron Bernstein's *Naturwissenschaftliche Volksbucher* and the Adolescent Einstein. In Howard, Don and Stachel, John edited. *Einstein: The Formative Years*, 1879—1909, Boston: Birkhauser, 2000, pp. 23—41。

教天堂就这样失去了，而这个宗教天堂是使我自己从'仅仅作为个人'的桎梏中，从那种被愿望、希望和原始感情所支配的生活中解放出来的第一次尝试。"① 犹太男孩一般在 13 岁生日后的第一个安息日（星期六）要进行受戒礼，表示自己长大成人，并自此严格遵守犹太传统。由于爱因斯坦在这之前失去了"宗教天堂"，也就没有进行受戒，他的父母对此也并不在意。

爱因斯坦在卢伊特波尔德中学（Luitpold-Gymnasium）接受了犹太教的教育，不过一周只有两小时。他的第一位犹太教教师是弗里德曼（Herr H. Friedmann），这位老师讲授十诫、圣经故事以及旧约中的部分章节，还有犹太教节日礼仪、初等希伯来语语法等内容。在 1892 年至 1895 年间，还有几位老师给爱因斯坦等犹太学生上宗教课，但由于这些老师不是学校的专职员工，大家的学习态度都不太认真。1929 年，当弗里德曼向爱因斯坦祝贺五十周岁生日时，爱因斯坦写道："得到您的祝福我深为感动，也甚为高兴。年少时在慕尼黑的那些日子在脑海中仍然栩栩如生，当初没有更为努力地学习天父的语言和著作，我深感抱歉。虽然我常看圣经，但仍不太懂圣经原文。这确实不是您的错，您已经竭尽全力与我们的懒惰以及五花八门的顽皮做斗争。"② 从爱因斯坦的这番话也可以看出，当初他对宗教课程的确没有认真学习。考虑到爱因斯坦自 12 岁开始就不再信仰世俗宗教，在此之后，他更不可能对宗教课程感兴趣了。

离开了少年时的宗教天堂，爱因斯坦走向了自己的"宇宙宗教"。用他自己的话来说，这个宗教天堂同样是迷人的。"在我们之外有一个巨大的世界，它离开我们人类而独立存在，它在我们面前就像一个伟大而永恒的谜，然而至少部分地是我们的观察和思维所能及的。对这个世界的凝视深思，就像得到解放一样吸引着我们，而且我不久就注意到，许多我所尊敬和钦佩的人，在专心从事这项事业中，找到了内心的自由和

---

① 爱因斯坦：《爱因斯坦文集》（第一卷），许良英等编译，商务印书馆 2009 年版，第 1—2 页。为了与爱因斯坦的"宇宙宗教"相区别，下文中把爱因斯坦少年时代所信仰的，也就是社会上广泛流行的宗教思想称之为"世俗宗教"。

② Jammer, Max. *Einstein and Religion：Physics and Theology*. Princeton：Princeton University Press，1999, pp. 23—24.

安宁。……通向这个天堂的道路，并不像通向宗教天堂的道路那样舒坦和诱人；但是，它已证明是可以信赖的，而且我从来也没有为选择了这条道路而后悔过。"①

由于爱因斯坦是犹太人，一些犹太团体希望能够从他那里得到支持和帮助。虽然爱因斯坦一直以自己是犹太人而自豪，但他明确表示自己跟传统的犹太教没有关系。1920 年秋，当时在柏林工作的爱因斯坦给一个犹太人团体写信说："虽然我感到自己是一位犹太人，但我感觉自己远离了传统的宗教形式。"② 不过，爱因斯坦答应每年给犹太团体的福利部门捐款。很可能是因为这个犹太人团体在来信中提醒爱因斯坦，从法律上讲，每一位犹太人都应该向当地犹太人团体纳税，爱因斯坦写道："不能强迫任何人加入某个宗教团体。感谢上帝，那种时代已经一去不复返了。因此，我一劳永逸地宣布，我不打算加入……也不与任何正式的宗教团体发生联系。"③ 在本书《民族观》一章中我们将会看到，爱因斯坦虽然后来支持犹太复国主义，但并不是基于宗教的原因，而主要是出于犹太民族感情。

的确，除了极少数的特别事件之外，爱因斯坦从不参加教会活动，也没有加入任何宗教组织。不过，爱因斯坦却经常论及宗教，特别是科学与宗教之间的关系问题。

第二节　爱因斯坦论宗教

1927 年 2 月 14 日，爱因斯坦与友人凯斯勒（Count Kessler）、霍普特曼（Gerhart Hauptamnn）以及克尔（Alfred Kerr）等人在出版商菲舍尔（Samuel Fischer）家里共进晚餐，凯斯勒在日记中记下了当天他们的谈

---

① 爱因斯坦：《爱因斯坦文集》（第一卷），许良英等编译，商务印书馆 2009 年版，第2—3 页。

② Hoffmann, Banesh. *Albert Einstein*: *Creator and Rebel*. New York: The Viking Press, 1972, p. 144.

③ Hoffmann, Banesh. *Ibid.* 不过，对于宗教信仰，爱因斯坦在需要的时候也采取灵活的策略。比如，在应聘布拉格德语大学的教授职位时，由于应聘者需要有宗教信仰，于是爱因斯坦宣称自己信犹太教。

话内容。在聊起宗教信仰时,克尔对爱因斯坦有很深的宗教信仰非常惊讶。爱因斯坦很平静而严肃地说:"是的,你可以那样讲。我们应用有限的手段去探究自然的奥秘,你会发现,在所有可以识别的关联背后,仍然有一些微妙的、不可捉摸和难以理解的东西。对这些超出我们理解能力的力量的崇拜,就是我的宗教。事实上,在这个意义上,我才是信仰宗教的。"①

就像哥白尼(Nicolas Copernicus)、伽利略(Galileo Galilei)和达尔文(Charles Darwin)等人曾经遭遇的那样,神学家总是试图从科学家那里找到上帝是否存在的证据。在爱因斯坦成为家喻户晓的科学家之后,他也成为神学家关注的重要人物之一。波士顿的红衣主教奥康奈尔(O'Connell)警告天主教徒说,相对论导致世界范围内产生对上帝及其创造的怀疑,认为相对论是为无神论提供伪装。② 鉴于此,1929 年 4 月 24 日,纽约犹太教堂牧师哥尔德斯坦(Herbert Goldstein)从纽约发电报给爱因斯坦:"你信仰上帝吗?"爱因斯坦当日回电说:"我信仰斯宾诺莎(Baruch Spinoza)的那个在存在事物的有秩序的和谐中显示出来的上帝,而不信仰那个同人类的命运和行为有牵累的上帝。"③ 这个简单明了的回答,把爱因斯坦心中的"上帝"跟世俗宗教的"上帝"明确地区分开来了。

同样也是在 1929 年,当美国记者菲瑞克(George Viereck)问他"您相信斯宾诺莎的上帝吗?"这一问题时,爱因斯坦回答:"不能简单地回答信或不信。我不是一个有神论者,但也不是泛神论者。……我们知道被一种神秘的秩序控制着,遵守着某一种规则,但我们只依稀了解这些规则。我们有限的智力不能掌握使群星运动的神秘力量。我被斯宾诺莎的泛神论所吸引,但我更欣赏他对现代思想的贡献。"④

---

① Jammer, Max. *Einstein and Religion*: *Physics and Theology*. Princeton: Princeton University Press, 1999, pp. 39—40.

② Cohen, Chapman. *God and the Universe*: *Eddington, Jeans, Huxley & Einstein*. New York: The Freethought Press Association, 1931, p. 128.

③ 爱因斯坦:《爱因斯坦文集》(第一卷),许良英等编译,商务印书馆 2009 年版,第 365 页。

④ 布莱恩:《爱因斯坦全传》,杨建邺、李香莲译,高等教育出版社 2008 年版,第 283—284 页。

1930 年初，爱因斯坦在他柏林的公寓里接受了爱尔兰作者墨菲（James Murphy）和数学家沙利文（John W. Sullivan）的访谈，他认为科学与宗教是互补的，宗教感情可以促进科学研究。墨菲指出，牧师们普遍认为，把上帝引入一种科学的讨论是不适当的，科学与宗教毫无关系。爱因斯坦批评说，这两种态度揭示了对科学与宗教这两个概念的非常肤浅的理解。他指出，科学领域中所有较好的成果都源自深切的宗教感情，没有这种感情，科学家们就不会取得累累硕果。他也相信，如今在科学研究中仍能感觉到的这种宗教感情，是这个时代唯一的创造性的宗教活动。①

1930 年 7 月 14 日，爱因斯坦在卡普特的别墅里接受了诺贝尔文学奖获得者泰戈尔（Rabindranath Tagore）的访谈。泰戈尔认为，这个世界是人的世界，真理并不独立于人类；如果存在着某种同人的精神既没有理性关系也没有感性关系的真理，那么只要我们还是具有人的精神的一种生物，这种真理就仍将什么都不是。但是，爱因斯坦认为存在离开人而独立的实在，也有同这个实在有关系的真理；相信真理是离开人类而存在的，这种自然观是不能得到解释或证明的。爱因斯坦指出，"我不能证明我的看法是正确的，但这却是我的宗教"，他认为自己比泰戈尔有更深的宗教感情。②

不过，爱因斯坦似乎对泰戈尔这次访谈的表述并不满意，他于 1930 年秋天在《我的世界观》一文中详尽阐明了自己的观点。爱因斯坦明确指出："我们所能有的最美好的经验是奥秘的经验。它是坚守在真正艺术和真正科学发源地上的基本感情。谁要是体验不到它，谁要是不再有惊奇也不再有惊讶的感觉，他就无异于行尸走肉，他的眼睛是迷糊不清的。就是这样奥秘的经验——虽然掺杂着恐怖——产生了宗教。我们认识到有某种为我们所不能洞察的东西存在，感觉到那种只能以其最原始的形式为我们感受到的最深奥的理性和最灿烂的美——正是这种认识和这种情感构

---

① Einstein, Albert. Science and God: A German Dialogue. *The Forum*, 1930, Vol. 83, No. 6, pp. 373—379.

② 爱因斯坦：《爱因斯坦文集》（第一卷），许良英等编译，商务印书馆 2009 年版，第 391—396 页。

成了真正的宗教感情;在这个意义上,而且也只是在这个意义上,我才是一个具有深挚的宗教感情的人。我无法想象一个会对自己的创造物加以赏罚的上帝,也无法想象它会有像在我们自己身上所体验到的那样一种意志。……"① 爱因斯坦在此提出了宗教恐惧与惊奇的起源,与他后来提出的宗教发展阶段理论类似。

可能上述两次访谈引起了爱因斯坦对宗教话题的兴趣,以至于他开始专门撰文讨论这个问题。1930 年 11 月 9 日,爱因斯坦在《纽约时报》发表了《宗教和科学》这篇著名的文章,分析了宗教的三个阶段,即恐惧宗教、道德宗教和宇宙宗教,并着力论述了宇宙宗教在科学研究中的地位和作用。"在原始人心里,引起宗教观念的最主要的是恐惧——对饥饿、野兽、疾病和死亡的恐惧。"于是人类就造出同自己相类似的虚幻的东西,企图得到他们的恩宠,爱因斯坦称之为"恐惧宗教"。② "父亲、母亲和范围更大的人类集体的领袖都不免要死和犯错误。求得引导、慈爱和扶助的愿望形成了社会的或者道德的上帝概念。"一切文明人的宗教,主要都是道德宗教,它们所共有的是上帝概念的拟人化特征,这就是"道德宗教"。第三个阶段的宗教经验,爱因斯坦称之为"宇宙宗教",它的纯粹形式难以找到。"人们感觉到人的愿望和目的都属徒然,而又感觉到自然界里和思维世界里却显示出崇高庄严和不可思议的秩序。个人的生活给他的感受好像监狱一样,他要求把宇宙作为单一的有意义的整体来体验。"这就是爱因斯坦所谓的"宇宙宗教"。

爱因斯坦指出:"我认为宇宙宗教感情是科学研究的最强有力、最高尚的动机。只有那些做了巨大努力,尤其是表现出热忱献身——要是没有这种热忱,就不能在理论科学的开辟性工作中取得成就——的人,才

---

① Einstein, Albert. What I Believe. *Forum and Century*, 1930, Vol. 84, pp. 193—194. 此文收入《思想与见解》,不过题目与内容的翻译略有差异,参见 Einstein, Albert. The World As I See it. In Seelig, Carl edited. *Ideas and Opinions*. New York: Crown Publishers, Inc., 1982, pp. 8—11. 中译见爱因斯坦《爱因斯坦文集》(第三卷),许良英、赵中立、张宣三编译,商务印书馆 2009 年版,第 55—59 页,但该书中对这篇文章的最初出处卷数及页码标注有误。

② 虽然爱因斯坦并不是最先提出"恐惧在宗教起源中的作用"的学者,不过这种思想很可能是他自己独立思考的结果,而不是阅读的结果。参见 Jammer, Max. *Einstein and Religion: Physics and Theology*. Princeton: Princeton University Press, 1999, pp. 76—77. 亦见 Jaeger, Lydia. *Einstein, Polanyi and the Laws of Nature*. West Conshohochen: Templet on Press, 2010, p. 101。

会理解这样一种感情的力量，唯有这种力量，才能作出那种确实是远离直接现实生活的工作。……给人以这种力量的，就是宇宙宗教感情。有一位当代的人说得不错，他说，在我们这个唯物主义时代，只有严肃的科学工作者才是深信宗教的人。"① 这篇文章引起了很大的反响，不同的学者（包括神学家内部）进行了不同的解读，赞同者有之，强烈反对者亦有之。

在 1934 年发表的《科学的宗教精神》一文中，爱因斯坦强调了宇宙宗教的重要性。他说："你很难在造诣较深的科学家中间找到一个没有自己的宗教感情的人。……他的宗教感情所采取的形式是对自然规律的和谐所感到的狂喜的惊奇，因为这种和谐显示出这样一种高超的理性，同它相比，人类一切有系统的思想和行动都只是它的一种微不足道的反映。只要他能够从自私欲望的束缚中摆脱出来，这种感情就成了他生活和工作的指导原则。"②

1939 年 5 月 19 日，爱因斯坦在普林斯顿神学院召开的"美国全国神学院联合会东北区会议"上做了一个题为《目标》的讲话，提到了科学与宗教的互补性，认为宗教也具有一些科学所没有的功能。他说："科学方法所能告诉我们的，不过是各种事实是怎样相互联系、相互制约的。……弄清楚这些基本目的和基本价值，并且使它们在个人的感情生活中牢靠地建立起来，我以为这正是宗教在人类社会生活中所必须履行的最重要的职能。"③ 爱因斯坦的这个讲话看上去是比较保守的，对大多数神学家来说也是可以接受的。不过，爱因斯坦以前关于宗教话题的文章主要讲的是宗教的起源及其性质等问题，而这次的讲话主要涉及生命的目的和意义，比较容易获得与会者的认同。

可能正是由于爱因斯坦 1939 年的讲话得到许多神学家的认可，于是，纽约犹太教神学院院长芬克尔斯坦（Louis Finkelstein）邀请爱因斯坦参加

---

① 爱因斯坦：《爱因斯坦文集》（第一卷），许良英等编译，商务印书馆 2009 年版，第403—407 页。

② 同上书，第408 页。

③ 爱因斯坦：《爱因斯坦文集》（第三卷），许良英、赵中立、张宣三编译，商务印书馆2009 年版，第206—209 页。

1940 年 9 月 9 日在犹太教神学院召开的"科学、哲学与宗教会议"。① 爱因斯坦接受了邀请,并在会议上作了题为《科学和宗教》的发言,明确地指出科学与宗教存在互补性。他说:"科学只能断言'是什么',而不能断言'应当是什么',可是在它的范围之外,一切种类的价值判断仍是必要的。而与此相反,宗教只涉及对人类思想和行动的评价:它不能够有根据地谈到各种事实以及它们之间的关系。……然而,尽管宗教领域和科学领域本身彼此是界线分明的,可是两者之间还是存在着牢固的相互关系和依存性。……科学没有宗教就像瘸子,宗教没有科学就像瞎子。""是什么"是事实判断,"应当是什么"是道德或价值判断,这是爱因斯坦对科学与宗教的划分。

但是,爱因斯坦严厉批判了人格化的上帝概念。他说:"肯定不会有人否认,这个认为有一个全能、公正和大慈大悲的人格化了的上帝存在的观念,能给人以安慰、帮助和引导;因为这个观念比较简单,它也容易被最不开化的心灵所接受。但是另一方面,这种观念本身有它致命的弱点,这是有史以来就被苦痛地感觉到了的。这就是,如果这个神是全能的,那么每一件事,包括每一个人的行动,每一个人的思想,以及每一个人的感情和志向也都应当是神的作品;怎么可能设想在这样全能的神面前,还认为人们要对自己的行动和思想负责呢?在作出赏罚时,神会在一定程度上对它自己作出评判。怎么能够把这样的事同神所具有的仁慈和公正结合起来呢?"因此,爱因斯坦认为:"今天宗教领域同科学领域之间的冲突的主要来源在于人格化了的上帝这个概念。"爱因斯坦认为宗教代表人物主张这种人格化的上帝是不足取的,也是可悲的,他建议宗教导师们放弃这个人格化的上帝的教义。爱因斯坦宣称:"人类精神愈是向前进化,就愈可以肯定地说,通向真正宗教感情的道路,不是对生和死的恐惧,也不是盲目信仰,而是对理性知识的

---

① 1940 年 9 月 8 日的《纽约时报》报道了会议的日程安排,并专门提到爱因斯坦也提交了一篇论文。参见 600 Will Consider Science and Faith, Einstein to Give Paper. *New York Times*, 1940 - 9 - 8, p. 49. 9 月 11 日的《纽约时报》报道了爱因斯坦发言的主要内容。参见 Religion of Good Urged by Einstein. *New York Times*, 1940 - 9 - 11, p. 27。

追求。"① 爱因斯坦的发言肯定是出乎芬克尔斯坦的意料的，② 而且他的发言也的确引起了很大的争议，甚至招来了激烈的批评。可能正是因为招来太多的异议，爱因斯坦之后好几年都很少涉及这个话题，也很少再有宗教团体或个人愿意请他去发表演讲了。

在爱因斯坦看来，真正信仰宗教的人不应该彼此产生冲突。1947 年 1 月 27 日，爱因斯坦收到了全国基督教徒与犹太教徒联合会议发来的一份电报，要求他发表一篇二十至五十字的谈话，用发电报的形式支持"美国人的兄弟情谊"。爱因斯坦如此说道："如果今天的教徒们真心实意地按照其创始人的精神去想，去做，那么就不会有基于宗教的敌对行动在不同信仰的信徒中存在。甚至宗教领域里的冲突也会被认为是毫无意义的。"③

1948 年初，罗宾逊（Alson Robinson）和特普（Jacob Trapp）给爱因斯坦带来了纽约自由牧师俱乐部（Liberal Ministers' Club）的问候信，有 17 名俱乐部的著名成员在信上签名，其中包括国际自由基督教和宗教自由协会主席莱斯罗普（John Lathrop）和美国一神论协会（American Unitarian Association）主任格里芬（Frederick Griffin）等人。④ 爱因斯坦被这种表达敬意的方式打动了，作为回应，他写了一篇《宗教与科学不可和解吗?》的文章，1948 年 6 月发表在《基督教纪录报》上。文章认为，科学是为了寻求我们感觉经验之间规律性关系的有条理的思想，而宗教所涉及的是目标和价值，并且一般地也涉及人类思想和行动的感情基础。爱因斯坦指出："固然科学的结果是同宗教的或者道德的考虑完全无关的，但是那些我们认为在科学上有伟大创造成就的人，全都浸染着真正的宗教的信念，他们

① 原文发表于 Science, Philosophy, and Religion; A Symposium. Conference on Science, Philosophy and Religion in Their Relation to the Democratic Way of Life, Inc. , New York, 1941, pp. 209—214. 中译见爱因斯坦《爱因斯坦文集》（第三卷），许良英、赵中立、张宣三编译，商务印书馆 2009 年版，第 215—220 页。

② 芬克尔斯坦代表神学家对爱因斯坦的发言表示遗憾，他还说："有点奇怪，爱因斯坦教授在具有哲学和神学特点的领域中，给出这样一个绝对的判断。"参见 Union of Science and Democracy For Human Betterment Is Urged. New York Times, 1940 - 9 - 12, p. 26. 该报道还提到，科学家似乎赞同爱因斯坦关于"放弃人格化上帝的概念"的呼吁。

③ 杜卡斯、霍夫曼：《爱因斯坦的为人处世——爱因斯坦通信选》，唐汝厚译，北京出版社 1985 年版，第 72—73 页。

④ Jammer, Max. Einstein and Religion: Physics and Theology. Princeton: Princeton University Press, 1999, p. 114.

相信我们这个宇宙是完美的，并且是能够使追求知识的理性努力有所感受的。……"① 与1940年的《科学和宗教》不同的是，这篇文章得到自由牧师俱乐部的普遍好评，虽然并不是它的所有内容都得到每个俱乐部成员的认可。从内容上看，这篇文章也远不如1940年的文章显得激进。

另外，爱因斯坦还注意到了宗教在教育中的作用。1951年1月，爱因斯坦在给纽约举行的"伦理教育协会"成立75周年纪念会的贺信中写道："在宗教清洗掉迷信成分之后，它所留下来的就是培养道德行为的这种最重要的源泉。在这个意义上，宗教构成了教育的一个重要部分，但对于宗教，教育却考虑得太少了，就连仅有的那一点考虑也还是很不系统的。"② 这可能是爱因斯坦一生中最后一次公开论述宗教的积极作用。

1954年，文学家赫尔曼斯（William Hermanns）在对爱因斯坦进行访谈时问道，请他准确地谈一下上帝。爱因斯坦回答说："关于上帝，我不能接受任何建立在教会权威基础上的上帝概念。"爱因斯坦的眼神充满了忧郁，他说："从我记事起，我就厌恶宗教教化。我不相信生命中的恐惧，死亡的恐惧，以及盲目的信仰。我不能向你证明不存在人格化的上帝，但如果我谈及到他，那我就是在撒谎。我不相信神学中可以惩恶扬善的上帝。我的上帝创造并管理法则，他的世界不是由愿望思维（wishful thinking），而是由永恒不变的法则来主宰。"③

另外，爱因斯坦关于宗教的重要论述大多是在20世纪30年代撰写的，这段时间正好是他对哲学问题思考最多的时期。比如，《关于理论物理学的方法》（1933年）、《物理学和实在》（1936年）等也是在这段时间内完成的。在爱因斯坦的思想中，科学与宗教的关系问题是一个重要的哲学问题。

从爱因斯坦对宗教的论述可以看到，他的宗教思想特别是宇宙宗教思想是一以贯之的，基本没有什么变化。爱因斯坦承认世俗宗教的作用，但由于"人格化的上帝"是恐惧宗教和道德宗教的产物，所以他反对这种宗

---

① 爱因斯坦：《爱因斯坦文集》（第三卷），许良英、赵中立、张宣三编译，商务印书馆2009年版，第297—300页。

② 同上书，第339—340页。

③ Hermanns, William. *Einstein and the Poet: in Search of the Cosmic Man.* Brookline Village: Brander Press, Inc., 1983, p. 132.

教观念。不过，爱因斯坦对宇宙规律与和谐的信仰与崇拜，这种精神跟世俗的宗教信仰是类似的。我们可以认为，爱因斯坦持宗教的"超越"说，无论是超越个人的桎梏，还是宇宙宗教对恐惧宗教、道德宗教的超越，都是如此。这种超越使爱因斯坦专心致志、心无旁骛地从事科学研究，不受世事所累。从宇宙宗教的角度看，爱因斯坦强调科学与宗教具有互补性，宇宙宗教即对自然规律的崇拜在科学家的科研生活中具有重要的地位，但传统的世俗宗教是不可取的。

第三节　神学家的解读

　　爱因斯坦关于宗教的论述引起了广泛的影响，首先发起回应的自然是神学家。1939 年左右，弗兰克（Philipp Frank）问爱因斯坦，为何有那么多来自不同教派的牧师会对相对论非常感兴趣。爱因斯坦答道，根据他的估计，对相对论感兴趣的神职人员比物理学家还要多。于是，弗兰克问爱因斯坦如何解释这个奇怪的现象。爱因斯坦笑了笑说，因为神职人员对自然界的普遍规律更感兴趣，而物理学家通常则不然。[1]

　　神学家对爱因斯坦宗教思想赞同者有之，批判者亦有之。总的看来，神学家的解读主要表现为以下几个方面。

一　神学家明显地感受到了爱因斯坦的科学理论与宗教思想对神
　　学的挑战，并积极应对[2]

　　比如，米切尔（Ralph G. Mitchell）大声疾呼，神学必须用我们所生

---

　　① Frank, Philipp. Einstein's Philosophy of Science. *Review of Modern Physics*, 1949, Vol. 21, No. 3, pp. 349—355.

　　② 当然，一些支持宗教学说的学者也在做类似的工作。比如：斯图尔特、郝长墀《科学与宗教的对话》，北京大学出版社 2007 年版。又如，美国杜兰大学的物理学家蒂普勒（Frank Tipler）把基督教当作一种物理学实在来进行考察，甚至宣称可以把基督教当作物理学的一个分支。参见 Tipler, Frank. *The Physics of Christianity*. New York：Doubleday, 2007, p. 269. 有的神学家还试图建立"量子神学"，参见 O'Murchu, Diarmuid. *Quantum Theology*. New York：The Crossroad Publishing Company, 1997. 这种进路已经得到了科学家的批判，参见 Stenger, Victor. *Quantum Gods：Creation, Chaos and the Search for Cosmic Consciousness*. New York：Prometheus Books, 2009。

活的时代的科学术语来表达,为此神学家还有大量的工作要做!他指出,爱因斯坦是 20 世纪的天才人物,我们要理解爱因斯坦以及与他同时代的人——普朗克(Planck)、德布罗意(De Broglie)、玻尔(Bohr)等科学家的著作,否则我们就不可能把握这些物理学家、数学家以及天文学家所陈述的对宇宙的理解。狭义相对论有一些难以令人置信的,但是正确的发现,如尺缩钟慢效应、物体质量随速度增加而增大。对于神学家来说,狭义相对论一个重要的推论是时间膨胀效应。在神学家看来,基督是世界之光,人们通过受洗成为其信徒。当人的肉身不再存在时,人们将以光之维的形式存在。但是,如果光速不变的话,作为光之子的信徒将进入一种没有时间或永恒的状态。这使得神学家必须处理时间与光的关系问题。又比如,由时间膨胀效应导致的双生子佯谬,虽然令人难以接受,但神学家也必须认真加以研究。当然,在思考新的科学发现的意义时,神学家和科学家都要采取灵活的哲学形式,否则就会陷入"原教旨主义"的禁锢之中。①

当然,在神学家看来,上帝在任一时刻都是无处不在的,来自科学理论的挑战都将消解在对上帝万能的信仰之中。比如,亨利(Granville Henry)认为,解释上帝的超然存在的一种方式就是,主张上帝是更高阶维度的存在,因此不限于三维空间或相对论的多维时空。上帝与我们之间的区别就在于,我们受到时空的局限而几无自由,上帝却可以随心所欲。②

神学家对相对论所做的宗教探讨,爱因斯坦根本不以为然。举个例子,英国的霍尔丹爵士(Lord Haldane)提醒大家注意相对论的哲学意义,还告诉坎特伯雷大主教(Archbishop of Canterbury),说相对论对神学也有着重要意义。1921 年,当爱因斯坦访问英国时,这位大主教当面问爱因斯坦:"相对论对神学有什么影响?"爱因斯坦直截了当地回答:"没有。相对论是纯科学,与神学没有任何关系。"③

有的神学家试图找到爱因斯坦宗教理论的缺陷。比如,福勒(Dean

① Mitchell, Ralph. *Einstein and Christ: A New Approach to the Defence of the Christian religion*. Edinburgh: Scottish Academic Press, 1987, pp. 20—31.

② Henry, Granville. *Christianity and the Images of Science*. Macon: Smyth & Helwys Publishing, Inc. , 1998, p. 153.

③ Frank, Philipp. *Einstein: His Life and Times*. New York: Alfred A Knopf, 1972, pp. 189—190.

Fowler)批判了爱因斯坦宇宙宗教思想,认为其存在着内在矛盾。他认为,爱因斯坦的宇宙宗教的核心思想是,从根本上讲,世界是理性的,这种信念建立在相信存在一种高级智慧的基础上。如果这种高级智慧是整个世界的理性之源,那么爱因斯坦就是有神论者。如果"上帝"是指宇宙本身的内在结构,而不是指这种结构的来源,那么他就是泛神论者。① 无论是哪一种情况,关于世界可理解性的信念都属于信仰的范畴,爱因斯坦承认这一点,也就支持了"科学思想与宗教信念之间是相互支持的关系"这种观点。在福勒看来,爱因斯坦关于科学与宗教的思想中有两个相互矛盾之处。首先,在理解科学的时候,爱因斯坦抛弃了二元论(即主体与客体,或者意识与物质的二分)的核心即纯粹客观性的概念,但在理解宗教的时候,他又承认二元论。爱因斯坦认识到,科学理论具有创造性和探索性的特征,不仅仅是自然之镜。其次,相对论的形而上学意义有助于挑战二元论的根基,但宇宙宗教又依赖于二元论的预设。宇宙宗教只能在二元论的框架内才能被理解,因为它的内涵扎根于传统二元论的客体方面。但是,这种主客体的二分是错误的。世界是一个相互关联的复杂网络,主客体相互融合,使传统的二元论之区分变得模糊了。总之,在福勒看来,爱因斯坦的宇宙宗教试图用过时的范畴体系来理解科学与宗教之间的关系,但这种尝试并不成功。②

虽然我们不能简单地说爱因斯坦的科学哲学思想是实在论,③ 但他的哲学思想当中的确拥有实在论的成分。比如,爱因斯坦说:"在我们之外有一个巨大的世界,它离开我们人类而独立存在。"④ "即使在我们日常生活中,我们也不得不认为我们所用的物品都具有离开人而独立的实在性。"⑤ "相信有一个离开知觉主体而独立的外在世界,是一切自然科学的

---

① 不过,爱因斯坦曾说过:"我不是无神论者,我也不认为我可以把自己说成是泛神论者。泛神论者认为上帝不是人性化的神,而是宇宙间所有的规律和现象。换句话说,上帝就是万物,万物就是上帝。"参见布莱恩《鲜为人知的爱因斯坦》,杨宁宁译,金城出版社 2006 年版,第 170 页。

② Fowler, Dean. Einstein's Cosmic Religion. *Zygon*, 1979, Vol. 14, No. 3, pp. 267—278.

③ Howard, Don. Was Einstein Really a Realist? *Perspectives on Science: Historical, Philosophical, Social*, 1993, Vol. 1, No. 2, pp. 204—251.

④ 爱因斯坦:《爱因斯坦文集》(第一卷),许良英等编译,商务印书馆 2009 年版,第 2 页。

⑤ 同上书,第 394 页。

基础。"① 从本体论的角度看，爱因斯坦的实在论思想是一元论，但是，从认识论的角度看，爱因斯坦的实在论思想是二元论，而不是福勒所说的，爱因斯坦在科学研究中抛弃了二元论。另一方面，正如福勒指出的那样，爱因斯坦的宇宙宗教的确依赖于主客体的二分，但在爱因斯坦的宇宙宗教思想及其科学哲学思想中，这种二分是必然的，否则科学研究就无从谈起，不能简单地说这种思想是错误的或过时的。

有的神学家试图找到爱因斯坦观念中的科学与神学的相通、相容之处，以此来调和二者之间的冲突。比如，莫里森（Roy Morrison II）认为，爱因斯坦超越了有神论的上帝概念，探索出一条走向一种深刻但并不教条的宗教虔诚的道路，而且这条道路与他的科学方法、批判哲学以及人类对终极意义的需要都是完全相容的。爱因斯坦的方法及其内涵需要神学家认真进行研究，甚至于，研究他在宗教—神学方面的贡献，与研究他在纯科学方面的贡献一样重要。②

有的神学家试图利用爱因斯坦的宗教思想来证明，科学在很大程度上依赖于宗教，而宗教却不依赖于科学。比如，费雷（Frederick Ferre）根据爱因斯坦的一些论述，从六个方面来进行论证：宗教对科学的第一个关键性的贡献是启发法；第二个重要贡献是认识论；第三个是情感的功能；第四个是激励功能；第五个是宗教信仰的支撑作用；最后，宗教兴趣在爱因斯坦的生涯中还发挥了针对他个人的功能，也就是使他从那些原始的希望和努力中解脱出来。③ 费雷的解读明显是偏颇的，爱因斯坦固然强调了科学对宗教的依赖性（dependency），但他同时也说明了科学对宗教的意义。比如他在《科学和宗教》一文中明确指出："尽管宗教领域和科学领域本身彼此是界线分明的，可是两者之间还是存在着牢固的相互关系和依存性。虽然宗教可以决定目标，但它还是从最广义的科学学到了用什么样的手段可以达到它自己所建立起来的目标。……科学

---

① 爱因斯坦：《爱因斯坦文集》（第一卷），许良英等编译，商务印书馆 2009 年版，第 422 页。

② Morrison II, Roy. Albert Einstein: The Methodological Unity Underlying Science and Religion. *Zygon*, 1979, Vol. 14, No. 3, pp. 255—266.

③ Ferre, Frederick. Einstein on Religion and Science. *American Journal of Theology & Philosophy*, 1980, Vol. 1, No. 1, pp. 21—28.

没有宗教就像瘸子，宗教没有科学就像瞎子。"①

二　许多神学家急切地想从爱因斯坦那里得到支持

爱因斯坦是家喻户晓的伟大人物，如果能够从爱因斯坦那里得到支持，对于加强神学的可信度之作用是显而易见的。于是，翻开神学家的著作，我们经常可以看到爱因斯坦的名字。因为爱因斯坦是犹太人，许多犹太教牧师积极支持爱因斯坦的思想。比如，哥尔德斯坦对爱因斯坦 1929 年的电报回答是很满意的。

哥尔德斯坦认为，"斯宾诺莎沉醉于对上帝的思考，他能在所有的自然现象中看到上帝的显现，他肯定不应被称作无神论者。再说，爱因斯坦强调统一性。如果让爱因斯坦的理论按照其逻辑规律发展下去，它将最终给人类带来一个有利于一神论的科学公式，他废除的是二元论或多元论。多神教将因此彻底地失去立足之地。"② 类似的，弗里霍夫（Solomon B. Freehof）认为，反宗教的世界观把世界看作是可清楚理解的机器，任何难题要么已被解决；要么正在被解决。而且，反宗教的思想把世界看作是与人类的抱负相敌对和不相容的。对爱因斯坦来说，世界本质上是神秘的，他对之充满敬畏和崇敬。③

犹太教牧师卡拉斯（Nathan Krass）更是直截了当地指出，某些宗教教派不会赞成爱因斯坦的宗教思想，但他的思想必定会得到犹太人的认可。卡拉斯认为，爱因斯坦被描述成一名有着深刻宗教信仰的人，从最大的意义上来说，他的思想属于犹太教教义。虽然爱因斯坦不是一名正统的犹太人，他也没有接受所有的犹太教教义，但他的信仰在根本上是与犹太信仰相一致的。④ 针对其他学者对爱因斯坦的宇宙宗教概念的批判，卡拉斯努力为爱因斯坦辩护，坚持认为爱因斯坦的宇宙宗教是正确的。⑤

天主教、基督教的神学家也以爱因斯坦为例，努力挖掘科学与神学的相

---

① 爱因斯坦：《爱因斯坦文集》（第三卷），许良英、赵中立、张宣三编译，商务印书馆 2009 年版，第 216—217 页。

② 布莱恩：《鲜为人知的爱因斯坦》，杨宁宁译，金城出版社 2006 年版，第 172 页。

③ Einstein's Faith Defended. *New York Times*, 1930 - 11 - 10, p. 22.

④ Einstein's Article Scored and Praised. *New York Times*, 1930 - 11 - 17, p. 19.

⑤ Krass, Nathan. Einstein Excludes, I Would Include. *New York Times*, 1930 - 11 - 16, p. XX3.

似之处与共同点，从而说明科学与宗教并不是相互尖锐对立的。比如，米切尔指出，我们必须记住，科学与神学有一个共同的终极目标，也是一般性的目标，那就是对真理的寻求。① 英国神学家保罗（Iain Paul）认为，从许多方面来看，爱因斯坦已经站在基督教信仰的门槛外面了。爱因斯坦的例子表明，科学思想可以产生合理的神学思想，虽然他不愿意使用神学术语。②

保罗在一本著作的前言中一开篇就明确指出："这篇短文试图表明现代科学与基督教神学并不是激烈地相互对立的。"他倡导科学与神学之间进行对话，并认为这种对话可以开拓思路，取得丰富的成果。保罗主要以爱因斯坦的思想为例，说明科学与宗教的相似表现在以下几个方面：第一，科学与神学最终都依赖于信仰。爱因斯坦相信，一个独立于有感知能力的主体的外部世界，是所有自然科学的基础，而这个信念是从基督教神学那里学来的；信仰可以帮助科学家战胜困难，等等。

第二，科学活动与神学活动、科学知识与神学知识存在诸多共同点。比如，两者的目标类似，并且都依赖于经验。

第三，科学与神学在交流模式上是类似的。渴望理解、需要信任以及研究意愿等方面都贯穿基督教神学与科学研究的始终；科学家相信世界的合理性，并试图理解它，正如神学家信任并努力理解上帝的话语一样。

第四，通常科学家论及宇宙，与神学家论及上帝的方式非常类似。上帝、宇宙都不是人类理性的发明，但同时又是真实的，可知的。就其最深奥的层次来说，上帝与宇宙都是无法证实、不可思议和无法探究的，但可以获得关于他们存在及活动的有限的知识。

第五，科学与神学都以统一性为基础。如果宇宙不是一个统一的整体，所有的科学工作都是无意义的；同样，如果上帝不是一个统一体，基督教神学活动也就没有根据可言。

第六，权威似乎在现代科学与基督教神学中起着类似的作用。科学理论无法约束自然秩序，它们只能服从于宇宙的终极权威。与此类似，所有的神学概念都服从于上帝话语的权威。

---

① Mitchell, Ralph. *Einstein and Christ: A New Approach to the Defence of the Christian religion*. Edinburgh: Scottish Academic Press, 1987, p. 4.

② Paul, Iain. *Science, Theology and Einstein*. New York: Oxford University Press, 1982, p. 125.

第七，科学与神学都追求合理性。宇宙的合理性之于科学家，就像耶稣基督之于神学家一样。科学地谈论宇宙建立在宇宙的合理性的基础之上，并预设了思想与实在之间的和谐关系。类似地，神学中讨论上帝建立在上帝话语具体化的基础之上。

第八，爱因斯坦相信直觉，与基督徒相信圣灵（Holy Spirit）是一致的。神学家认为圣灵对人有启发作用，而科学中直觉的作用类似于神学中对圣灵做工的一种微弱的回应。

总之，保罗认为，科学与宗教不是相互独立的两个学科，每个学科不应该相互拒斥，神学不是一种迷信的形式，而科学也不再是异端邪说，科学的形而上学方面揭示出科学与神学可能有着越来越多的相互作用。①

三　否定与批判爱因斯坦的相关论述，特别是否定爱因斯坦对　　"人格化的上帝"的论述

由于爱因斯坦的宗教思想跟传统的神学存在着根本性的冲突与对立，所以神学家对爱因斯坦的批判也是随处可见的。例如，爱因斯坦 1930 年11 月 9 日在《纽约时报》发表了《宗教和科学》的文章之后，马上引起了神学家的反对。第二天，纽约协和神学院（Union Theological Seminary）的沃德（Harry F. Ward）在《纽约时报》上撰文批评爱因斯坦的思想。他认为爱因斯坦的思想否定了罪的存在，他说："……问题在于只把罪看作一个神学概念，没有认识到罪的寓意其实超越了道德和法律。这位伟大的科学家应该认识到，没有任何科学不包括事实之间的这种寓意，忽略它们就是反对真理精神本身的罪。"在他看来，如果忽略了罪的存在，就可能导致人们不再努力去战胜罪恶，这可能会使得现代社会倒退至原始状态。也就是说，沃德认为，爱因斯坦的宇宙宗教概念会导致人们摆脱恐惧感和负罪感，从而导致严重的后果。② 11 月 16 日，马格里（Clarence Macart-ney）批判了爱因斯坦的思想，他认为，人们关于上帝的坚定信仰，昨天、

---

① Paul, Iain. *Science and Theology in Einstein's Perspective*. Edinburgh：Scottish Academic Press, 1986. 保罗在英国布里斯托尔大学获得化学博士学位之后，从事过一段时间的化学研究，也取得了不错的成果。后来转向神学研究，主要研究科学与宗教的关系。

② Dr. Ward Attacks Einstein Theories. *New York Times*, 1930－11－10, p. 22.

今天和明天都不会被爱因斯坦的观点所动摇;生活中的幸福依赖于人们对生活中将要发生的事的信念。[①] 阿德勒(Felix Adler)在伦理文化学会(Society for Ethical Culture)的会议上说,爱因斯坦11月9日发表的文章揭示的是一名数学物理学家的思想,而不是一名宗教哲学家的思想,因此,这篇文章并不足以令人信服。[②]

爱因斯坦1940年《科学与宗教》的发言同样引起了神学家们的热烈讨论,他们从不同的角度批判爱因斯坦的观点,其中有一点是共同的,那就是都反对他关于"人格化的上帝"论述。比如,牧师沃达迈(Carl Weldmann)宣称:"上帝在世界的秩序与美丽中展示他的全能,他赐予我们能力去认识自己,赐予我们个性,这样的上帝必然是一个人。"天主教牧师安特立夫(Joseph Antliff)认为,人格化的上帝概念与天主教的教义相矛盾。有的牧师甚至指出,"没有其他任何上帝,只有人格化的上帝……爱因斯坦不知道他在说些什么。他完全搞错了。某些人认为,因为他们在一些领域取得了很高的学识,就以为自己有资格到处发言。"[③]

华盛顿天主教大学教授希恩(Fulton Sheen)详细批判了爱因斯坦"人格化的上帝"概念。1930年11月,他曾经批判过爱因斯坦的宇宙宗教概念,说他这个概念中只有一个错误,就是多加了一个"s",言下之意就是爱因斯坦的宇宙宗教(cosmical religion)是滑稽的宗教(comical religion)。希恩攻击爱因斯坦《宗教和科学》一文是绝对的胡言乱语,他说:"上周日,精明而又著名的《纽约时报》因发表了爱因斯坦论宗教的一篇文章而使自己蒙羞。如果我投去一篇没有任何内容的科学论文,就像爱因斯坦的宗教论文那样,那么该报会明智地予以拒绝。"[④]

在爱因斯坦1940年的演讲引起广泛争议之后,希恩受邀对之进行评论。在他看来,爱因斯坦否认"人格化的上帝"基于两方面的论述,而

① Dr. Macartney Says Einstein Can't Shake Faith of People. *New York Times*, 1930 - 11 - 17, p. 21.

② Einstein's Article Scored and Praised. *New York Times*, 1930 - 11 - 17, p. 19.

③ Jammer, Max. *Einstein and Religion: Physics and Theology*. Princeton: Princeton University Press, 1999, p. 98.

④ Assails Einstein's Views on Religion. *New York Times*, 1930 - 11 - 16, p. N1.

这两方面的论述都是不足取的。首先，"人格化的上帝"概念是对陈旧的上帝概念的升华（sublimation），但是爱因斯坦并没有给出有力的证据进行论证。其次，爱因斯坦的论证依赖于人格化的全能的上帝概念与人的道德责任之间的不可调和性：上帝如果给人以自由，那么他就不是全能的。希恩认为，爱因斯坦无法使听众接受他的信念。并不是因为爱因斯坦不是世界上最伟大的科学家，而是因为当爱因斯坦走出实验室之后，无法应用理性知识的缘故。[①] 希恩的意思很明显，他虽然承认爱因斯坦是伟大的科学家，但只是局限于科学领域，在科学之外的宗教领域，爱因斯坦并不高明。

爱因斯坦对"人格化上帝"的否定，其本质是对世俗宗教的批判与否定，这种思想对神学家来说是无法接受的，甚至于曾经支持他的犹太牧师也反对他的这种观点。比如，1940 年 9 月 14 日，也就是爱因斯坦的言论在《纽约时报》上报道[②]之后的第三天，哥尔德斯坦在布道中批评了爱因斯坦的观点。他说："爱因斯坦最近在神学院的演讲确凿无疑地表明，他是一名优秀的科学家，但并不是一位神学方面的权威。爱因斯坦力劝人类采用宗教的美德与美好之处，但却要放弃人格化的上帝的思想。我认为，如果人类不接受人格化的上帝，这个世界就绝不可能享有美好。我不能不提到德国，在那里人们发现，许多大学里的科学家和教授在遇到针对希特勒（Hitler）的残暴的抗议时，都沉默无声。他们知道，没有人格化的上帝对此负责。如果这个世界曾经需要人格化的上帝的信仰的话，那就是当下。不幸的是，像爱因斯坦博士这样伟大的物理学家居然不理解，为了人类的利益，科学需要宗教。科学设计出工具，宗教则表明为了人类的最佳利益如何使用工具。"[③]

一些牧师与支持宗教教义的人写信给爱因斯坦，与他商榷关于宗教的思想。比如，一位历史学家在信中写道："我们敬佩您的学识，爱因斯坦

---

① Jammer, Max. *Einstein and Religion*：*Physics and Theology*. Princeton：Princeton University Press, 1999, pp. 100—103.

② *Religion of Good Urged by Einstein*. *New York Times*, 1940 - 9 - 11, p. 27. 该报道开篇就提到爱因斯坦对人格化上帝的否定。

③ *Einstein's Views On God Criticized*. *New York Times*, 1940 - 9 - 15, p. 47.

博士;但是,有一件事您似乎不太了解——上帝是一种精神,不能通过望远镜或显微镜来发现,他就像思维与情感那样,仅仅在头脑的分析过程中能够找到。正如每个人都知道的那样,宗教是基于信仰,而不是知识。……"[1]大多数信件如这位历史学家一样,言辞比较缓和,即使不同意爱因斯坦的相关思想,但对他的科学贡献还是给予充分肯定并表示敬意。但是,也有少数人出言不逊,比如有人在给爱因斯坦的信中这样写道:"带着你疯狂的、荒谬的进化论回到德国去吧,否则就停止破坏美国人民的信仰,正是他们在你被迫逃离祖国时对你敞开怀抱。"[2]

也有神学家试图调和爱因斯坦的论述与宗教教义,他们通常采取的进路就是对传统的"上帝"概念进行抽象,从而使得爱因斯坦的思想与宗教神学看上去比较接近。比如,著名神学家蒂里希(Paul Tillich)对爱因斯坦的思想进行了平心静气的评论。他认为,爱因斯坦的观点既不是新的,也不是强有力的。在他看来,爱因斯坦从四个方面抨击人格化上帝的概念:对于宗教来说,这个观念不是基本的;它是早期迷信的产物;它是自相矛盾的;它与科学世界观相冲突。在蒂里希看来,虽然人格化的上帝对宗教来说是不可或缺的,但是,"它是一个象征(symbol),不是一个客体(object),决不应该解释为一个客体。而且,它是这样一个不同于其他象征的象征,它意味着,我们人格的核心,只有通过那人不可及的领域和存在的深渊之具体表现,方可抓住。"[3]

天主教神学家孔汉思(Hans Kung)也持类似的观点。他指出:"如果爱因斯坦谈论宇宙理性,它必定要被理解为在绝对神秘面前的一种崇敬的表达,这种思想与过于人性化的'有神论的'上帝思想相对立……正如我们看到的那样,即使是最优秀的人的素质也不足以去描述上帝。因此,需

---

[1] Jammer, Max. *Einstein and Religion*: *Physics and Theology*. Princeton: Princeton University Press, 1999, p. 104.

[2] Ibid. , p. 106. 爱因斯坦讽刺批判他的人说:"无数条狗围着我狂吠,他们为了从中获取利益,守护着无知和迷信。"参见 Jammer, Max. *Einstein and Religion*: *Physics and Theology*. Princeton: Princeton University Press, 1999, p. 97. 当然,也有不少人来信对爱因斯坦的思想表示支持。

[3] 蒂里希:《科学与神学:与爱因斯坦商榷》,何光沪选编,《蒂里希选集》(上卷),上海三联书店1999年版,第483—487页。关于蒂里希对宗教象征的详细讨论,参见 Tillich, Paul. The Religious Symbol. *Daedalus*, 1958, Vol. 87, No. 3, pp. 3—21.

要否定每一个肯定的陈述，然后将其上升到上帝的高度。至于使用人（person）这个术语，这意味着：上帝不是人，而人类是人。全能的、无所不在的上帝不是这样一种客体，人类可以为了描述他而在一定距离对其进行观察。他是所有实在的首要的基础、支撑和目标，决定每个个体的存在，这样的上帝不是在其他个人当中的单个的人，也不是超人（superman）或超我（superego）。对上帝而言，'人'这个术语仅仅是一种暗示（cipher）。上帝也不是在其他人当中的至高无上的人，他超越了人的概念。"①

第四节　其他学者的解读

除神学家之外的许多领域的学者，主要以科学史家、科学哲学家以及爱因斯坦的传记作家为代表，对爱因斯坦的宗教思想的解读主要表现为以下几个方面。

一　爱因斯坦的宗教情怀与他的个人生活特别是科学研究之间的关系

爱因斯坦为何能够在科学研究方面取得如此伟大的成就？跟他的宗教情怀有着什么样的关系？爱因斯坦的传记作者霍夫曼（Banesh Hoffmann）认为，爱因斯坦少年时期从世俗宗教中摆脱出来，对他以后的科学研究有着不容置疑的重要性。对宗教的怀疑使爱因斯坦培养起了对权威的质疑精神，这种精神伴随着爱因斯坦的一生。没有这种精神，爱因斯坦就不能培养起思维的独立性，也就无法让他有勇气去挑战已有的科学信念，建立起全新的物理学。② 爱因斯坦从世俗宗教中摆脱出来，从而培养起了质疑精神，对于他的科学研究有着至关重要的作用，这种推理有一定的道理。但是，如果由此简单得出科学与宗教是相互对立的，宗教会阻碍或者影响科

---

①　Kung, Hans. *Does God Exist? An Answer for Today.* Translated by Quinn, Edward. New York: Doubleday & Company, Inc. , 1980, pp. 632—633.

②　Hoffmann, Banesh. *Albert Einstein: Creator and Rebel.* New York: The Viking Press, 1972, p. 24.

学研究，这与爱因斯坦的宗教观就不相符合了。

科学史家雅默（Max Jammer）详细考察了爱因斯坦的宗教信仰历程，以及与他的科学研究之间的关系。爱因斯坦的宗教虔诚是一种刺激他战胜研究中的困难的心理或精神动力吗？爱因斯坦回答了这一问题，不过他说的是其他科学家的情况。比如，爱因斯坦说，"对宇宙合理性多么深切的信仰……这使得开普勒（Kepler）和牛顿（Newton）在探索天体力学原理时，得以坚持多年孤独的辛劳。"但是，爱因斯坦从未说过他的宗教感情加强了他的工作能力，除非我们以这种方式来解读爱因斯坦的名言——"科学没有宗教是瘸的"。不过，对爱因斯坦来说，音乐是宗教感情的一种表现形式，他经常在演奏音乐时，"忽然"发现困扰他多时的科学问题的解决方案。也就是说，爱因斯坦的宗教感情要么直接地，要么通过音乐的表现形式间接地促进了他的科学研究。

另外，爱因斯坦的宗教概念影响了他的科学研究的具体内容吗？换言之，他的物理学理论内容是否受到他称之为宇宙宗教的东西的影响？雅默认为，爱因斯坦关于决定论的信念，对量子力学的反对，都受到他的宗教感情的影响。而且，还有一些学者，比如兰佐斯（Cornelius Lanczos）等人认为爱因斯坦的相对论在一定程度上受其宗教感情的影响。不过，所有相信爱因斯坦的相对论在某种程度上受到宗教感情影响或刺激的人，都坚信这种动机不但不损害，反而促进了理论的发展，也没有破坏其在科学上的重要性。① 又如，1917 年，为了得到一个静止不变的宇宙，爱因斯坦在场方程中引入了一个宇宙常数，后来爱因斯坦把宇宙常数的引入称为"最重大的失误"。爱因斯坦为何会想到引入这样一个宇宙常数呢？这可能是受到斯宾诺莎的影响。因为斯宾诺莎认为宇宙是永恒不变的。② 可见，雅默认为，爱因斯坦的宗教感情对他的科学研究产生了一定的影响。

相对于雅默的谨慎态度而言，更多的学者倾向于认为爱因斯坦的宗教情怀对他的科学研究产生了很大的影响。著名科学史家、爱因斯坦研究专

① Jammer, Max. *Einstein and Religion*：*Physics and Theology*. Princeton：Princeton University Press, 1999, pp. 55—58.

② Ibid. , p. 63.

家霍尔顿（Gerald Holton）认为，爱因斯坦从少年时代的宗教乐园，走向非常多产的科学乐园，在中年把这两种乐园融合在一起，霍尔顿称之为"第三乐园"。而且，爱因斯坦对统一性思想有很深的信仰，使得他的科学情感与宗教情感之间没有界限或障碍。①

近年来比较知名的爱因斯坦传记作者布莱恩（Denis Brian）认为，爱因斯坦喜欢向上帝提问，常常借用上帝的名字来解释宇宙万物。然而他并不像多数人那样把上帝看成至高无上的力量。他不相信天使，也不相信魔鬼和幽灵；他不相信地狱，也不相信天堂；他不相信天上的星辰能够显示一个人的命运，也不相信祈祷能够移山倒海。他常说，就像他父亲曾经说过的那样，这些都是老掉牙的迷信。虽然爱因斯坦经常使用"上帝"这个词，但这个上帝是他自己心目中的上帝，实际上他并不相信人性化的上帝或任何诸如此类的神，他只是在用隐喻的方式说话而已。爱因斯坦说："紧张的工作和对神之本性的沉思默想是指引我走出人生的喧哗和骚动的天使，它们使我和现实和解，使我变得坚强，虽然它们同时也非常苛刻。"也就是说，紧张的工作和对宇宙秘密的探索虽然非常辛苦，却能帮助爱因斯坦熬过艰难岁月。②

我国学者大多肯定爱因斯坦的宗教感情对他科学研究的影响，比如李醒民认为，爱因斯坦"在黑暗中焦急地探索广义相对论的年代里，他怀着热烈的向往，时而充满自信，时而精疲力竭，最后终于跋涉到光辉的顶点。在后半生，他专拣最厚的木板钻孔，潜心研究统一场论数十年，毫不退缩和气馁。促使爱因斯坦几十年如一日地致力于科学探索的动机和动力，正是源于他的深沉的宇宙宗教信仰和强烈的宇宙宗教感情，这种感情甚至成了他的生活和工作的指导原则。他鄙视对财产、虚荣和奢侈生活的追求，他生活淡泊，喜好孤独，都或多或少地与宇宙宗教感情有关"。③

---

① 霍尔顿：《爱因斯坦的第三乐园》，刘晓译，《科学文化评论》2004年第4期。
② 布莱恩：《鲜为人知的爱因斯坦》，杨宁宁译，金城出版社2006年版，第157—186页。
③ 李醒民：《爱因斯坦的"宇宙宗教"》，《大自然探索》1993年第1期。

二 斯宾诺莎对爱因斯坦的影响

爱因斯坦早在青年时代就阅读了斯宾诺莎的著作,并给予他很高的评价。① 于是,斯宾诺莎与爱因斯坦的关系就成为爱因斯坦的宗教思想研究中的重要问题。早在 1929 年,作家科恩 (Chapman Cohen) 就讨论了爱因斯坦的上帝观念。他认为,爱因斯坦相信的是斯宾诺莎的上帝,而斯宾诺莎的上帝是一种纯粹的抽象,显然不是任何宗教体系中的上帝,而且斯宾诺莎的体系从根本上讲是无神论的;爱因斯坦宣称自己相信这样的上帝,实际上是一种无神论的表白。② 德国科学家索末菲 (Arnold Sommerfeld) 在庆祝爱因斯坦 70 周岁生日的文章中指出:"我经常感觉到,有时也指出爱因斯坦的立场与斯宾诺莎的上帝有着特别紧密的关系。"索末菲回忆说,当爱因斯坦遇到一个对他来说是武断的或牵强的新理论时,他经常会这样评论:"上帝不会那样做的。"③

讨论斯宾诺莎对爱因斯坦的影响,也是许多科学史与科学哲学家津津乐道的一个话题。比如,科学史家霍尔顿认为斯宾诺莎对爱因斯坦产生了重大影响,甚至于斯宾诺莎的《伦理学》段落与爱因斯坦宇宙学文章之间都存在非常有趣的平行性。在"奥林匹亚科学院"时期,斯宾诺莎的《伦理学》位居爱因斯坦、哈比希特 (Conrad Habicht) 和索洛文 (Maurice Solovine) 阅读书单的前列,据说这种安排是出于爱因斯坦的建议。这本书爱因斯坦后来又读过好几遍。甚至于,当他的妹妹玛雅晚年与他一起生活在普林斯顿并卧病在床,而他认为读一本好书给她听或许会有所帮助时,爱因斯坦选择的还是斯宾诺莎的《伦理学》。④雅默认为,爱因斯坦与斯宾诺莎的哲学思想高度一致,他对统一场论坚持不懈的追求,其根源可能在于斯宾诺莎"上帝是唯一的" (God is

① 爱因斯坦:《爱因斯坦文集》(第一卷),许良英等编译,商务印书馆 2009 年版,第 591 页。
② Cohen, Chapman. *God and the Universe: Eddington, Jeans, Huxley & Einstein*. New York: The Freethought Press Association, 1931, pp. 127—133.
③ Sommerfeld, Arnold. To Albert Einstein's Seventieth Birthday. In Schilpp, Paul edited. *Albert Einstein: Philosophy-Scientist*. New York: Tudor Publishing Company, 1951, pp. 99—105.
④ 霍尔顿:《爱因斯坦的第三乐园》,刘晓译,《科学文化评论》2004 年第 4 期。

One）的理念。① 更重要的是，爱因斯坦的宗教观有许多方面跟斯宾诺莎是一致的。比如，他们都拒绝传统有神论的上帝概念，否认人格化的上帝的概念；所谓"上帝的意志"就等同于自然规律，等等。爱因斯坦也非常崇拜斯宾诺莎，在他的著作中摆脱了"纯粹的个人"。但是，爱因斯坦宣称他相信斯宾诺莎的上帝，对宗教信徒来说没有一点用处。② 甚至有学者认为，正是由于爱因斯坦信仰的是斯宾诺莎的上帝，即使他经常谈及"上帝"，但爱因斯坦仍然是一位唯物主义者。③

总之，学者们普遍认为，爱因斯坦的思想与斯宾诺莎存在很大的一致性，而斯宾诺莎的"上帝"跟传统的上帝概念存在本质差异。另外，在爱因斯坦为凯泽尔（Rudolf Kayser）所著《斯宾诺莎》写的序中，虽然没有提到斯宾诺莎的宗教观念，但他认为斯宾诺莎通过坚强的斗争，克服种种精神上的困难，获得了内心的宁静和信心，这种精神具有特别重要的意义。④ 毫无疑问，爱因斯坦从斯宾诺莎那里获得了强大的精神力量。⑤

三　关于爱因斯坦的"宇宙宗教"

宇宙宗教在爱因斯坦的宗教观中无疑具有至关重要的地位，这也是爱因斯坦宗教思想中的一个关键问题。文学家赫尔曼斯（William Hermanns）对爱因斯坦进行了四次访谈，在 1948 年进行的第三次访谈和 1954 年进行的第四次访谈中，他跟爱因斯坦一起讨论了宇宙宗教和上帝的概念。赫尔曼斯是多个世界和平组织的成员，是爱因斯坦的崇拜者，他完全赞同爱因

---

① Jammer, Max. *Einstein and Religion: Physics and Theology*. Princeton: Princeton University Press, 1999, p. 57.

② Ibid., pp. 43—49.

③ Barr, Stephen M. *Modern Physics and Ancient Faith*. Notre Dame: University of Notre Dame Press, 2003, p. 41.

④ 爱因斯坦：《爱因斯坦文集》（第一卷），许良英等编译，商务印书馆 2009 年版，第 590—592 页。

⑤ 虽然爱因斯坦对斯宾诺莎给予很高的评价，但他并不认为自己是研究斯宾诺莎的专家。1932 年，也就是斯宾诺莎三百周年诞辰之时，有几个人邀请爱因斯坦写点什么，他都一一拒绝了。爱因斯坦在给赫辛（Siegfried Hessing）的回信中说："对斯宾诺莎的热爱并不足以让我为他写作，这必须留给那些对历史背景有相当了解的人。"又如，爱因斯坦在给鲁纳斯（Dagobert Runes）的回复中说："我并不拥有撰写关于斯宾诺莎的学术文章的专业知识。"参见 Jammer, Max. *Einstein and Religion: Physics and Theology*. Princeton: Princeton University Press, 1999, pp. 44—45。

斯坦关于宇宙宗教的思想，他甚至试图发起一种包括犹太教、基督教、佛教以及伊斯兰教等不同宗教传统的宇宙宗教运动，以促进世界和平。他号召青年人去完成爱因斯坦的宇宙宗教的目标，从而阻止可怕的第三次世界大战。①《发现》（Discover）杂志的编辑鲍威尔（Corey S. Powell）认为，爱因斯坦的宇宙宗教感情，感觉到"自然界里和思维世界里显示出崇高庄严和不可思议的秩序"，在我们生活中从平凡到崇高的每一个方面，都获得了成功。②

　　在雅默看来，宇宙宗教的概念是爱因斯坦宗教哲学的核心，而且他从未宣布放弃他的宇宙宗教的信念。虽然爱因斯坦的宇宙宗教感情包含有神秘的内涵，但爱因斯坦并不是一位神秘主义者，而且他本人还多次表示对神秘主义的反感。爱因斯坦把对自然的"敬畏"（awe）的感情和"谦卑"（humility）的感情等同起来使用，而"谦卑"就与神秘主义没有什么关系了。爱因斯坦一生都痴迷于音乐，他经常说，神秘主义最好的表达莫过于音乐。音乐跟神秘主义有什么关系呢？而且，如果神秘主义意味着对精神真谛（spiritual truth）的直觉或洞察，而这种直觉或洞察与通常意义上的感觉经验或应用逻辑思维不一样，那么爱因斯坦从来就不是一位神秘主义者。他从不认为可以通过超感官的知觉或精神洞察来获得知识，也从不认为他的宇宙宗教感情可以代替理性的思考。③

　　我国学者几乎一致地认为，爱因斯坦的宇宙宗教思想有着积极的意义，对他本人的科学研究起到了极大的促进作用。比如，李曙华认为，爱因斯坦源于终极关怀和价值自觉的宇宙宗教情感，是其科学信念和内心自由的依据，而这正是其科学原创性的价值之源。爱因斯坦的宇宙宗教感情是发自内心地对宇宙和谐与自然秩序的信念、虔敬与惊喜的深邃情感，它是理性的，但却是价值取向的，它代表了人类超越个人、追求

---

①　Hermanns, William. *Einstein and the Poet: In Search of the Cosmic Man.* Brookline Village: Brander Press, Inc. , 1983, p. 152.

②　Powell, Corey. *God in the Equation.* New York: The Free Press, 2002, p. 14.

③　Jammer, Max. *Einstein and Religion: Physics and Theology.* Princeton: Princeton University Press, 1999, pp. 126—127.

真善美统一的永恒理想。[①] 周德海认为，爱因斯坦的宇宙宗教所具有的
"精神自由"，不仅是他科学理论研究活动的创造力的源泉之一，而且对
他的科学研究活动还起着解放思想的作用。甚至于，科学的发展已经证
明并将继续证明爱因斯坦的"宇宙宗教"及其"上帝"概念是一种科学
的宇宙观。[②]

　　总的来说，爱因斯坦的宇宙宗教得到许多学者的认可，而且，即使
它使用的是神学术语，也丝毫不影响它的重要意义。宇宙宗教的重要意
义就在于，它为我们理解爱因斯坦从事科学研究过程中的心理状态，提
供了一把钥匙。有了它，我们可以在一定程度上去想象爱因斯坦的坚定
与执着、痛苦与喜悦，去感受这种支撑爱因斯坦数十年科学研究的动力
之源。

第五节　分析与讨论

一　爱因斯坦的宗教思想与自然神学

　　自然神学是一种植根于创造教义的宗教信仰，断言至少上帝的某些方
面能够从对自然的研究中获知。在基督教内，对待上帝是否存在——以及
在什么程度上——能够通过自然所给予的来知晓这个问题，有着三种思
路，即诉诸理性、诉诸世界的秩序以及诉诸自然的美。[③] 从爱因斯坦的论
述以及不同学者的解读我们可以看到，爱因斯坦的思想与自然神学有着一
定程度的类似。雅默认为，爱因斯坦的宗教可以称之为自然神学，也就是
说，通过观察可见的自然过程获取上帝的知识，但有一个附加条件，即宇
宙中神性的显现对人类智慧来说只有一部分是可以理解的。[④]

　　与此相似，爱尔卡纳（Yehuda Elkana）发现，在爱因斯坦的言论中，

---

　　① 李曙华：《科学原创性如何可能？——爱因斯坦的哲学思想与宇宙宗教情感》，《文史哲》
2006 年第 2 期。

　　② 周德海：《爱因斯坦的"宇宙宗教"及其科学价值》，《南京社会科学》1994 年第 7 期。

　　③ 麦克格拉思：《科学与宗教引论》，王毅译，上海人民出版社 2008 年版，第 117—125 页。

　　④ Jammer, Max. *Einstein and Religion*: *Physics and Theology*. Princeton: Princeton University
Press, 1999, p. 149.

有的地方似乎"自然"与"上帝"可以互换。爱因斯坦说,"大自然隐藏她的秘密,是因为她本性高傲,而不是凭什么狡黠的手段。"类似的论述还有不少。在爱尔卡纳看来,爱因斯坦经常论及"上帝",主要是想理解上帝是如何思考的,而且在与上帝交流的过程中使用的是图像以及其他非语言的符号。① 也正是在这个意义上,爱因斯坦并不认为自己是无神论者,他是相信有上帝存在的,但他显然不是神学家眼中的有神论者。

但是,爱因斯坦的宗教思想绝不是为神学服务的,也没有任何宗教目的。即使神学家可以从爱因斯坦那里解读出一些看似有用的思想,但爱因斯坦的宗教思想与传统的有神论宗教思想根本上就是对立的。而且,如果不戴着神学的有色眼镜去看爱因斯坦的相关论述,这一点是显而易见的。例如,《科学通讯》在发表爱因斯坦1940年9月题为《科学和宗教》的发言时,就直接以"人格化的上帝概念导致科学与宗教的冲突"为题!② 又比如,对于爱因斯坦的"宇宙宗教"思想,大多数神学家要么严厉批判,要么根本避而不谈,而其他学者却津津乐道,根本原因就在于爱因斯坦的宇宙宗教思想与传统的宗教思想是完全不相容的。

2005年,中国学术界发生了一场著名的争论,学者们围绕是否应该"敬畏自然"展开了激烈的讨论。③ 对于爱因斯坦的宗教思想,在一定程度上,我们可以将其解读为是对自然的敬畏。当然,爱因斯坦对自然的敬畏,跟中国学术界讨论"是否应该敬畏自然"的起因与论据等都完全不同,但是,一位对自然规律有着如此深刻理解的伟大科学家对自然的敬畏精神,难道不值得我们深思吗?

二　宗教与科学的相通与对立

正如前文提及的神学家保罗所论述的那样,作为认识世界的不同手段与成果,科学与宗教的确存在某些一致性。对此,科学史家也有清楚的认

①　Elkana, Yehuda. Einstein and God. In Galison, Peter. and Holton, Gerald and Schweber, Silvan Edited. *Einstein For the 21st Century.* Princeton: Princeton University Press, 2008, pp. 35—47.

②　Einstein, Albert. Personal God Concept Causes Science-Religion Conflict. *The Science News-Letter*, Vol. 38, 1940, pp. 181—182.

③　刘兵、苏贤贵、田松、刘华杰:《2005年学术界的一场争论》,《科学对社会的影响》2005年第1期。

识。比如，霍尔顿对比了爱因斯坦与神学家蒂里希的思想，认为他们以不同的却是类似的方式，去超越人类认识的局限，并且都由所谓的终极关怀（Ultimate Concerns）所驱使。[①] 钱时惕认为，科学与宗教从本质上来说虽然是对立的，但由于诸多因素的影响，科学与宗教之间并非一种简单对立，而是有着错综复杂的关系。比如，科学家对"终极"的追求与神学家对于"终极"的论证，存在着某种"相通"之处。许多科学家喜欢追究终极原因，他们在科学探索中体验到自然界存在着一种奇妙的秩序性、和谐性和统一性，于是不少科学家将其归结为有一个"上帝"存在的原因。同样，神学家也经常从终极问题的研究中，引出"上帝"之存在。[②]

但是，我们必须看到科学与宗教的显著差异。而且，即使爱因斯坦的宗教思想对他的科学研究产生了相当大的影响，毫无疑问，引导爱因斯坦科学研究的主要动机还是他对纯科学问题的思考。即使神学家能够以爱因斯坦为例，找到科学与宗教的共同之处，但爱因斯坦的宗教思想与神学家的思想之间的对立仍然是明显的。事实上，爱因斯坦几乎从未去过教堂，也没有亲密的神学家朋友，这跟爱因斯坦有许多科学家、哲学家朋友形成鲜明的对比。当前许多神学家和科学家都倡导科学与宗教之间进行对话，这当然有着积极的意义。爱因斯坦的例子一方面告诉我们科学与宗教的确不应该相互拒斥，另一方面也说明了宗教与科学之间的对立是难以从根本上得到解决的。

三 爱因斯坦的科学哲学与宗教思想

在论述科学与宗教的关系时，爱因斯坦经常会应用他的哲学思想来进行论证。爱因斯坦相信自然界的因果律，他认为科学家"一心一意相信普遍的因果关系。在他看来，未来同过去一样，它的每一细节都是必然的和确定的"。[③] 正是出于对因果律的信仰，对于人格化的上帝就是无法接受。他

① Holton, Gerald. *Victory and Vexation in Science：Einstein, Bohr, Heisenberg, and Others.* Cambridge：Harvard University Press, 2005, p. 115.

② 钱时惕：《科学与宗教关系及其历史演变》，人民出版社 2002 年版，第 168—170 页。

③ 爱因斯坦：《爱因斯坦文集》（第一卷），许良英等编译，商务印书馆 2009 年版，第 408 页。

说:"当人们从历史上来看这个问题时,他们总是倾向于认为科学同宗教是势不两立的对立物,其理由是非常明显的。凡是彻底深信因果律的普遍作用的人,对那种由神来干预事件进程的观念,是片刻也不能容忍的——当然要假定他是真正严肃地接受因果性假说的。他用不着恐惧的宗教,也用不着社会的或者道德的宗教。一个有赏有罚的上帝,是他所不能想象的,理由很简单:一个人的行动总是受外部和内部的必然性决定的,因此在上帝眼里,就不能要他负什么责任,正像一个无生命的物体不能对它的行动负责一样。"[①]

对于自然界一些比较复杂的领域,比如天气、生物领域的规律性,虽然我们现在所掌握的规律还不是很深刻,"但至少也已足以使人感觉到它是受着确定的必然性的支配的。……一个人愈是深刻感受到一切事件都有安排好的规律性,他就愈是坚定地深信:除了这种安排好的规律性,再没有余地可让那些本性不同的原因存在。对他来说,无论是人的支配还是神的支配,都不能作为自然界事件的一个独立原因而存在着。"[②] 雅默认为,爱因斯坦的宗教思想建立在对决定论的坚定信念,以及坚决否定人神同形同性论的基础之上。[③] 因此,爱因斯坦的宗教观念是建立在他的科学哲学思想基础之上的。

在神学家孔汉思看来,量子力学中严格决定论的消失使得爱因斯坦的宗教思想失去了合理性。爱因斯坦虽然承认量子力学有合理之处,但他拒绝接受掷骰子的上帝。但是,玻恩(Max Born)与爱因斯坦相反,他认为测不准原理不仅在物理学中,而且在整个自然科学领域中都在起作用,人类无法解释作为整体的实在:概念无法辨别整体,需要采用玻尔称之为"互补性"的两种不同的方面来解释。在孔汉思看来,可能只能在"互补"的意义上才能理解上帝。物理学家对事物探究越是深入,事物就变得越模

---

① 爱因斯坦:《爱因斯坦文集》(第一卷),许良英等编译,商务印书馆2009年版,第406页。
② 爱因斯坦:《爱因斯坦文集》(第三卷),许良英、赵中立、张宣三编译,商务印书馆2009年版,第218—219页。
③ Jammer, Max. *Einstein and Religion*:*Physics and Theology*. Princeton:Princeton University Press, 1999, p. 74.

糊难懂，语言也越是显得无能为力。[①]

准确地说，爱因斯坦的决定论思想属于严格决定论，认为过去与未来可以精确地预言。量子力学打破的是这种严格决定论，而不是决定论。"非严格决定论认为客观世界的演化就像量子力学所描述的一样，是必然性和偶然性并存，是不完全的决定论。"[②] 量子力学当中的随机性并不否认因果律，量子力学也并没有完全否定决定论。抛开爱因斯坦的严格决定论思想，他拒斥人格化上帝的论证仍然是成立的。

四　爱因斯坦的辩证思维

如同他的哲学思想一样，爱因斯坦的宗教思想毫无疑问是深刻的。爱因斯坦的哲学思想是对与他同时代以及之前的许多哲学家的思想的辩证综合。同样，爱因斯坦的宗教思想也充满了辩证思维。比如，爱因斯坦既看到宗教的积极意义，也清楚认识到宗教的消极方面；爱因斯坦充分利用宇宙宗教对自己的激励作用，又明确地把自己的思想跟传统的宗教观念区别开来，等等。

爱因斯坦的宗教思想除了受斯宾诺莎的影响之外，还可能受到蒂里希、施莱尔马赫（F. Schleiermacher）、迈蒙尼德（Maimonides）以及里希滕贝格（Georg Lichtenberg）[③] 等学者的影响，这个问题值得我们深入研究。比如，迈蒙尼德是犹太人心目中最伟大的哲学家，他否定人神同形同性论的概念，这点与爱因斯坦相一致。根据迈蒙尼德，"对于上帝的否定性描述才是正确的描述。……如果用肯定属性来描述上帝，则意味着上帝的缺陷正如我们已经表明的，这对于上帝来说是不适宜的。……我们只能知道上帝存在着这个事实，但却无法知道他的本质。"迈蒙尼德的思想在斯宾诺莎那里得到继承与发展，在他的代表作《伦理学》以及《神学政治论》中时常可以看到迈蒙尼德的影子。[④] 虽然爱因斯坦从来没有在其论著

---

① Kung, Hans. *Does God Exist*? ——*An Answer for Today*. Translated by Quinn, Edward. New York：Doubleday & Company, Inc. , 1980, pp. 628—630.

② 贺天平、卫江：《量子力学多世界解释的决定论意蕴》，《科学技术哲学研究》2013 年第 1 期。

③ 比如，爱因斯坦对里希滕贝格的思想给予了较高的评价，两人的思想亦很接近。参见 Goldman, Robert. *Einstein's God*. Northvale：Jason Aronson Inc. , 1997, p. 148.

④ 王增福：《理性的有限性与形而上学的可能性——论迈蒙尼德关于理性与信仰关系的思想》，《华中科技大学学报》（社会科学版）2010 年第 5 期。

中提到过迈蒙尼德，但鉴于迈蒙尼德对犹太人的巨大影响，特别是对斯宾诺莎的影响，而爱因斯坦又如此推崇斯宾诺莎，因此，我们可以认为爱因斯坦受到了迈蒙尼德的影响，虽然这种影响很可能是间接的。

研究爱因斯坦的宗教思想，也应该像研究爱因斯坦的哲学思想一样，看到他的思想中存在着多种思想的相互作用，这也是不同领域的学者都可以从爱因斯坦的思想中解读出对自己有利的成分之原因所在。因此，我们也应该辩证地看待爱因斯坦的宗教思想，而不是简单地肯定或否定。

五　动机宗教观

爱因斯坦在 1951 年 1 月 1 日给索洛文的信，或许较好地表达了爱因斯坦的宗教观的实质。爱因斯坦写道："你不喜欢用'宗教'这个词来表述斯宾诺莎哲学中最清楚表示出来的一种感情的和心理的态度，对此我可以理解。但是，我没有找到一个比'宗教的'这个词更好的词汇来表达（我们）对实在的理性本质的信赖；实在的这种理性本质至少在一定程度是人的理性可以接近的。在这种（信赖的）感情不存在的地方，科学就退化为毫无生气的经验。尽管牧师们会因此发财，我可毫不在意。而且对此也无可奈何。"①

科学哲学家法因（Arthur Fine）在论述爱因斯坦的实在论时，认为爱因斯坦的实在论是名义上的，而不是真实的。爱因斯坦坚持使用实在论的术语，主要是他明确反对实证主义和经验主义，而且他完全接受了实在论的激励力量，因此法因把爱因斯坦的实在论称之为"动机实在论"（motivational realism）。② 从上面我们对爱因斯坦的宗教思想及其影响的讨论可以看到，爱因斯坦经常使用"上帝"这个术语以及他表现出来的对"宗教"的热情，也主要是因为他吸取了宗教的激励作用，但是他心目中的"上帝"跟传统的"上帝"概念相比显然是名义上的，而不是真实的。因此，我们也许可以把爱因斯坦的宗教思想称之为"动机宗教观"。

---

① 爱因斯坦：《爱因斯坦文集》（第一卷），许良英等编译，商务印书馆 2009 年版，第703 页。

② Fine, Arthur. *The Shaky Game: Einstein, Realism and the Quantum Theory*, Chicago: The University of Chicago Press, 1986, pp. 86—111.

第二章 民族观:坚持民族平等,反对民族主义

在形形色色的社会问题中,爱因斯坦非常关注民族问题,特别是犹太民族的问题。他本人在欧洲所遭遇的反犹主义的痛苦经历,以及他坚定的热爱和平的思想,使得他关于犹太民族与民族关系等问题的思想内涵丰富、特色鲜明,他的行为也果敢而坚决。爱因斯坦坚决反对种族歧视,主张各民族和睦相处,并对犹太民族怀有深厚的感情,积极支持犹太复国主义运动。本章主要探讨爱因斯坦民族观的形成原因与过程,他与犹太复国主义的复杂关系以及他对美国黑人的坚定支持。

第一节 犹太身份与反犹主义遭遇

爱因斯坦是一位犹太人,正是因为他的犹太身份,使得他遭受了一些曲折甚至是痛苦的经历,包括年轻时求职的坎坷以及成名之后在德国受到的迫害。由于这些经历以及爱因斯坦亲眼所见的反犹事件,使得他对反犹主义深恶痛绝,由此也构成了爱因斯坦民族观的实践渊源。

一 家庭背景与中小学时期经历:犹太身份的觉醒

爱因斯坦的祖辈都是德国犹太人。他的祖父亚伯拉罕·爱因斯坦(Abraham Ruppert Einstein)、祖母莫斯(Hindel Helene Moos)一直都住在德国乌尔姆(Ulm)西南的一个小村庄布豪(Buchau)。他们姓名中的第一个字(first name)都用犹太人的名字,而姓名中间的那个字(middle name)则用的是德国人的名字。外祖父德兹巴赫尔(Julius Dorzbacher)、

外祖母（Jette Bernheimer）都出生在斯图加特（Stuttgart）东南的一个小村庄耶本豪森（Jebenhausen），两人都取的是德国名字。搬到靠近斯图加特的坎施塔特（Cannstatt）后，外祖父把家庭的姓改为德国人常见的姓科赫（Koch）。①

从血缘关系上看，爱因斯坦毫无疑问是犹太人。但是，仅仅从爱因斯坦祖辈的姓名就可以看到，他们已经被德国当地文化所同化，甚至是主动地放弃了他们的犹太传统，这一点自然会影响到他们对子女的教育。爱因斯坦的父亲赫尔曼（Herman Einstein）、母亲保莉妮（Pauline Koch）不信犹太教，特别是对赫尔曼来说，那些只是远古的迷信而已。赫尔曼一家属于散居的犹太人，他们已经适应了周围的非犹太人的环境，只不过还保持着犹太人的身份而已。从家庭氛围的角度来看，他们跟德国的文化还是有相当大的区别。同时，赫尔曼与妻子还是保持着一些犹太传统，比如，他们每周四邀请一个来自俄罗斯的贫穷犹太学生来家里吃午餐，这就是古老的安息日传统。②

1885 年秋，爱因斯坦开始在家附近的一所天主教学校上小学，不过，他是班里 70 名同学当中唯一的犹太学生。通常犹太人的子女都上犹太学校，但由于犹太学校距离家较远，学费也较贵，而且爱因斯坦的父母可能也希望他更多地接触非犹太民族的孩子，所以选择了离家近的学校。③ 但是，爱因斯坦很快发现，同学们对不同种族的特点认识得非常清楚，对他进行身体上的攻击和言语的辱骂是家常便饭。虽然大多数情况下大家并不是恶意的，但这已经让爱因斯坦明显地感觉到自己是如此与众不同。这种感觉给他留下了非常深刻的印象。1920 年，爱因斯坦写道："一个犹太孩子开始上学，他很快就会发现他与其他孩子不同，发现他们不把他或她当成自己人的一员。这种与人有别之感确实生根于传统；它绝不仅仅基于孩子的宗教归属关系或某些传统特点。面部特征已经标明犹太孩子是外人，同班同学对这些特征非常敏感。古怪的感觉很容易引起某种敌意，尤其当

---

① Rosenkranz, Ze'ev. *Einstein before Israel: Zionist Icon or Iconoclast?* Princeton: Princeton University Press, 2011, p. 10.

② Frank, Philipp. *Einstein: His Life and Times.* New York: Alfred A Knopf, 1972, p. 7.

③ Ibid., p. 9.

班级里有几个犹太孩子十分自然地彼此亲近并逐渐形成一个紧密结合的小集体时更是如此。"①

在布恩写的爱因斯坦传记中，他描述了爱因斯坦在上课期间，老师讲到犹太人把耶稣钉在十字架上时，爱因斯坦感到做一个犹太人是一种耻辱。② 虽然具体情况我们已无从考证，但爱因斯坦在小学期间就清楚地意识到了自己的犹太人身份，这一点是确凿无疑的。

1889 年，爱因斯坦来到慕尼黑的卢伊特波尔德中学（Luitpold-Gymnasium）。在这里，他不再是唯一的犹太学生，也得到了正式的犹太教的教导。但是，全班也只有少数几个犹太人，这也可能再次让爱因斯坦感觉到犹太民族在德国的少数民族地位。当时大多数学生信天主教，只有 5% 的学生是犹太人。虽然这个比例不高，但比当地犹太人在人口中所占的比例还是要高一些。③ 通常情况下，少数民族的孩子更愿意跟非少数民族的孩子一起玩耍，希望得到更多的认同。克拉克（Clark）等人发现，相对于黑色的玩具娃娃而言，美国黑人小孩子更愿意玩白色的玩具娃娃。当然，愿意跟多数民族的小朋友玩耍的孩子并不一定就会降低自尊。④ 不过，爱因斯坦似乎并不愿意跟德国的非犹太非少数民族的那些同学有较多的接触，相反，他喜欢跟犹太同学团结在一起，认同自己的犹太人身份。

虽然爱因斯坦的父母不信教，但他在中学期间却有过一段深刻的宗教信仰经历。但是，爱因斯坦的宗教热情在 12 岁那年突然终止了。他说："由于读了通俗的科学书籍，我很快相信，《圣经》里的故事有许多不可能是真实的。"⑤ 此后，爱因斯坦一直都没有世俗的宗教信仰，正如我们在本书第一章中所看到的那样。爱因斯坦还接着说："我很清楚，少年时代的宗教天堂就这样失去了，而这个宗教天堂是使我自己从'仅仅作为个人'

---

① 爱因斯坦：《爱因斯坦全集》（第七卷），邹振隆主译，湖南科学技术出版社 2009 年版，第 264 页。

② 布恩：《爱因斯坦大传》，陕西旅游出版社 1996 年版，第 5 页。

③ Pyenson, Lewis. Einstein's Education：Mathematics and the Laws of Nature. *ISIS*, 1980, Vol. 71, No. 3, pp. 399—425.

④ Sears, David and Huddy, Leonie and Jervis, Robert edited. *Oxford Handbook of Political Psychology*. Oxford：Oxford University Press, 2003, p. 66.

⑤ 爱因斯坦：《爱因斯坦文集》（第一卷），许良英等编译，商务印书馆 2009 年版，第 2 页。

的桎梏中，从那种被愿望、希望和原始感情所支配的生活中解放出来的第一次尝试。"① 爱因斯坦试图在宗教的信仰中去摆脱世俗的事务，宗教也可能是他暂时地忘却在学校里感受到的反犹主义氛围的精神力量。

爱因斯坦在中小学期间虽然感受到了一些反犹主义的氛围，但这并没有对他造成实质性的伤害。爱因斯坦于 1895 年 10 月来到瑞士阿劳中学，虽然这里的犹太学生也很少，在 163 名学生当中只有 6 名是犹太人，但学校里没有反犹氛围，从老师到学生对犹太人都非常友好，爱因斯坦在这里度过了非常愉快的一年。②

二　大学生活与伯尔尼专利局：平静的生活

1896 年 10 月，爱因斯坦进入苏黎世联邦工业大学学习。作为一名来自德国的犹太人，爱因斯坦在大学里仍然属于少数民族。不过，爱因斯坦对犹太学生组织或其他的学生团体也没有什么兴趣。而且，在他上大学期间，这些学生组织也不太引人注目。相反，在德国，宣传犹太复国主义或犹太民族主义的学生组织，在后来形成德国犹太复国主义运动的领导地位的过程中，发挥了重要作用。由于爱因斯坦在瑞士上学，没有经历德国当时发生的严重的反犹主义，但他的一些犹太朋友却由于这些经历后来成为犹太复国主义的领导者。③ 这也为爱因斯坦后来参与犹太复国主义运动埋下了伏笔。总的来说，爱因斯坦在瑞士学习期间，没有感受到明显的反犹主义氛围，因此这段时间对爱因斯坦的犹太身份认同也没有起多大作用。

大学期间，爱因斯坦与同班同学米列娃（Mileva Maric）恋爱，两人之间大量的通信显示出当时他们感情的热烈与真挚。④ 不过，米列娃并不是犹太人，而是塞尔维亚人。因为犹太人通常是与犹太人结婚，再加上她比

---

① 爱因斯坦：《爱因斯坦文集》（第一卷），许良英等编译，商务印书馆 2009 年版，第 2 页。

② Pyenson, Lewis. Einstein's Education: Mathematics and the Laws of Nature. *ISIS*, 1980, Vol. 71, No. 3, pp. 399—425.

③ Rosenkranz, Ze'ev. *Einstein before Israel: Zionist Icon or Iconoclast?* Princeton: Princeton University Press, 2011, p. 26.

④ 雷恩、舒尔曼：《阿尔伯特·爱因斯坦和米列瓦·马里奇情书集》，赵中立译，湖南科学技术出版社 2003 年版。

爱因斯坦还大四岁，所以爱因斯坦的母亲特别反对两人的婚事。但是，由于爱因斯坦的坚持，最终两人还是于1903年1月结婚。从这件事在一定程度上也可以看出，爱因斯坦并不看重犹太人的传统。

1900年，爱因斯坦大学毕业。与他一同毕业的有三名同学，即埃拉特（Jacob Ehrat）、格罗斯曼（Marcel Grossmann）和科尔罗斯（Louis Kollros），他们三人都留校做了助教，而偏偏只有爱因斯坦一个人未能留校。爱因斯坦的成绩并不差，他未能留校显然不是因为成绩的原因。[①] 爱因斯坦的犹太身份可能也不是留校的障碍，他也从未提过犹太身份对他未能留校的影响。爱因斯坦未能留校的原因很可能是因为他跟教授们的关系不是太好，他的独立性太强，经常逃课，在教授们眼里他并不是一个"好学生"。可能最关键的是，他与物理教授韦伯（Heinrich Weber）治学方法不合。韦伯比较保守，注重实验物理；而爱因斯坦思想开放活跃，擅长理论思维。

为了谋生，爱因斯坦四处求职，但颇为不顺。导致他求职不顺的原因有许多，他的犹太人身份可能是原因之一。比如，米列娃曾向她的一位朋友抱怨道："我的爱人他言语太刻薄，再者他还是个犹太人。"1901年，身无分文的爱因斯坦只得回到父母在米兰的家里，并继续在德国寻找机会。后来爱因斯坦决定不考虑德国，而集中考虑意大利。因为他热爱意大利，而且这个国家实质上不怎么反犹太。[②] 最终，爱因斯坦于1902年在好友格罗斯曼的帮助下，在伯尔尼专利局获得了临时性的工作，总算是安定了下来。耐人寻味的是，爱因斯坦在1901年12月18日写给专利局的信中，最后是这样写的："我的父母是德国人，然而我自十六岁起就一直在瑞士居住，从未间断过。我是苏黎世市的公民。"[③] 在这里，爱因斯坦并没有提到他是犹太人，也可能是故意隐瞒以免造成不必要的麻烦。

在伯尔尼的日子是美好而舒适的。爱因斯坦曾对友人西拉德（Leo Szilard）说过这样的话："当我在专利局工作的时候，那是我一生中最

---

① 关于爱因斯坦的大学成绩，参见爱因斯坦《爱因斯坦全集》（第一卷），赵中立主译，湖南科学技术出版社2009年版，第49—56页。

② 布莱恩：《爱因斯坦全传》，杨建邺、李香莲译，高等教育出版社2008年版，第48—49页。

③ 爱因斯坦：《爱因斯坦文集》（第一卷），许良英等编译，商务印书馆2009年版，第312页。

美好的时光。"① 我们注意到,在这最美好的时光里,爱因斯坦有好几位犹太朋友陪伴着他。帮他找到工作的格罗斯曼是犹太人,爱因斯坦一生中最亲密的朋友贝索 (Michele Besso) 也是犹太人,另外还有"奥林匹亚科学院"的成员索洛文 (Maurice Solovine)。与爱因斯坦比较亲密的朋友当中,大多是犹太人,这或许并不是偶然的。

三　苏黎世与布拉格:潜藏的暗流

1907 年,温特图尔技术学校数学和物理学教授盖泽斯 (Adolf Gasses) 建议爱因斯坦去他那里教书。虽然爱因斯坦在伯尔尼的工作很舒适,但每天八小时的工作,让他自由思考的时间大大受到限制。② 更何况,对醉心于学术研究的爱因斯坦来说,他还是希望能够在学校里工作,毕竟学校的学术氛围还是要好一些。1908 年 1 月 3 日,爱因斯坦给格罗斯曼写信征求意见,爱因斯坦写道:"我认为我去那里最有希望……所以我要向你请教:这样做怎么样?我也许应该找个什么人亲自证明我作为教师和公民的值得称颂的品格有着很高的价值?这个人应当是谁呢?是否可能我曾给他留下不好的印象 (不是瑞士籍德国人、犹太人的容貌等等) 呢?……"③ 虽然我们不知道为何爱因斯坦没有获得 (或许并没有去申请) 这个教师职位,但从爱因斯坦的信中也折射出当时社会的排犹情绪。

1908 年 1 月 20 日,爱因斯坦向苏黎世州教育委员会提出申请,希望担任苏黎世大学的数学和画法几何教师。一共有 21 名申请者竞争这一职位,爱因斯坦显然是失败了。④ 不过,苏黎世大学的克莱勒 (Alfred Kleiner) 教授打算设立一个理论物理学副教授职位,他建议爱因斯坦去争取这

---

① Weart, Spencer and Szilard, Gertrud edited. *Leo Szilard: His Version of the Facts.* Cambridge: The MIT Press, 1978, p. 12.

② 比如,1908 年 12 月 14 日,爱因斯坦在给斯塔克 (Johannes Stark) 的信中说:"很遗憾,由我来写那本书是绝对不可能的,因为我不可能抽出必要的时间。每天在专利局要紧张地工作 8 个小时,有一大堆信件要处理,除此之外还要做些研究——毫无疑问,凭您的经验也能知道。有几篇论文还没有完成,因为我无法找出时间把它们写完。"参见爱因斯坦《爱因斯坦全集》(第五卷),范岱年主译,湖南科学技术出版社 2009 年版,第 145 页。

③ 爱因斯坦:《爱因斯坦全集》(第五卷),范岱年主译,湖南科学技术出版社 2009 年版,第 80 页。

④ 同上书,第 87 页。

一职位。虽然中间经历了一些波折，但已小有名气的爱因斯坦毫无疑问是这个职位的最佳人员。1909 年 10 月，爱因斯坦结束了在伯尔尼专利局的工作，来到苏黎世大学任副教授。在克莱勒推荐爱因斯坦任职的过程中，主要的障碍之一正是爱因斯坦的犹太人身份。虽然爱因斯坦最终成功获得了教职，但从当时的评审委员会的报告可以清楚地看出犹太身份对爱因斯坦的负面影响。报告中这样写道："我们的同事克莱勒的推荐词，是建立在多年个人接触的基础上的，应该更有价值……因为爱因斯坦先生是个犹太人，而犹太学者常常让人想到各种令人不快的习性或行为，比如好干涉别人，粗野无礼，奸商德性等（这样的事例很多，而且多半事出有因）……但是，应当说犹太人中也有一些好公民，他们身上没有那些令人讨厌的品质。所以，仅仅因为一个人是犹太人就取消他的资格，显然是不合适的。"① 从这份报告中，我们可以看到当时反犹思想影响之广泛。"奸商德性"也让人想到《威尼斯商人》中的犹太人夏洛克。

1910 年，布拉格德语大学（German University of Prague）有一位物理学教授要退休，需要聘请一位新的物理学教授，有不少人推荐爱因斯坦。不过，爱因斯坦听说还有别人也在竞争这个职位。1910 年 8 月 27 日，爱因斯坦在写给罗柏（Jakob Laub）的信中说："……我没有被聘去布拉格任职。我只是由那个系提名；但由于我的犹太血统，部里没有批准这项建议。"② 情况没有爱因斯坦想象的那样糟糕，9 月，爱因斯坦被邀请到维也纳商谈工作的细节。爱因斯坦在瑞士登记《城市公民资格申请者调查表》里，"宗教信仰"一栏写的是"与教派无关系"，③ 这可能是维也纳官方最担心的地方。他们告诉爱因斯坦，作为哈普斯堡帝国（Habsburg Empire）的教授，他需要有宗教信仰。于是，爱因斯坦声称自己有犹太信仰。另外，最后给他确定的年薪是 9000 瑞士法郎，而在苏黎世的工资只有 4500 瑞士法郎，正好相差一倍。正教授的头衔和不错的薪水让爱因斯坦感到很满意，1911 年 3 月底，爱因斯坦来到了布拉格。

---

① 布莱恩：《爱因斯坦全传》，杨建邺、李香莲译，高等教育出版社 2008 年版，第 115 页。

② 爱因斯坦：《爱因斯坦全集》（第五卷），范岱年主译，湖南科学技术出版社 2009 年版，第 238 页。

③ 爱因斯坦：《爱因斯坦文集》（第一卷），许良英等编译，商务印书馆 2009 年版，第 252 页。

后来，爱因斯坦曾说过这样的话："回到亚伯拉罕的怀抱对我来说毫无意义，只不过是必须签署的一纸空文。"① 由此可以看出，爱因斯坦并不是真正信仰犹太教，只是为了获得教授职位而做出的妥协而已。之前爱因斯坦因为自己的犹太身份而抱怨，此时又利用自己的犹太身份来证明自己的宗教信仰，充分说明了爱因斯坦对自己的犹太身份一直有着非常清醒的认识，对犹太教他采取灵活态度。②

爱因斯坦在布拉格首次遇到了犹太复国主义运动的成员。

哲学家伯格曼（Hugo Bergmann）是布拉格犹太复国主义组织巴克巴（Bar Kochba）③ 的一位著名成员，他在一篇回忆文章中写道："1910 年，当他（爱因斯坦）被任命为布拉格德语大学理论物理学教授时，我与他结识。……在 1910 至 1912 年间，虽然我经常参加犹太复国主义的活动，但我不记得曾经与爱因斯坦讨论过犹太主义（Judaism）。我想那时他对犹太主义并不感兴趣。我认为，如果他仍然住在瑞士的话，他完全不会成为犹太团体中的成员。"④

不过，爱因斯坦在思想上并没有受到他们什么影响，也没有对他们产生深刻的印象。⑤ 比如，爱因斯坦在 1916 年的一封信中说："……书我怀着极大的兴趣读了。这是一个深谙人的心灵障碍的人所写的，无疑是兴趣盎然的书。此外我相信，我曾在布拉格结识此人。他应该是属于当地的受到哲学思想和犹太复国主义思想感染的那个小圈子里的人物……"从爱因

---

① 爱因斯坦:《爱因斯坦全集》（第五卷），范岱年主译，湖南科学技术出版社 2009 年版，第 239 页。

② 相对于爱因斯坦的灵活，他的朋友埃伦费斯特（Paul Ehrenfest）就比较固执。爱因斯坦说:"因为一位杰出的理论家（Ehrenfest），他狂热地反对加入宗教（古怪），因此不会被瑞士以外的国家聘请，他希望在苏黎世获得授课资格。"参见爱因斯坦《爱因斯坦全集》（第五卷），范岱年主译，湖南科学技术出版社 2009 年版，第 392 页。爱因斯坦还说:"他坚决拒绝加入任何宗教因此不能在奥地利找到工作，或许在德国也找不到。"参见爱因斯坦《爱因斯坦全集》（第五卷），范岱年主译，湖南科学技术出版社 2009 年版，第 414 页。

③ 巴克巴是罗马帝国时期的一位犹太领导人，他创立了一个独立的犹太国家，并统治了三年。

④ Bergman, Hugo. Personal Rememberances of A lbert Einstein. In Cohen, Robert and Wartofsky, Marx edited. *Logical and Epistemological Studies in Contemporary Physics.* Boston: D. Reidel Publishing Company, 1974, pp. 388—394.

⑤ Rosenkranz, Ze'ev. *Einstein before Israel: Zionist Icon or Iconoclast?* Princeton: Princeton University Press, 2011, p. 33.

斯坦的语气当中可以看出，他对布拉格的犹太复国主义组织并不熟悉。①

虽然爱因斯坦在布拉格期间没有参加犹太复国主义的任何活动，也没有表现出对犹太复国主义运动的兴趣，但他却通过他的助手诺赫尔（Emil Nohel）了解到一些关于犹太人的情况。这位助手是波西米亚的一个小犹太农场主的儿子，他性情沉稳，不像很多犹太人那样紧张不安。诺赫尔告诉了爱因斯坦很多在波西米亚的犹太人的情况，引起爱因斯坦对犹太人与周围世界之关系的兴趣。② 另外，当布拉格大学的数学物理学教授、犹太人皮克（Georg Alexander Pick）离职时，爱因斯坦在给朋友的信中写道："……但是我要和同事 Pick 道别，我对此感到遗憾，我和他已成了非常要好的朋友。正像意大利人所说的'血浓于水'呀！"③ 可见，爱因斯坦比较看重自己的犹太身份。

爱因斯坦在布拉格没有待多久，1912 年 7 月，全家又离开布拉格，重新搬回苏黎世，爱因斯坦开始担任母校的理论物理学教授。

四 重回德国：遭遇疯狂的反犹主义

1913 年，普朗克（Max Planck）劝说爱因斯坦回德国担任普鲁士科学院院士。为了有更多的时间从事科学研究，爱因斯坦接受了邀请，并于 1914 年 4 月迁居柏林。5 月 16 日，爱因斯坦写信谢绝俄国学者的邀请，他说："最尊敬的同行先生：对您的友好邀请我谨表感谢，但我却不能接受邀请。因为没有必要，我不能到一个我的本族同胞受到残酷迫害的国家去访问。"④ 值得注意的是，爱因斯坦在这里首次使用"本族同胞"这个词指称犹太人，充分显示了他对犹太民族的认同。可能正是犹太民族遭遇的种种苦难，激起了爱因斯坦强烈的民族认同感。

---

① 爱因斯坦：《爱因斯坦全集》（第八卷上），杨武能主译，湖南科学技术出版社 2009 年版，第 338 页。

② Frank，Philipp. *Einstein：His Life and Times.* New York：Alfred A Knopf，1972，p. 82.

③ 爱因斯坦：《爱因斯坦全集》（第五卷），范岱年主译，湖南科学技术出版社 2009 年版，第 448 页。

④ 爱因斯坦：《爱因斯坦全集》（第八卷上），杨武能主译，湖南科学技术出版社 2009 年版，第 20 页。爱因斯坦在这里可能意在让人注意 1903—1906 年之间俄罗斯帝国出现的大规模迫害犹太人的浪潮。

1914 年 8 月,第一次世界大战的爆发,使爱因斯坦与政治结下了不解之缘,他开始为世界和平、民主而努力。"一战"期间,爱因斯坦还没有与犹太复国主义组织有较多的接触。现存最早的一封来自德国犹太复国主义联盟(German Zionist Federation)的信是在"一战"结束前半年左右发出的会议邀请,时间是 1918 年 5 月 23 日。① 至于爱因斯坦有没有出席这次会议,就不得而知了。不过,爱因斯坦在这段时间内甚至还流露出对犹太复国主义组织不太好的印象,比如,他在 1916 年 9 月的一封信中说:"……他应该是属于当地的受到哲学思想和犹太复国主义思想感染的那个小圈子里的人物——这是一个围绕在大学哲学家周围的结构松散的小圈子,是让人嗅到一股中世纪气息的与现实格格不入的一个小群体,是您在此书的朗读会上所认识的一群人。"②

可能连爱因斯坦自己都想不到,他之所以较晚获得诺贝尔奖,也与他的犹太身份有一定的关系。诺贝尔奖委员会的记载表明,除 1911 年和 1915 年之外,从 1910 年到 1922 年间,爱因斯坦每年都获得诺贝尔物理学奖的提名。虽然大多数科学家都因为相对论而提名爱因斯坦,但最终爱因斯坦由欧森(Carl W. Oseen)因光电效应的提名而获得 1921 年的诺贝尔奖。③ 爱因斯坦获得诺贝尔奖经历了一段曲折过程,其中的原因固然是多方面的,但部分科学家因为爱因斯坦的犹太人身份而进行的反面工作,亦是重要原因之一。

比如,德国著名科学家、诺贝尔奖获得者勒纳德(Philip Lenard)游说诺贝尔奖的评审人,说相对论"从来没有被证实,毫无价值",劝他们不要让爱因斯坦获奖。勒纳德后来担任希特勒(Adolf Hitler)的首席科学家,多次疯狂攻击爱因斯坦。④ 后来,华莱士(Irving Wallace)访问了参与诺贝尔奖评审的黑汀博士(Dr. Sven Hedin),黑汀承认勒纳德对多位评审委员影响甚巨,说服他们不让爱因斯坦获奖。而且黑汀本人后来也公开

---

① 爱因斯坦:《爱因斯坦全集》(第八卷下),杨武能主译,湖南科学技术出版社 2009 年版,第 184—185 页。

② 爱因斯坦:《爱因斯坦全集》(第八卷上),杨武能主译,湖南科学技术出版社 2009 年版,第 338 页。

③ 派斯:《爱因斯坦传》,方在庆、李勇等译,商务印书馆 2003 年版,第 724—734 页。

④ 布莱恩:《爱因斯坦全传》,杨建邺、李香莲译,高等教育出版社 2008 年版,第 172 页。

支持纳粹，跟希特勒等人交情甚笃。① 的确，阿伦尼乌斯（Arrhenius）在1920 年写给诺贝尔奖委员会的报告中，提到了勒纳德对爱因斯坦的攻击，并在结尾处引用了勒纳德的话，指责爱因斯坦的工作不负责任。② 当然，这些评奖的幕后经历，在诺贝尔奖评审委员会的官方说法中是看不到的，我们也不清楚爱因斯坦对此事是否有所耳闻。

爱因斯坦遭到德国反犹主义势力的猛烈攻击是在他的广义相对论得到证实之后。1919 年，英国天文学家爱丁顿（A. Eddington）领导的日食观测证实了爱因斯坦的广义相对论这一革命性理论，使他在一夜之间名扬天下。③ 但是，一些著名的德国科学家从个人偏好和反犹心理出发，表达了他们对爱因斯坦相对论的保留意见。这使得爱因斯坦再次认识到，民族主义—种族主义因素在德国仍旧很有生命力。④

1920 年 8 月，一小部分纳粹分子和反犹主义者组成了一个所谓的"德国自然哲学家研究小组"，筹集了大量的资金，专门提供给那些撰文或发言反对爱因斯坦的人。这个研究小组的负责人就是魏兰德（Paul Weyland），这个家伙在科学界名不见经传，在科学方面也没有任何建树。他的大多资助来自各行各业的乌合之众，只有一部分来自正式渠道。"研究小组"在德国的许多大城市举行演讲，专门反对爱因斯坦及其相对论。8 月24 日，在柏林音乐厅举行的演讲中，魏兰德批判相对论是科学上虚无的达达主义（Dadaism），认为对相对论的追捧会伤害德国人的精神。紧接着演讲的是一位大学讲师革尔克（Ernst Gehrcke），他对相对论进行肆意歪曲，呼吁听众去关注雅利安知识，而不必认真对待相对论。⑤ 1920 年 9 月 23

① 杰罗姆：《爱因斯坦档案》，席玉苹译，广西师范大学出版社 2011 年版，第 279 页。
② 弗里德曼：《权谋：诺贝尔科学奖的幕后》，杨建军译，上海科技教育出版社 2005 年版，第 157—158 页。
③ 当然，对于爱因斯坦的广义相对论的验证，爱丁顿的结果是草率的。参见钮卫星《从光线弯曲的验证历史看广义相对论的正确性问题》，《上海交通大学学报》（哲社版）2003 年第 5 期。
④ 斯特恩：《爱因斯坦恩怨史：德国科学的兴衰》，方在庆、文亚等译，上海科技教育出版社 2004 年版，第 124 页。
⑤ Clark, Ronald. *Einstein: The Life and Times*. New York: Harry N. Abrams, Inc., 1984, pp. 178—179. 更有趣的是，1953 年 9 月，魏兰德居然到美国 FBI 迈阿密分处告密，说爱因斯坦其实既非科学家也非哲学家，而是一个打算把德国人民导引到无政府主义及共产主义的政客。甚至还说，爱因斯坦在 1920 年 8 月某日的《柏林日报》的一篇文章中承认他是共产党人。参见杰罗姆《爱因斯坦档案》，席玉苹译，广西师范大学出版社 2011 年版，第 276—278 页。

日，爱因斯坦与勒纳德在德国自然科学家会议上进行了辩论，勒纳德攻击爱因斯坦的方式具有明显反犹特点的。[①]

勒纳德并不属于魏兰德的研究小组，也并不赞同他们的批判策略。不过，他认为英国物理学家汤姆逊（J. J. Thomson）抄袭了他的科学成果，使他失去了科学发现的优先权，导致勒纳德对英国科学界充满敌意。英国天文学家爱丁顿的日食观测使得爱因斯坦名扬天下，让勒纳德感觉到自己在德国的声望受到了打击。另外，勒纳德反对魏玛共和国的政治制度，他视魏玛共和国为犹太政府，战后的通货膨胀又让他的积蓄化为乌有，他认为这些都是腐败的犹太政府造成的，而爱因斯坦正是犹太人的象征。这些经历与思想使勒纳德形成了种族偏见，成为雅利安物理学运动的著名推动者之一。[②]

1933 年，希特勒上台之后，形势发展越来越严峻，希特勒对犹太人进行大规模的迫害，甚至将反犹主义逐步合法化。爱因斯坦的房子和银行存款被纳粹没收，书籍和手稿被公开焚毁。爱因斯坦被迫辞掉他在德国的职务并离开德国。10 月 17 日，爱因斯坦到达美国普林斯顿，从此再也没有回过德国。

爱因斯坦离开德国之后，德国的反犹主义者仍然没有忘记批判他。1935 年 8 月，勒纳德在《"德国物理学"前言》中，全面鼓吹"种族科学"说。他一开篇就明确指出，像所有人类创造的事物一样，科学是由种族和血统决定的。比如，有日本物理学、阿拉伯物理学，而犹太物理学已经发展起来，并且变得广为流行，但至今几乎没有被识别出来，因为文献通常由语言来进行分类，爱因斯坦的犹太物理学用德语书写。勒纳德批判爱因斯坦的相对论试图改变和支配整个物理学，但相对论没有真理性可言，仅仅是在表面上与实在相一致；这与雅利安物理学家的目标形成了鲜明对比，他们的目标才是坚定而认真地寻求真理。

---

① 李醒民：《爱因斯坦与他的祖国》，《学术界》2006 年第 3 期。大致的争论过程，可参看 Hermann, Armin. *The New Physics: The Route into the Atomic Age*. Munich: Inter Nationals Bonn-bad Godesberg, 1979, pp.59—60. 或者参看杨建邺《窥见上帝秘密的人——爱因斯坦传》，海南出版社 2003 年版，第 362—363 页。

② Gimbel, Steven. *Einstein's Jewish Science*. Baltimore: The Johns Hopkins University Press, 2012, pp.136—137.

勒纳德断言，犹太人并没有任何值得关注的能力以任何形式去把握实在，他们只是善于计算的把戏，得出一些未经证实的想法，这个特征总体上会产生消极的影响。然而，伟大的雅利安科学家并不热衷于得出一些可以验证的结论，相反，为了获得可以得到公认的事实，而不是假设，他们主要关注根据实在检验其新思想。由此，可以得到许多新颖的事实，每个事实本身都是科学发展过程中的里程碑。勒纳德承认，在犹太物理学中，后来被证明为并不完全错误的每一个假设也应该被视为里程碑，但雅利安人不使用这种方法。因为这种异族的精神会产生破坏性的后果，异族的任何东西都会损害德国。所以，犹太物理学只是一种幻想（illusion），是雅利安物理学退化的一种表现。①

德国科学界的另一位著名人物，同样也是诺贝尔物理学奖获得者的斯塔克（Johannes Stark）是勒纳德的坚定支持者。他是纳粹党员，曾被希特勒任命为德国物理技术研究所所长。1935 年 12 月 13 日，斯塔克在海德堡举行的勒纳德研究所落成仪式上的演讲中，称勒纳德为"雅利安科学家"，是所有德国科学家的楷模。斯塔克批判爱因斯坦的相对论空洞无物，只是一堆人为的公式；相对论对于物理学没有什么贡献，因为它的出发点，也就是形式主义的观点，是错误的。斯塔克把犹太种族与形式主义联系起来，他认为，科学中的犹太形式主义在所有情况下都必须被拒斥。他号召大家反对数学形式主义的误导，向勒纳德学习正确的科学研究方法。②

1938 年，斯塔克在《自然》杂志上撰文批判爱因斯坦。他首先承认物理学的目标是研究自然界的内在规律，具有客观性，但物理学研究的方式依赖于科学家的精神与特点，而精神与特点却因人而异，就像人、种族与国家一样。斯塔克声称，根据他的经验，可以把物理学家的精神状态分为两种，一种是实用主义精神，一种是教条主义精神，爱因斯坦的相对论就是教条主义精神的产物。他之所以反对德国的教条主义精神，是因为他经常看到这种精神状态对德国物理学研究的破坏性影响，而犹太人正是教条

---

① Lenard, Philipp. Foreword to "German Physics". In Hentschel, Klaus edited. *Physics and National Socialism*. Basel：Birkhauser Verlag, 1996, pp. 100—102.

② Stark, Johannes. Philipp Lenard：An Aryan Scientist. In Hentschel, Klaus edited. *Physics and National Socialism*. Basel：Birkhauser Verlag, 1996, pp. 109—116.

主义精神的主要鼓吹者和宣传者。斯塔克指出,从伽利略(Galileo)、牛顿(Newton)到现代物理学的开拓者,伟大的物理学家几乎都是雅利安人;而教条主义学说的创始人、代表人物等大多是犹太人,甚至犹太人天生就有教条主义倾向。[1] 由于勒纳德和斯塔克都是著名的科学家,他们对种族科学的宣传对于普通民众来说相当有蛊惑力,由此也产生了比较严重的后果。[2]

第二节 爱因斯坦与犹太复国主义

犹太复国主义一般指犹太人发起的一种政治运动和犹太文化模式,旨在支持或认同在以色列地带重建犹太家园的行为。爱因斯坦与犹太民族,特别是与犹太复国主义之间的关系是一个众说纷纭的问题。在专门研究以色列以及犹太复国主义的著作中,很少提到爱因斯坦,或者仅仅是简单提及。比如,在名为《德国犹太复国主义:1897—1933》的著作中,爱因斯坦的名字一次也没有出现过。[3] 在长达1153页的专著《以色列史》中,只在两处提到了爱因斯坦,而且是与其他人并列出现,一提而过,并未专门论述他的影响与贡献,[4]《犹太复国主义史》中的情况也类似[5]。有的学者甚至认为爱因斯坦是犹太复国主义的反面人物。比如,利林塔尔(Alfred Lilienthal)认为,爱因斯坦并不支持以色列建国,反而激烈反对,但是爱因斯坦支持以色列建国的神话已经被媒体广

① Stark, Johannes. The Pragmatic and the Dogmatic Spirit in Physics. *Nature*, 1938, Vol. 141, Issue 3574, pp. 770—772.

② 对于从种族的角度解读爱因斯坦的科学理论的文章,可参见杜严勇、李侠《科学与种族相关吗?——以爱因斯坦与"犹太科学"为例》,《科学技术哲学研究》2013年第6期。

③ Poppel, Stephen. *Zionism in Germany* 1897—1933: *The Shaping of a Jewish Identity*. Philadelphia: The Jewish Publication Society of America, 1977. 又如:Litvinoff, Barnet. *To the House of Their Fathers: A History of Zionism*. New York: Frederick A. Praeger, Publishers, 1965. 以及 Engel, David. *Zionism*. Harlow: Pearson Education Limited, 2009.

④ Sachar, Howard. *A History of Israel: from the Rise of Zionism to Our Time*. New York: Alfred A. Knopf, 1996, p. 66 and p. 161.

⑤ Laqueur, Walter. *A History of Zionism*. New York: Holt, Rinehart and Winston, 1972.

为宣传。① 不过，也有例外的情况。比如，波克维茨（Michael Berkowitz）指出，在界定和宽容海外犹太人当中存在的犹太复国主义方面，爱因斯坦比其他所有的犹太复国主义领导人物走得更远，这与他在西方犹太群体当中的英雄地位特别相称。② 显然，在波克维茨看来，爱因斯坦是犹太复国主义运动中的领导和英雄。

在爱因斯坦的传记或研究论著中，对于他与犹太复国主义之关系的论述也是各不相同。有人认为爱因斯坦对犹太复国主义怀着复杂的感情，③同时有一些学者强调爱因斯坦对于犹太团体以及犹太复国主义运动的重要性。比如，有人认为爱因斯坦是热心的犹太复国主义者，他在 20 世纪 20 年代早期就成为犹太复国主义的公开宣传者。④ 著名物理学家、爱因斯坦传记作者弗兰克（Philipp Frank）在论及爱因斯坦 1921 年访美时指出，美国的犹太人把爱因斯坦视为他们的精神领袖，因为爱因斯坦的访问他们充满了欢喜和骄傲。⑤

毋庸置疑，爱因斯坦与犹太复国主义的关系在他的民族观当中占有重要的地位。那么，爱因斯坦究竟是如何参加到犹太复国主义运动当中去的？爱因斯坦在犹太复国主义运动当中究竟做出了哪些贡献？他与犹太复国主义的重要领导人之间关系如何？爱因斯坦如何看待犹太复国主义与民族主义的关系？爱因斯坦的犹太复国主义跟他的和平主义立场自相矛盾吗？针对这些问题，本节试图以爱因斯坦与犹太复国主义之间的几件代表性事件为例，来说明两者之间的复杂关系，希望对这些问题形成更为准确、清晰的认识。

---

① Lilienthal, Alfred. *The Zionist Connection: What Price Peace?* New York: Dodd, Mead & Company, 1978, p. 340. 不过，作者说爱因斯坦是"伟大的数学家"，似乎不太妥当。此外，他把爱因斯坦逝世的年份错写为 1956 年。

② Berkowitz, Michael. *Western Jewry and the Zionist Project*, 1914—1933. Cambridge: Cambridge University Press, 1997, p. 54.

③ Jerome, Fred. *Einstein on Israel and Zionism.* New York: St. Martin's Press, 2009, p. 4.

④ Stern, Fritz. Einstein's Germany. In Holton, Gerald and Elkana, Yehuda edited. *Albert Einstein: Historical and Cultural Perspectives.* Princeton: Princeton University Press, 1982, p. 334.

⑤ Frank, Philipp. *Einstein: His Life and Times.* New York: Alfred A Knopf, 1972, pp. 182—183.

一 从情感到行动:加入犹太复国主义运动

1919 年之前,爱因斯坦与犹太复国主义及其领导人没有实质性的接触。1919 年 2 月,德国犹太复国主义领导人布卢门菲尔德(Kurt Blumen-feld)与爱因斯坦进行了会谈。爱因斯坦向布卢门菲尔德表达了自己对犹太复国主义的疑惑,虽然布卢门菲尔德尽力做了解释,但爱因斯坦并不是那么容易被说服的。于是,布卢门菲尔德邀请爱因斯坦参加他在一个小圈子里的演讲。在演讲结束后回家的路上,爱因斯坦明确向布卢门菲尔德表示,他开始支持犹太复国主义。[①]

1919 年对爱因斯坦和德国来说都是动荡和变化的一年。1919 年 2 月 6 日,德国魏玛共和国成立,但国内政局不稳。2 月 14 日,爱因斯坦与米列娃离婚(这一天正好是情人节!)。离婚判决书中要求,爱因斯坦将来如果获得诺贝尔奖,奖金归米列娃所有,用来抚养他们的两个儿子。瑞士法律规定,爱因斯坦两年之内不能再婚,但不适用于德国。6 月 2 日,爱因斯坦与表姐艾尔莎(Elas Einstein)结婚。这一年,爱因斯坦母亲的胃癌越发严重,并于 1920 年 2 月去世。爱因斯坦的经济状况也不太好,因为当时德国马克贬值,再加上根据离婚判决爱因斯坦需要支付一笔钱(4 万马克)。11 月,爱丁顿宣布日食观测结果之后,爱因斯坦又要应付突如其来的各种荣誉和访问。爱因斯坦仍然否认自己的德国国籍,坚持认为自己是瑞士人。他对魏玛共和国抱有希望,但心存疑虑,也在考虑是否应该继续待在德国。[②] 这就是爱因斯坦走近犹太复国主义的历史背景。或许在国家与家庭的动荡与变化中,爱因斯坦在犹太复国主义组织中能够找到些许安慰和归属感。

1918 年 12 月 9 日,德国犹太复国主义协会给爱因斯坦来信说:"非常尊敬的教授先生:就我们的会谈一事,我恭谨之至地随信向您呈上一份决定用于《犹太评论》的记录。同时,我向您转呈一份参加星期四即 12 月

---

① 布卢门菲尔德:《爱因斯坦与犹太复国主义和以色列的关系》,赵中立、许良英编译《纪念爱因斯坦译文集》,上海科学技术出版社 1979 年版,第 196—198 页。

② Rosenkranz, Ze'ev. *Einstein before Israel: Zionist Icon or Iconoclast*? Princeton: Princeton University Press, 2011, pp. 46—50.

19日晚上 8：00 在波茨坦广场旁边 'Rheingold' 黄色大厅举行的小型会议的邀请函草稿。"① 12 月 12 日，德国犹太复国主义协会又来信说："非常尊敬的教授先生：您同意参加本月 19 日的会议，我对此向您表示最衷心的感谢。我们决定不将您的名字印在邀请名单上。如果会议是由名人而非长期以来的组织领导成员所组成的委员会来发出邀请，这对我们其实是非常重要的。但要让 20 名或相当数目的新人物对这样一个委员会感兴趣，时间太短了。所以，我们将只是以我们组织的名义发出邀请。"② 由此可见，爱因斯坦在 1918 年年底，开始正式参加犹太复国主义组织的活动。

布卢门菲尔德于 1919 年 2 月与爱因斯坦会谈之后，在以后的几个月里，两人有过一系列的谈话，但只是偶尔提到犹太复国主义。他们谈论政治、文学，尤其是犹太人，以及犹太人在德国精神生活中的表现。通过一段时间的努力，布卢门菲尔德逐渐让爱因斯坦产生了对犹太复国主义的兴趣，但还不能说让它在爱因斯坦的思想中扎下了根。③

虽然爱因斯坦对犹太复国主义表现出了兴趣，但他还没有什么具体的行动，他只是做出了一些情感上的回应而已。值得注意的是，爱因斯坦把犹太人称之为"亚洲的儿女"。爱因斯坦并没有把犹太人视为欧洲人，这一点颇为重要，因为这样爱因斯坦就把犹太民族主义与欧洲民族主义区别开来。这也是爱因斯坦能够接受犹太复国主义的一个重要原因。

1919 年 3 月 22 日，爱因斯坦在写给埃伦费斯特的信中写道："我为在巴勒斯坦建立犹太国的认识而感到欢欣鼓舞。对我来说，我们的民族同胞确实比那些讨厌的欧洲人更为意气相投（至少没有那么残忍）。"爱因斯坦这里明确指出的是"在巴勒斯坦建立犹太国"，而不是家园，或犹太联邦。爱因斯坦也没有提到东欧的犹太人，或者希伯来大学，而这两个目标经常被认为是爱因斯坦支持犹太复国主义的主要目的。也就是说，爱因斯坦最初认同犹太复国主义的时候，是同意建立一个犹太国家的。这与他后来的

① 爱因斯坦：《爱因斯坦全集》（第八卷下），杨武能主译，湖南科学技术出版社 2009 年版，第 374 页。

② 同上书，第 381 页。

③ 布卢门菲尔德对爱因斯坦关注犹太复国主义运动的确起到了重要作用。在 1955 年 3 月 25 日的一封信中，爱因斯坦感谢布卢门菲尔德"帮助我认识到我的犹太人的灵魂"。参看卡拉普赖斯《爱因斯坦年谱》，范岱年译，上海科技教育出版社 2008 年版，第 75 页。

一些表述完全相反。在 1919 年 9 月 11 日爱普斯顿（Paul Epstein）写给爱因斯坦的信中，第一次提到他对"耶路撒冷大学"的兴趣。当年 8 月底至 9 月初，犹太复国主义组织在伦敦开会，负责教育的执行秘书伯格曼（Hugo Bergmann）才正式提出建立一所大学的计划。

爱因斯坦在给爱普斯顿的回信中，指出了他与犹太复国主义之间的关系是情感上的。他说："很高兴收到你的来信，因为犹太复国主义事业很贴近我的内心。"他还指出了支持犹太复国主义的另一个更为关键的动机，即犹太复国主义是防止民族异化的一种手段。他说："……当前，关于建立这所大学当然有很多紧迫的事情。不过，当时机成熟时，我会努力促成此事，也肯定会考虑到你。犹太聚居区会取得令人高兴的发展，对此我深信不疑。这个地球上将有一小块地方属于我们的民族同胞，以避免发生明显的异化，对此我感到高兴。"爱因斯坦还谈到他关心希伯来大学的主要动机，即希望为东欧的犹太学者提供一个容身之地。①

1919 年 10 月 10 日左右，爱因斯坦同意在一个支持巴勒斯坦建国基金会（Palestine Foundation Fund）的运动呼吁书上签名。此事也标志着爱因斯坦对犹太复国主义事业的支持，从精神上的支持转向了具体的行动。

伯格曼写信给爱因斯坦，告诉他犹太复国主义组织计划邀请一些犹太学者，在瑞士召开关于建立希伯来大学的会议，希望他能够参加。会议的目的有两个，一方面是希望得到学者们的专家意见，另一方面也希望由此提高这个计划的影响。伯格曼告诉爱因斯坦，如果他能够参加会议，必定会引起犹太人当中非犹太复国主义者也来支持这项计划。

1919 年 11 月 5 日，爱因斯坦在给伯格曼的回信中，首次明确表示他对巴勒斯坦的聚居区，特别是对建大学的计划很感兴趣，愿意为这项事业做任何力所能及之事。根据伯格曼的要求，他推荐了可能对建立大学感兴趣的四位学者，即爱普斯顿、埃伦费斯特、兰道（Edmund Landau）和柯朗特（Richard Courant）。犹太复国主义组织很重视爱因斯坦的回复，这封信由伯格曼转给了魏兹曼（Chaim Weizmann）。由此，爱因斯坦与犹太复

---

① Rosenkranz, Ze'ev. *Einstein before Israel*: *Zionist Icon or Iconoclast*? Princeton: Princeton University Press, 2011, pp. 56—59.

国主义的最高领导人之间也建立起了联系。① 不过，由于爱因斯坦的好友埃伦费斯特批评爱因斯坦过多地参与了政治运动，加上后来会议延期，而且爱因斯坦本来对是否参会就有点犹豫不决，所以最终没有出席会议。此事也说明，爱因斯坦对犹太复国主义运动的支持相当有限，并且自觉地与其保持一定的距离。

11 月 7 日，伦敦的《泰晤士报》（Times）报道爱因斯坦的广义相对论得到证实的消息。伯格曼把报道的剪报从犹太复国主义伦敦办事处寄给了爱因斯坦。因此，正是犹太复国主义组织通知爱因斯坦，他名满天下了。11 月 17 日，伯格曼要求柏林的犹太复国主义办事处尽快寄一张爱因斯坦的照片到伦敦，因为所有的报纸都向他们索要爱因斯坦的照片。此时，犹太复国主义组织似乎成了爱因斯坦的宣传机构。

1920 年 3 月中旬，爱因斯坦家的一位朋友威格特（Charlotte Weigert）寄给爱因斯坦一份丹麦剪报，上面把爱因斯坦称之为"积极的犹太复国主义者（zealous Zionist）"。威格特问道："你真的是犹太复国主义者吗？我之前从未听说过，很想知道！"爱因斯坦回信说："我的犹太复国主义并不是那么非常认真的事情。但是，我很高兴我们的民族将再次拥有他们自己的家园，我也对巴勒斯坦将要建立的大学特别感兴趣。至于有人说我本人也要移民去耶路撒冷，这也只是谣传，就像其他许多关于我的报道一样。我年纪大了，不习惯希伯来语，它对我来说完全是外语。"② 由此可见，爱因斯坦本人对自己与犹太复国主义之间的关系有着非常清醒的认识。

总的来说，在 1919 至 1920 年间，爱因斯坦与犹太复国主义组织建立起了比较密切的联系，但他并没有热情地投入犹太复国主义的怀抱，他的参与是相当有限的。

二 边缘角色：1921 年美国之旅

1. 形形色色的目的

1921 年 2 月中旬，犹太复国主义领导人魏兹曼通过德国犹太复国主义

---

① Rosenkranz, Ze'ev. *Einstein before Israel: Zionist Icon or Iconoclast?* Princeton: Princeton University Press, 2011, pp. 61—64.

② Ibid. , p. 70.

领导人布卢门菲尔德，邀请爱因斯坦一起访问美国。其实在此之前，爱因斯坦曾有过访美的计划。1920 年 10 月，美国普林斯顿大学和威斯康星大学曾邀请他去做系列讲座。[①] 可是，受埃伦费斯特的怂恿，再加上爱因斯坦希望给前妻米列娃更多的资助，他向每所大学开出了 1 万 5 千美元的天价讲座费。由于要价过高，两所学校的负责人都认为无法承受，于是爱因斯坦的美国之行宣告取消。

魏兹曼为何会邀请爱因斯坦与他一起访问美国呢？显然是因为当时爱因斯坦已经是举世闻名的科学家，同时又是非犹太复国主义者，他对于美国的非犹太复国主义的犹太人肯定具有巨大的吸引力。另外，他还有其他的任务，因为魏兹曼与美国犹太复国主义领导人布兰代斯（Louis Brandeis）之间有矛盾，[②] 他希望这次美国之行能够与美国的犹太复国主义者达成和解。魏兹曼希望把整个犹太民族的努力统一到巴勒斯坦的建设上来，而爱因斯坦的影响与独特的身份，可以帮助他争取到更多的支持。

根据魏兹曼的要求，布卢门菲尔德在与爱因斯坦会面时，强调他的参与将会保证整场运动特别是筹建希伯来大学的成功。但是，首次会面就遭到爱因斯坦的强烈反对。爱因斯坦反对的理由有两个：第一，他刚刚拒绝了几所美国大学的邀请（如上所述，其实是由于他要价太高而被美国大学拒绝）；第二，爱因斯坦已经计划去参加将于 4 月份在布鲁塞尔举行的索尔维（Solvay）会议，而他是被邀请的唯一的德国科学家。索尔维会议是著名的国际物理学家会议，当年又是"一战"后首次召开，对爱因斯坦的重要性自然是不言而喻的。最终，经过魏兹曼和布卢门菲尔德两人的共同努力，爱因斯坦接受了访美邀请，决定不去参加索尔维会议。

做出访美决定之后，爱因斯坦与普林斯顿大学校长取得了联系，表示他受犹太复国主义组织的邀请，"被迫"（compelled）访问美国，为在耶路撒冷建立一所大学筹款。在给普林斯顿大学校长希本（John Hibben）的信

---

① Einstein, Albert. *The Collected Papers of Albert Einstein*, Vol. 10. *The Berlin Years: Correspondence, May-December* 1920 *and Supplementary Correspondence*, 1909—1920. Buchwald, Diana et al edited. Princeton: Princeton University Press, 2006, p. 441.

② Berlin, George. The Brandeis-Weizmann Dispute. *American Jewish Historical Quarterly*, 1970, Vol. 60, No. 1, pp. 37—68.

中，爱因斯坦阐明了他访美的另一个主要动机，那就是希望推进国际关系，这更接近他的本意。① 从爱因斯坦的信中，特别是"被迫"一词可以看出，爱因斯坦对犹太复国主义邀请他访美似乎并不是非常乐意的，另一方面也可能是想解释他为何计划再次访美的原因。

爱因斯坦也清楚地认识到，魏兹曼邀请他访美主要是想利用他的巨大声望。爱因斯坦在给好友哈伯（Fritz Haber）的信中就直接指出："他们需要我并不是因为我的能力，仅仅是出于我的名声。"爱因斯坦承认他的民族感情对于他接受邀请起了重要作用，他认为自己有责任为受到迫害的、在道义上受到压制的犹太同胞大声疾呼。②

2. 尴尬的角色

事实上，欧洲和美国的犹太复国主义领导人对爱因斯坦的访问都持谨慎态度。虽然布卢门菲尔德成功地邀请到了爱因斯坦，但他对爱因斯坦并不信任。1921 年 3 月 15 日，他在写给魏兹曼的信中说："你知道，爱因斯坦不是犹太复国主义者，我请你不要使他成为犹太复国主义者，或者试图劝他加入我们的组织……爱因斯坦倾向于社会主义……我听说……你希望爱因斯坦发表演讲，这一点请谨慎一些。爱因斯坦……经常说一些我们并不欢迎的幼稚的话。"③ 魏兹曼的确采纳了布卢门菲尔德的建议，在后来他向犹太复国主义者行动委员会的报告里专门指出，和爱因斯坦旅行时，他特别注意不让爱因斯坦成为犹太复国主义者，也不主动把他拉入犹太复国主义运动当中。④

访美期间，爱因斯坦确实很少在犹太复国主义组织举办的公共活动中发言。比如，1921 年 4 月 10 日，美国犹太复国主义组织在纽约举行宴会正式欢迎访美代表团，魏兹曼进行了热情洋溢的演讲，爱因斯坦则根本没

---

① Einstein, Albert. *The Collected Papers of Albert Einstein*, Vol. 12, *The Berlin Years: Correspondence, January-December* 1921. Buchwald, D. et al edited. Princeton: Princeton University Press, 2009, pp. 89—90.

② Rosenkranz, Ze'ev. *Einstein before Israel: Zionist Icon or Iconoclast?* Princeton: Princeton University Press, 2011, pp. 95—96.

③ Jerome, Fred. *Einstein on Israel and Zionism: His Provocative Ideas about the Middle East.* New York: St. Martin's Press, 2009, p. 25.

④ Rosenkranz, Ze'ev. *Einstein before Israel: Zionist Icon or Iconoclast?* Princeton: Princeton University Press, 2011, p. 103.

有发言。两天后,在纽约举行了更大规模的招待会,共有八千名犹太人参加,场外还有三千人在等待,希望能够有机会参会。在魏兹曼的演讲之后,爱因斯坦进行了当晚最简短的发言。爱因斯坦简单地说:"你们的领导人魏兹曼已经讲过了,对我们所有人来说他的发言都是很棒的。遵循他所说的,你们将会做得很好。这就是我要说的全部内容。"①

由于欧洲和美国的犹太复国主义组织之间存在着较深的矛盾,所以美国犹太复国主义领导人对爱因斯坦的来访颇为紧张,不愿意让爱因斯坦介入他们之间的争论。为了表示欢迎,美国犹太医师委员会和犹太复国主义组织也正式邀请爱因斯坦访美。不过,美国犹太复国主义组织强调爱因斯坦来访的主要目的是为希伯来大学筹款,此举的目的很可能就是不想让爱因斯坦过多地参与他们的内部纷争。

从访美的行程安排来看,爱因斯坦在整个访美过程中并不占有重要的地位。魏兹曼安排犹太复国主义组织的秘书金兹堡(Solomon Ginzberg)作为爱因斯坦访美期间的秘书。在出发之前,金兹堡报告说,对于爱因斯坦的活动并没有详细的安排,不过他认为爱因斯坦可以在一些小规模的,但不乏影响力的私人聚会上发表演讲,以及会见一些愿意为希伯来大学捐款的重要人物,假如这些人物的名单能够及时提供的话。②

3. 差强人意的成果

爱因斯坦确实为希伯来大学筹款做了不少工作。他在写给贝克(Carl Beck)的信中说:"我的美国之行是完全意想不到的⋯⋯我为耶路撒冷的大学所做的工作,使我成为各种嘈杂声以及人来人往的中心,我可能真的是最令人讨厌的客人。"③ 不过,爱因斯坦并未从非常富有的犹太人那里获得较多的捐款,反而是中产阶级犹太人捐款更多。5 月 21 日,爱因斯坦与魏兹曼等人出席了在纽约举行的招待宴会,共有 800 名犹太医师参加,为希伯来大学医学院筹得资金 25 万美元。虽然在筹款方面获得了一定的成功,但

---

① Weizmann Pleads for Palestine Aid. *New York Times*, 1921-4-13, p. 5.

② Rosenkranz, Ze'ev. *Einstein before Israel: Zionist Icon or Iconoclast?* Princeton: Princeton University Press, 2011, pp. 101—102.

③ Einstein, Albert. *The Collected Papers of Albert Einstein*, Vol. 12, *The Berlin Years: Correspondence, January-December* 1921. Buchwald, Diana et al edited. Princeton: Princeton University Press, 2009, pp. 158—160.

爱因斯坦参加这次活动的最主要的目标——建立一个美国大学资助委员会（American University Aid Committee）——却并未实现。失败的原因并不在于爱因斯坦，而在于欧洲与美国犹太复国主义两派之间内部的政治斗争。

魏兹曼带领爱因斯坦等人访美的目的，除了筹款之外，更主要的是想扩大欧洲犹太复国主义的领导人在美国犹太团体当中的影响。美国犹太复国主义组织对魏兹曼的打算心知肚明，他们当然努力保住自己的地盘。4月26日，爱因斯坦与夫人爱尔莎和美国犹太复国主义的领导人布兰代斯进行了一个小时的会谈，布兰代斯告诉了爱因斯坦夫妇一些对魏兹曼不利的内部情况。布兰代斯告诉爱因斯坦，关于希伯来大学的基金一年多之前就成立了，但现在却消失得无影无踪，也就是被魏兹曼等人挪用了。布兰代斯的用意是想贬损魏兹曼在爱因斯坦心中的形象，并努力使爱因斯坦为希伯来大学筹款一事中性化，也就是与犹太复国主义事业区别开来，从而降低魏兹曼此次访美的影响。①

爱因斯坦对布兰代斯所讲的情况很吃惊，即使他不相信布兰代斯所讲的全部内容，但至少他知道魏兹曼对他有所隐瞒，并未开诚布公。当爱因斯坦向魏兹曼询问此事时，魏兹曼只好据实相告。此事充分说明，魏兹曼并未把爱因斯坦当作欧洲犹太复国主义的内部人员。甚至于，由于能够捐款的人数有限，为了帮助欧洲犹太复国主义组织获得更多的捐款，他们故意少给爱因斯坦安排相关的活动。另外，虽然爱因斯坦做了不少工作，但犹太复国主义组织的领导人对爱因斯坦的贡献颇有微词。莱文（Shmarya Levin）如此评价爱因斯坦的作用："爱因斯坦就像一个天真的婴孩一样毫无用处，而且照顾他还颇费事。不过他还算可爱。"②

1921年5月28日，爱因斯坦在写给好友贝索的信中如此描述他的美国之行："我度过两个艰苦的月份，但是，能够对犹太复国主义事业做出贡献，并保证了大学的开办，我感到十分满意。……我心里有一种美好的感受，就是做了一件真正好事，我不顾犹太人和非犹太人的种种非议，勇敢地投身于犹太人的事业——我们的种族同胞多半是聪明有余，而勇气不

---

① Rosenkranz, Ze'ev. *Einstein before Israel: Zionist Icon or Iconoclast*? Princeton: Princeton University Press, 2011, pp. 111—116.

② Ibid. , p. 111.

足，对此我有确切的体会。"① 从这封信来看，爱因斯坦对美国之行的成果并没有说实话，而是有点夸大事实。爱因斯坦不愿意把犹太复国主义的内部争斗告诉自己的朋友，只能说犹太人"勇气不足"，至于真正的原因他只好放在心里。换个角度看，可能爱因斯坦对美国之行所抱的希望并不大，所以他对取得的成果还是比较满意的，也反映出爱因斯坦天生的乐观主义倾向。②

三　分歧与疏远：1929 年耶路撒冷冲突

1929 年 8 月下旬，耶路撒冷的犹太人和阿拉伯人之间发生了大规模的冲突。在这场冲突中，有 133 名犹太人死亡，339 人受伤，犹太人的伤亡是由阿拉伯人造成的；阿拉伯人有 116 人死亡，232 人受伤，阿拉伯人的伤亡主要是由警察和军队的行动造成的。③ 爱因斯坦在分析与处理这场冲突的过程中表现出两个显著特点，就是明确地把犹太复国主义与民族主义区别开来，并坚持和平主义的解决策略。

1. 明确区分犹太复国主义与民族主义

犹太复国主义通常被认为是一种民族主义。虽然爱因斯坦积极投身于犹太复国主义，但在他的观念中，他总是明确地把犹太复国主义与民族主义区别开来。早在布卢门菲尔德争取爱因斯坦支持犹太复国主义的过程中，爱因斯坦就说过："我反对民族主义，但是赞成犹太复国事业……从做人的态度上说，我是民族主义的反对者。作为犹太人，我从今天起赞成犹太复国主义的犹太民族努力。"④

1929 年 10 月 8 日，也就是在冲突发生近两个月之后，爱因斯坦在写给曾任德国巴登州州长的赫利巴赫（Willy Hellpach）的信中说明了他支持

---

① 爱因斯坦：《爱因斯坦文集》（第三卷），许良英、赵中立、张宣三编译，商务印书馆 2009 年版，第 18 页。

② 总的来说，爱因斯坦的美国之行还是很愉快的，他和妻子受到了美国媒体的热捧。参见 Illy, Jozsef. *Albert Meets America*: *How Journalists Treated Genius during Einstein's 1921 Travels*. Baltimore: The Johns Hopkins University Press, 2006.

③ Kolinsky, Martin. Premeditation in the Palestine Disturbances of August 1929? *Middle Eastern Studies*, 1990, Vol. 26, No. 1, pp. 18—34.

④ 赵中立、许良英编译：《纪念爱因斯坦译文集》，上海科学技术出版社 1979 年版，第 198 页。

犹太复国主义的最初动因，是由于他认为犹太人的自尊心受到了伤害。在他看来，只有建立一种共同的事业，把所有的犹太人团结起来，才能挽回犹太人的自尊心。这种想法跟民族主义有联系，但也有着重要的分别："这种民族主义不是为了争取权力，而是为了尊严和繁荣。假如我们不是被迫生活在不相互宽容的、思维狭隘的和狂暴的人群当中，我将第一个为了全人类的利益而抛弃所有形式的民族主义。"①

此后，爱因斯坦多次论述民族主义的危害。在《劳动的巴勒斯坦》一文中，爱因斯坦指出："支持'劳动的巴勒斯坦'，就是同时在巴勒斯坦促进一种人道主义的和值得推崇的政策，并且有效地抵制那些狭隘民族主义的暗流，而如今，整个政治界，以至在比较小的程度上，巴勒斯坦那个小小的政治界，都受到这种狭隘民族主义的损害。"② 爱因斯坦发现，民族主义对知识分子也会产生危害。1930 年，他在给伦吉耳（Emil Lengyel）的信中指出："民族主义的激情已经破坏了这种知识分子共同体，一度使全世界联合起来的拉丁语也已经死亡。学者已经成了民族传统的代言人，而且失去了他们关于知识分子联邦的观念。"③ 等等。

2. 坚定的和平主义立场

在这场冲突中，犹太人伤亡比阿拉伯人多，而且犹太人的伤亡是由阿拉伯人造成的，跟阿拉伯人的情况完全不同。即便如此，爱因斯坦并没有因此而仇恨阿拉伯人，仍然坚持以和平的方式处理两个民族之间的冲突，真诚地希望大家能够和平共处。

1929 年 8 月 31 日，爱因斯坦给在柏林举行的犹太人集会上发去了一封信，这是他首次对冲突公开发表意见。爱因斯坦极力强调，"这场挫折"不应该影响我们继续努力解决巴勒斯坦的和平发展问题。为了避免再次出现类似情况，他提出了两点建议：首先，也是最重要的，就是创立一种与阿拉伯人和平共处的方式，通过有组织的合作的方式解决双方的摩擦。爱

---

① Jerome, Fred. *Einstein on Israel and Zionism*. New York: St. Martin's Press, 2009, pp. 75—76.

② 爱因斯坦：《爱因斯坦文集》（第三卷），许良英、赵中立、张宣三编译，商务印书馆2009 年版，第 65 页。

③ 同上书，第 74 页。

因斯坦把犹太与阿拉伯两个民族之间缺乏交流而导致的相互恐惧和不信任,看作是导致这场冲突的原因。在他看来,犹太人已经从过去的苦难经历中得到了足够的理解能力和心理体验,由此也可以处理好这一次事件导致的心理上的和组织上的问题。他坚信,两个民族之间的差异是可以调和的。爱因斯坦认为犹太民族应该努力克服自己的偏见,他把犹太民族当中存在的盲目的沙文主义看作是当下局势中最大的危险。他警告大家不要怀有这样的信念,即理性与理解可以被英国警察的刺刀所替代(当时巴勒斯坦由英国代管)。其次,犹太人可以要求,英国代管当局建立的安全体制对散居的犹太人来说应该是公平的,而且有助于减小两个民族之间的隔阂。[1]

　　无论是在公共场合,还是跟朋友的通信,爱因斯坦都坚持坚定的和平主义立场。1929 年 9 月 27 日,爱因斯坦在给伯格曼的信中指出:"对我来说,这次巴勒斯坦的事件再次证明,在那里的犹太人和阿拉伯人之间建立真正的和平共处是多么必要啊!这意味着需要存在联合的管理、经济和社会机构,而且永远发挥作用。"有趣的是,他还提出一条具体的建议,就是让所有的犹太儿童都学习阿拉伯语。[2] 又如,1929 年 11 月 4 日,爱因斯坦在写给贝索的信中说:"你对于巴勒斯坦问题的意见抓住了本质。没有同阿拉伯人的谅解和合作是不行的。……根本谈不到把阿拉伯人从他们的土地上撵走。那个地区,就潜力来说,人口是太稀少了。"[3]

　　1929 年 10 月 19 日,一份阿拉伯报纸《巴勒斯坦》(Falastin) 的英文版发表了一篇名为《相对论与宣传》(Relativity and Propaganda) 的文章。1930 年 1 月 28 日,爱因斯坦给报纸的编辑写了一封回应信,阐明了自己的立场,并着重讲了他对巴勒斯坦未来的设想。爱因斯坦强调,人类的未来建立在所有民族相互理解的基础之上,也一定会战胜侵略性的民族主义;两个居住在巴勒斯坦的民族将来必定会和平地进行合作。他希望两个民族相互帮助,共同推进物质文明与精神文明向前发展。他相信,两个对西方文明做出了不朽贡献的伟大民族,通过相互支持与合作,将会拥有共

---

　　① Rosenkranz, Ze'ev. *Einstein before Israel: Zionist Icon or Iconoclast?* Princeton: Princeton University Press, 2011, pp. 212—213.

　　② Ibid. , pp. 215—216.

　　③ 爱因斯坦:《爱因斯坦文集》(第三卷),许良英等编译,商务印书馆 2009 年版,第 44 页。

同的美好未来。① 爱因斯坦的信发表在 1930 年 2 月 1 日的《巴勒斯坦》英语版和阿拉伯语版上。

1930 年 3 月 15 日，在给《巴勒斯坦》报的编辑的信中，爱因斯坦还就如何实现犹太民族与阿拉伯民族的和平相处提出了自己的设想。他说："我的意见是成立一个枢密院，犹太人和阿拉伯人双方各派四位代表，他们都必须独立于任何政治派别。各方所派人员的构成如下：医生一名，由医疗协会推选；律师一名，从律师中推举产生；工人代表一名，由工会推举；神职人员一名，在同类人员中推选。枢密院的八位代表每周碰面一次。他们宣誓不为自己的职业或民族谋取私利，而是恪尽职守，一心一意地为双方民族谋求幸福。"② 爱因斯坦的设想虽然有点简单和理想化，但他的态度是认真的，追求民族和平共处的愿望是真诚的。

3. 影响与后果

在关于耶路撒冷冲突的言论中，爱因斯坦明确反对民族主义、坚持和平主义的立场引起了犹太复国主义领导人的反对。在冲突发生三个月后，爱因斯坦警告犹太复国主义的领导人："如果我们不能成功地找到与阿拉伯人诚恳合作与磋商的道路，那么我们就根本没有从长达两千年的历练中吸取教训，也将会受到命运的惩罚。"魏兹曼对爱因斯坦的批评很不满意，而且犹太复国主义的反对者援引爱因斯坦的话来反对犹太复国主义，更让他觉得恼火。爱因斯坦对魏兹曼的反应很吃惊，于是明确表示自己无意与犹太复国主义领导人发生冲突。不过，他仍然坚持要进行"诚恳地合作"，因为没有和平也就没有安全可言。③

可见，爱因斯坦不愿意跟犹太复国主义决裂开来，但同时又不放弃和平主义的立场。阿什肯纳齐（Ofer Ashkenazi）认为，在如何处理这场冲突的策略中，爱因斯坦试图运用犹太复国主义与和平主义两种方法，来战胜

---

① Rowe, David and Schulmann, Robert. *Einstein on Politics*. Princeton：Princeton University Press, 2007, pp. 181—182.

② 爱因斯坦：《我眼中的世界》，杨全红译，安徽科学技术出版社 2012 年版，第 146—147 页。

③ Rosenkranz, Ze'ev. *Einstein before Israel：Zionist Icon or Iconoclast?* Princeton：Princeton University Press, 2011, p. 226.

民族主义的破坏力量。① 但是，最终爱因斯坦发现，他无法在两种策略中找到一种恰当的平衡。

爱因斯坦与魏兹曼以及其他犹太复国主义领导人之间对于1929年这场冲突的不同意见，导致爱因斯坦不再像以前那样支持犹太复国主义。相反，他开始对巴勒斯坦之外的非犹太复国主义的安居计划表示支持，比如他对东欧犹太人在秘鲁定居的计划表示很有兴趣。他认为这个计划"非常值得关注"，把它看作是一种有可能真正实现相当多的犹太人健康地生活的计划。②

从爱因斯坦这些思想可以看出，他对犹太复国主义运动不再抱有太大的希望，并开始寻找其他的出路。也就是说，在1929年的耶路撒冷冲突之后，爱因斯坦更加清楚地看到，他与犹太复国主义领导人之间存在很大的分歧，使得他重新思考与犹太复国主义及其领导人之间的关系，由此导致爱因斯坦与犹太复国主义主流之间的疏远。

四　不太称职的领导：参与希伯来大学建设

1. 行政职务③

经过几年紧张的计划与筹款，到1923年年底，希伯来大学的筹建进入一个新的阶段。当时计划成立一些行政机构，以便将来管理这所大学。爱因斯坦表示接受邀请他担任将要成立的董事会主席的建议，而董事会是学校的首要管理机构。对于董事会以及其他行政机构的具体职责，许多人都提出了自己的看法，包括爱因斯坦。根据爱因斯坦的设想：学校应该设立一个由有独立见解而且有影响力的人组成统一的管理与学术机构；由于在耶路撒冷不适合设立这样的机构，因此应该把董事会的总部设在伦敦。关于学术方面的事务，董事会应该向来自不同国家的多个犹太学者委员会咨询。这些委员会向董事会的"学术委员会"推选代表，来自相关学科的代

---

① Ashkenazi, Ofer. Zionism and Violence in Albert Einstein's Political Outlook. *Journal of Jewish Studies*, 2012, Vol. 63, No. 2, pp. 331—355.

② Rosenkranz, Ze'ev. *Einstein before Israel: Zionist Icon or Iconoclast?* Princeton: Princeton University Press, 2011, p. 228.

③ Ibid., pp. 181—208.

表可以向董事会建议学术职位的任命。耶路撒冷的员工也需要选举一个委员会，来执行董事会的决议．

1924 年初，英国犹太复国主义领导人埃德尔（David Eder）代表犹太复国主义执委会正式邀请爱因斯坦加入希伯来大学董事会。埃德尔还给爱因斯坦发去了一份希伯来大学中央机构的设计方案：董事会负责大学的行政管理、内部事务及其基金会。学术委员会作为董事会在所有学术事务方面的咨询委员会，提出相关建议，比如研究所的设置、教授的任命等。1924 年 7 月，爱因斯坦与玛格内斯（Judah Magnes）进行了会谈，表示基本同意他对希伯来大学的设想。不过，他强调董事会成员不要超过 10 人，并明确表示反对政治机构对董事会的决定施加过多的影响。这反映出爱因斯坦反感学术过分政治化，倾向于学术事务中的精英主义（elitism）。

1925 年 4 月 1 日，希伯来大学正式成立。由于爱因斯坦在南美访问，没有参加学校成立仪式。随即召开的董事会第一次会议，爱因斯坦也没有出席。董事会成员有哈姆（Ahad Ha'am）、比亚利科（Chaim Bialik）、爱因斯坦、玛格内斯、蒙德（Alfred Mond）、罗斯切尔德（James de Rothschild）、沙克罗（Nahum Sokolow）、瓦尔堡（Felix Warburg）和魏兹曼等九人，玛格内斯任主席。就在这次会上，魏兹曼把管理大学的责任，由犹太复国主义组织移交给了董事会。7 月，为了表明专业学者在大学的管理事务方面有决定权，董事会增加了四名成员，即奥恩斯坦（Leonard Ornstein）、弗洛伊德（Sigmund Freud）、埃尔曼（Rudolf Ehrmann）和兰道，他们当中有三位是爱因斯坦的亲密同事。毫无疑问，爱因斯坦对此举表示欢迎。

1925 年 9 月，董事会在慕尼黑召开第二次会议。爱因斯坦参加了此次会议，而魏兹曼因为人在美国而未能参会。在这次会议上，董事会内部成立了两个新的机构，一个是在伦敦的主席团，由两名董事会成员构成，主要任务是对外代表学校，评议学校的发展报告等；另一个是在耶路撒冷的执委会，其职责是执行董事会的决议。爱因斯坦和魏兹曼当选为主席团的两位主席，玛格内斯和英国犹太复国主义者本特维奇（Norman Bentwich）当选为耶路撒冷执委会成员，分别担任校长（chancellor）和副校长（vice-chancellor）。

同时,爱因斯坦还当选为学术委员会主席。另外,19 名新成员被选入董事会,他们大多是欧洲学者。

不过,爱因斯坦与玛格内斯就董事会草案产生了争论。① 爱因斯坦认为,玛格内斯发出的是他自己设计的计划,改变了会议做出的一些重要决定。爱因斯坦在给柯恩(Leo Kohn)的信中以咄咄逼人的口气写道:"必须给玛格内斯先生讲清楚……他是董事会的目标与意志的执行机构,他只能根据董事会的决议行事。如果他继续表现糟糕的话,只能把他剔除出去……如果必要的话,我不怕向美国人解释这件事。"② 爱因斯坦似乎相信他对希伯来大学的发展具有足够的影响力,可以对耶路撒冷的事情产生决定性的影响,也可以改变董事会内部的美国学者的看法。

后来,爱因斯坦与玛格内斯的斗争公开化,爱因斯坦甚至说他是伪造董事会决议的骗子。当爱因斯坦得知玛格内斯未经董事会同意,任命美国化学家克利格(Israel Kliger)为微生物学系主任时,爱因斯坦怒不可遏,他在给柯恩的一封信中写道:"如果董事会不进行重要的清理的话,我将毫不犹豫彻底放弃这项事业,为之花费时间与精力实在不值。"③ 爱因斯坦在这里竟然威胁不再为希伯来大学工作!魏兹曼试图调停两人之间的斗争,但是爱因斯坦拒绝做出让步,即使玛格内斯与他单独会谈之后仍然如此。1926 年 8 月,董事会在伦敦开会,会后派柯恩去柏林给爱因斯坦做工作。最终,爱因斯坦同意保留董事会成员的身份,但不再兼任学术委员会主席职务。这使得爱因斯坦此后更少涉及希伯来大学的具体事务,但柯恩等人会向他报告学校的发展情况。

1927 年,波兰犹太细菌学家菲利克斯(Arthur Felix)向爱因斯坦报告,他将离开希伯来大学,去英国工作。在爱因斯坦看来,这位优秀科学家的辞职是学校的巨大损失,使得他对希伯来大学的发展状况大为光火。后来,著名的德国犹太物理学家丹齐格(Flix Danziger)向爱因斯坦报告耶

---

① 好几年之后,爱因斯坦仍然对这段经历耿耿于怀。1933 年 8 月 9 日,他在给哈伯(Fritz Haber)的信中仍然在批评玛格内斯。参见 Folsing, Albrecht. *Albert Einstein: A Biography*. Translated by Ewald Osers. New York: Viking, 1997, pp. 594—595.

② 因为玛格内斯来自美国,而不是欧洲。

③ Rosenkranz, Ze'ev. *Einstein before Israel: Zionist Icon or Iconoclast?* Princeton: Princeton University Press, 2011, p. 192.

路撒冷的情况。他说，他对菲利克斯的支持被看作是"德国干预"（因为丹齐格不是希伯来大学的员工），是德—美力量在大学里不断涌现的标志。菲利克斯事件对爱因斯坦产生了深远的影响，他感觉到自己对现有的状况进行对抗几无可能，于是打算正式退出董事会和学术委员会。爱因斯坦希望通过自己的辞职，引起更多的人关注希伯来大学领导阶层的错误，从而改进学校的状况。

由于魏兹曼和玛格内斯的调停，爱因斯坦并没有公开表示退出董事会，事实上，爱因斯坦对董事会仍然抱有一线希望。1928 年 5 月，在董事会召开年会的前夕，爱因斯坦向魏兹曼发出了两封信，对董事会的工作提出了建议，希望魏兹曼在会议上进行陈述。第一封信主要是爱因斯坦对学校提出的计划，以及他倡导任命一位学术方面的负责人，这封信的内容在会议一开始就进行了介绍；在第二封信中，爱因斯坦要求魏兹曼推举布罗德斯基（Selig Brodetsky）为学术负责人（academic head），这封信在进行学术负责人选举时也提交给了董事会。

但是，爱因斯坦并没有参加这次会议，而且许多学者都反对爱因斯坦的提议。会议结束后，魏兹曼向爱因斯坦写信报告了此次会议的情况，他很清楚，会议的结果肯定不会让爱因斯坦满意，所以他请爱因斯坦在他们会谈之前不要采取任何进一步的行动。在收到魏兹曼的报告之后，爱因斯坦在回信中明确表示辞去所有职务，不过他做出了让步，也就是不公开宣布辞职。爱因斯坦这样做，可能是想保护犹太复国主义，也不想公开他对希伯来大学发展状况的失望。不过，虽然爱因斯坦正式退出了学校的管理职位，但他一直颇为关注学校的发展，也参加一些相关的活动。而且，爱因斯坦的坚持后来对希伯来大学的管理还是产生了一些影响。①

从上述对爱因斯坦参加希伯来大学行政管理的简单介绍可以看出，爱因斯坦并不是一位优秀的行政领导。第一，他经常不参加会议，只是以书面形式向会议提出自己的建议，显然不利于各方面意见的交流和沟通。第

---

① Iram, Yaacov. Curricular and Structural Developments at the Hebrew University, 1928—1948. *History of Universities*, 1992, Vol. 11, pp. 205—241.

二,爱因斯坦的信息渠道并不畅通,他主要是通过私人通信来了解学校的发展状况,这并不能保证他得到的信息就是公正和全面的。第三,在遇到问题时,爱因斯坦没有采取灵活的策略多方协调,有时竟然采取简单的威胁手段,这种做法并不容易让人接受。

不过,爱因斯坦在去世之前立下遗嘱,将所有的档案、手稿和信件由希伯来大学保存。这件事也足以说明爱因斯坦对希伯来大学的感情。事实上,爱因斯坦对希伯来大学的关心持续一生。[1]

2. 对大学的设想与动因

导致爱因斯坦与希伯来大学其他管理人员合作不顺的原因,除了爱因斯坦不擅长领导之外,还有一个原因可能是大家对希伯来大学的定位有着不同的看法。爱因斯坦希望按照德国的大学模式来建设希伯来大学,而其他的管理阶层有的倡导英国模式(比如魏兹曼),有的偏好美国模式(比如玛格内斯),导致矛盾不可避免。

德国大学的显著特点之一就是注重科学研究。德国大学的组织与活动几乎完全建立在科学研究之上,一切活动都是围绕科学研究来组织,大学的首要任务是创造知识,传授知识只是研究的继续或另一种形式。教授们也主要以科学研究者来定义其角色。[2] 在希伯来大学的发展定位中,爱因斯坦主要关心的是学术方面的问题。[3] 他认为,只有研究达到一定的水平,才能进行教学工作;只有那些拥有从事学术活动意愿和能力的学生,才能被录取;只有教授和讲师,才能讲授课程。学术负责人不仅仅是像德国的Rektor[4]那样做一年的名誉校长,更主要的是充当长期引导学校学术发展的负责人。因此,在爱因斯坦的思想中,大学应该以学术研究为中心,教

---

① Berlin, Isaiah. Einstein and Israel. In Holton, Gerald and Elkana, Yehuda edited. *Albert Einstein: Historical and Cultural Perspectives.* Princeton: Princeton University Press, 1982, p. 283.

② 陈洪捷:《在传统与现代之间:20世纪德国高等教育》,《高等教育研究》2001年第1期。

③ 1950年,爱因斯坦在希伯来大学建校25周年纪念文集中的《前言》里,他仍然表露出对学校学术问题的关注。他说:"我们的最高理想必定是获取和传播知识。"他认为,狭隘的、功利主义的精神,以及过分强调民族主义等都是危险的。参见 *The Hebrew University of Jerusalem*, Jerusalem, 1950, Foreword.

④ 在德国有两种校长,一种校长是 Rektor,从教授中产生,可以连任;另一种校长是 President,不一定是教授,但需要有从事科学、经济、管理等行业领导工作的职业经验。参见马陆亭、李晓红、刘伯权《德国高等教育的制度特点》,《教育研究》2002年第10期。

学的任务是次要的。但是，希伯来大学的管理人员担心，如果学校缺乏本科教育，将迫使巴勒斯坦的青年人出国留学，显然不利于当地的发展。爱因斯坦也支持一些与巴勒斯坦居民密切相关的研究，比如当地的疾病以及农业方面的实验，不过仅此而已。也就是说，当地的需要对爱因斯坦来说并不是优先考虑的内容。

爱因斯坦之所以积极参与希伯来大学的建设，其中一个原因在于他希望学校能够吸引一些优秀的犹太学者来从事学术研究。但是，除了极个别的人物（比如菲利克斯等）以外，爱因斯坦似乎对搬到巴勒斯坦的学者并不怎么关心。事实上，巴勒斯坦的学者对爱因斯坦还是抱有一定的期望，更何况他们几乎都是在同样的德国学术传统中成长起来的，而且在各自的领域中都相当出色。

爱因斯坦对希伯来大学的规划，跟他在德国的经历有密切的关系。1914 年，爱因斯坦来到柏林，受聘为柏林威廉皇帝物理研究所所长兼柏林大学教授。当时，研究所与大学的联系并不紧密，反而跟政府和企业家、投资者联系较多。德国的研究所所长在学术界和社会上享有很高的地位，他们可以直接跟政府高级官员和富有的资助者联系。比如，爱因斯坦跟德国的政治家赫尼希（Konrad Haenisch）、贝克（Carl Becker）、拉特瑙（Walther Rathenau）和物理研究所的主要资助者、著名的犹太银行家和企业家科佩尔（Leopold Koppel）等人都有比较密切的联系。因此，爱因斯坦可能希望在希伯来大学也找到类似的感觉，即希望从政府官员（也就是犹太复国主义组织的领导人）和资助者那里获得有力的支持。而且，虽然爱因斯坦兼任柏林大学的教授，却并没有硬性的教学任务，是否进行教学工作完全由他自己决定。再加上爱因斯坦的科学研究经历告诉他，科学研究主要是个人的事务，导致他对大学里教学工作的重要性没有足够的认识。

五　情感与理性：民族感情与犹太复国主义

1. 深厚的民族情感

爱因斯坦认为传统对犹太民族具有根本的重要性，甚至超过了宗教的重要性。他明确指出，"犹太人是由血统和传统而非仅仅由宗教而维系起来的一个群体,世界上其他人对他们的态度也间接说明了这一点。"① 爱因斯坦高度评价犹太人的优良传统与品格,他在《犹太人的理想》一文中说:"为知识而追求知识,几乎狂热地酷爱正义,以及要求个人独立的愿望——这些都是犹太人传统的特征,并使我为自己属于它而感到庆幸。"② 1938 年,爱因斯坦概括了犹太人的两个最根本的传统特征:第一,犹太人具有社会正义的民主理想,以及一切人中间的互助和宽容的理想;第二,高度尊重各种形式的理智的追求和精神的努力。但是,爱因斯坦也指出,犹太人追求理智上的独立,是德国猖狂地对犹太人野蛮仇视的根本原因。③

反过来,爱因斯坦也得到犹太民族的肯定,是犹太人永远引以为骄傲的杰出人物。最有代表性的事件是,1952 年 11 月,以色列的第一任总统魏兹曼去世之后,以色列总理本—古里安(David Ben-Gurion)邀请爱因斯坦出任总统。爱因斯坦对政治并没有像对科学那样的热情,于是婉言谢绝了。爱因斯坦说:"对于我们的以色列国向我提供的殊荣,我深为感动,但我不能接受它,对此我感到十分悲伤和羞愧。……与犹太人民的血脉联系是我一生中最亲切、最强烈的心理寄托。"④ 从爱因斯坦的言语中,我们可以真切地感受到他对犹太民族怀有的深厚感情,而且这种感情历久弥坚。

2. 坚决反对针对犹太人的种族歧视和迫害

爱因斯坦认为,犹太民族所受到的迫害是源于人为的因素,很大程度上是政治斗争的牺牲品,同时犹太人分散在世界各地,没有自卫力量,不能抵御猛烈的进攻。

爱因斯坦认为,希特勒就是通过迫害犹太人上台的,他严厉批评希特勒的种族歧视政策。他说:"……但是真正使得他取得领袖资格的,是他恶毒地仇视一切外国的东西,特别是歧视一个没有自卫力量的少数民族,那就是德国的犹太人。"爱因斯坦对希特勒的种族歧视深恶痛绝,他说:"……同时他又进行所谓的'亚利安人'或者'北欧人'的种族优越性的

---

① 爱因斯坦:《我眼中的世界》,杨全红译,安徽科学技术出版社 2012 年版,第 143 页。

② 爱因斯坦:《爱因斯坦文集》(第三卷),许良英、赵中立、张宣三编译,商务印书馆 2009 年版,第 63 页。

③ 同上书,第 196—198 页。

④ 罗宾逊:《爱因斯坦:相对论一百年》,张卜天译,湖南科学技术出版社 2006 年版,第 185 页。

欺骗宣传,这种优越性是反犹太主义分子为了达到他们阴险的目的而捏造出来的神话"。①

在《他们为什么要仇视犹太人?》一文中,爱因斯坦批评统治者利用犹太人转移民众的注意力,来达到他们不可告人的目的。他指出:"在 19 世纪末,俄罗斯人民被他们政府的暴政所激怒……俄国的统治者为了转移视线,煽动群众对犹太人的仇恨和暴行。……当德国人在他们的统治阶级所策划的世界大战失败了以后,就立即责备犹太人,说他们首先煽起战争,然后又使战争失败……"② 尽管犹太人是无辜的,但统治者给犹太人捏造的罪名却影响了群众,导致了犹太人遭受了一次又一次的迫害。

正是对犹太民族的遭遇的深刻反思,使得爱因斯坦认识到民族问题与社会政治生活密切相关,也使得爱因斯坦看到共同体对犹太民族的重要性,从而激励他积极支持犹太复国主义运动。

3. 理性支持犹太复国主义运动

从前述可见,由 1919 年至 20 世纪 20 年代,虽然爱因斯坦在参与犹太复国主义运动以及希伯来大学的建设过程当中与犹太复国主义领导人之间的合作并不是非常愉快的,但这并没有影响到爱因斯坦的民族感情,他仍然利用自己的国际声望,为犹太复国运动争取更多的支持。另外,爱因斯坦强调犹太民族要注重内部的团结,这也是他的民族观的重要内容之一。比如,1930 年 10 月,爱因斯坦在伦敦犹太人组织的晚会上作了讲话,呼吁英国的犹太人支持犹太共同体,他说:"现在我们要向你们英国的犹太同胞呼吁,请求你们帮助我们这个由一些杰出的人物所开创的伟大事业"。爱因斯坦也强调犹太人要自力更生。他说:"我要告诉你们大家:我们民族的生存和命运,依靠外界的因素总比依靠我们自己的少。"③

爱因斯坦努力动员尽可能多的犹太人参与到犹太复国主义运动中来。比如,1938 年 4 月 17 日,在纽约市的康莫多旅馆,由美国"全国工人支援巴勒斯坦委员会"举办的"第三次塞德节"的庆祝会上,爱因斯坦作了

---

① 爱因斯坦:《爱因斯坦文集》(第三卷),许良英、赵中立、张宣三编译,商务印书馆 2009 年版,第 158 页。

② 同上书,第 193 页。

③ 同上书,第 75—78 页。

《我们对犹太复国主义的责任》的发言。他认为,全体犹太人都该大大感激犹太复国主义的恩义,并希望犹太人与阿拉伯人和平共处。① 1949 年 11 月 27 日,爱因斯坦在为"犹太人团结呼吁"所作的广播中,呼吁犹太人积极参加"巩固我们犹太人在以色列用惊人的精力和无比的自我牺牲精神所完成的事业"。② 毫无疑问,爱因斯坦对犹太共同体的支持是理性的,对犹太复国主义的支持也是有限度和有原则的。他从未正式加入任何形式的犹太复国主义组织,也不属于任何犹太教会。他对犹太复国主义运动的支持主要是基于他的犹太民族意识,基于他对犹太民族的归属感与热爱,不是基于宗教教义,也没有一丁点盲目的狂热。

爱因斯坦支持犹太复国主义,主要是因为他认为犹太个体无依无靠,只有一个共同的实体才能拯救犹太人。而且,爱因斯坦后来多次强调,犹太复国主义奋斗的目标不在于政治方面,而在于社会和文化领域。比如,他在《有关巴勒斯坦重建问题的讲话》中明确指出,"我们已明确宣布不追求政治意义上的社会,而是根据犹太人的古老传统为基础的文化社会,而且,这文化是广义上的。"③

第三节　爱因斯坦与美国黑人

对于美国的黑人,我们既可以把他们看作是一个种族,也可以看作是美国的一个少数民族。爱因斯坦来到美国之后,很快发现了黑人遭受的种种不平等待遇。在欧洲经历的切肤之痛使得爱因斯坦对黑人民族充满了同情,于是,他尽其所能支持黑人争取民族平等、反对种族歧视的运动。不但如此,他还与黑人(包括普通民众与社会名流)长期保持着密切的关系。

---

① 爱因斯坦:《爱因斯坦文集》(第三卷),许良英、赵中立、张宣三编译,商务印书馆 2009 年版,第 179—181 页。
② 同上书,第 321 页。
③ 爱因斯坦:《我眼中的世界》,杨全红译,安徽科学技术出版社 2012 年版,第 127 页。

一 黑人的好邻居：爱因斯坦在黑人社区

爱因斯坦在离开欧洲去美国之前，就积极支持美国黑人的反种族主义的事业。1931 年，美国"全国有色民族协进会"（NAACP）的创立者、NAACP 的机关报《危机》（The Crisis）的编辑杜博斯（Du Bois）写信给爱因斯坦，请他为《危机》杂志创办 21 周年写点东西，谈一下对世界种族歧视的看法，爱因斯坦很快回了信。《危机》杂志于次年 2 月发表了爱因斯坦的《给美国黑人的信》，爱因斯坦写道："这似乎是普遍的事实：少数民族——尤其是组成这些民族的个人是能够由生理的特征来识别的——在他们生活于其间的多数民族中，往往被看作是劣等民族。……美国黑人在这个方向上所做的坚定的努力，应当得到大家的赞扬和支援。"① 1932 年 1 月 29 日的《纽约时报》也刊登了这封信。杜博斯在编者按语中指出："……爱因斯坦是裁军与世界和平的杰出拥护者，他痛恨种族歧视，因为作为一名犹太人，他知道那意味着什么。"②

1933 年，爱因斯坦来到普林斯顿。在许许多多的爱因斯坦传记中，大家都把爱因斯坦在普林斯顿的生活描写得比较平静而舒适。爱因斯坦本人似乎对这里的生活也颇为满意。来到普林斯顿一个月之后，他在给友人的信中写道："普林斯顿是一个令人惊奇的小地方，矮小的村民古雅而讲究礼仪，像神仙一样超然自得。"③

实际上，普林斯顿也并非圣地，表现上的平静也掩盖不住随处可见的种族偏见。比如，普林斯顿大学在 1945 年才招收第一位黑人学生，比哈佛大学晚了整整五十年。爱因斯坦很快就会发现普林斯顿的威瑟斯普（Witherspoon）路的黑人社区，那里道路崎岖不平，只有黑人居住，而白人则不会出现。爱因斯坦也很快会注意到，黑人住在单独的社区，送孩子去单独的学校，在剧院里坐在单独的区域，等等。

---

① 爱因斯坦：《爱因斯坦文集》（第三卷），许良英、赵中立、张宣三编译，商务印书馆 2009 年版，第 113 页。

② Jerome, Fred and Taylor, Rodger. *Einstein on Race and Racism*. New Brunswick: Rutgers University Press, 2005, p. 9.

③ 内森、诺登：《爱因斯坦论和平》（上），李醒民译，湖南出版社 1992 年版，第 327 页。

爱因斯坦不但不会看不起黑人，相反，他花了大量的时间在普林斯顿的非裔美国人社区散步、骑车，与人们亲切交谈，大家也像普通人那样对待他。半个多世纪过去了，当地的居民仍然很清楚地回忆起爱因斯坦跟他们一起度过的快乐时光。美国资深记者杰罗姆（Fred Jerome）对其中26人进行了访谈，以下是部分访谈记录：

辛克勒（Calli Sinkler）：当我们还是小女孩的时候，我和妹妹莉莉总是看到爱因斯坦沿着威瑟斯普路散步，这是普林斯顿黑人社区的一条主干道。

爱德华兹—卡特（Penney Edwards-Carter）：我记得爱因斯坦在20世纪50年代早期在街上骑自行车和散步，给我们小孩子糖吃。

班克斯（Lloyd Banks）：在一定程度上，爱因斯坦与白人不同——他不讨厌待在黑人社区。我们跑出去——作为小孩子，我们总是跑出去跟他聊天，他也停下来，跟我们说话。我们总是叫道："爱因斯坦博士，爱因斯坦博士——"他会停下来，和我们聊上几分钟。他非常友好。

……

爱因斯坦的家在普林斯顿默瑟街112号。他雇了一名普林斯顿的佣人莉莉·特曼（Lillie Trotman），杰罗姆去采访了她。莉莉因病几乎无法讲话，但她的女儿玛丽（Mary Trotman）和孙女莉娜（Lena Sawyer）告诉了杰罗姆一些情况。玛丽说："我的母亲告诉我，爱因斯坦资助了一名普林斯顿的非裔美国小伙子上大学。莉莉还讲了另一个故事，有时爱因斯坦回到家，发现前门锁了——他忘记了后门是没锁的——于是只好叫警察来帮忙。"莉娜说："我的祖母在爱因斯坦家里做佣人。她知道爱因斯坦居家生活的许多细节，这些都是我在学校里学不到的。当有客人来时，他们坐在餐厅吃饭，她就在厨房听。我记得有一次她说，'他是黑人的朋友'，还说'他是一个好人'。"[①] 根据这些当事人的回忆，我们不难想象爱因斯坦与黑人亲密交往的场景。遗憾的是，这样的场景在几乎所有的爱因斯坦传记中是看不到的。

二　民权活动家：林肯大学的名誉博士

"二战"结束后，超过一百万的非裔美国黑人回到美国。这些战场上

---

① Jerome, Fred and Taylor, Rodger. *Einstein on Race and Racism*. New Brunswick：Rutgers University Press, 2005, pp. 34—49.

的英雄们以为，他们赢得了反法西斯战争的胜利，也会赢得国内反种族主义的胜利。事实上，情况并没有因为战争的胜利而发生变化。比如，当时密西西比州的参议员毕尔博（Theodore Bilbo）号召白人采用一切手段，不让黑人投票。甚至于，在希特勒战败后十五个月里，美国涌起一波私刑和其他反黑暴行的风潮，某些凶残的暴民以新近归来的退伍军人为私刑对象，杀害了至少五十名黑人。①

针对这种现状，爱因斯坦于 1946 年 1 月发表了《黑人问题》一文，对美国的种族歧视给予了严厉抨击。他写道："……美国的社会景象有一个污点。他们的平等感和人的尊严感主要只限于白人。……我愈觉得自己是一个美国人，这种情况就愈使我痛苦。我只有把它说出来，才能摆脱同谋犯的心态。……我相信，凡是彻底认真地努力思考问题的人，都会立即承认这种歧视黑人的传统偏见是多么不光彩和多么可悲。"② 爱因斯坦还指出，导致美国种族歧视的根源之一就是传统的偏见，我们每一个人都应该正视并纠正这种偏见。

1946 年 2 月 26 日，哥伦比亚的黑人退伍军人与白人发生了冲突。这个地方有 8000 名白人，3000 名黑人，长期以来都有种族冲突的问题。它靠近普拉斯基（Pulaski），那里是 3K（Ku Klux Klan）党的发源地。田纳西州的州长得知黑人向白人开枪之后，马上派警察和军队封锁了黑人社区，以查找武器弹药为名，捣毁黑人的商店，砸毁黑人的家具。他们用冲锋枪向黑人开火，并逮捕了 101 名黑人，而只有 2 名白人以酗酒的名义被逮捕。后来，两名黑人在监狱里被射杀，二十五人以"蓄意谋杀"的罪名被起诉。③

爱因斯坦很可能是从《纽约时报》了解到黑人受迫害的情况，因为后来担任二十五位黑人的辩护律师的马歇尔（Thurgood Marshall）于 3 月 2 日在《纽约时报》上撰文报道了此事。此事发生之后不久，爱因斯坦公开加

---

① 杰罗姆：《爱因斯坦档案》，席玉苹译，广西师范大学出版社 2011 年版，第 93 页。

② 爱因斯坦：《爱因斯坦文集》（第三卷），许良英、赵中立、张宣三编译，商务印书馆 2009 年版，第 246—248 页。

③ Williams, Juan. *Thurgood Marshall: American Revolutionary*. New York: Times Books, 1998, pp. 132—136.

入了埃莉诺·罗斯福 (Eleanor Roosevelt)① 领导的全国伸张正义委员会
(National Committee for Justice in Columbia, Tennessee),该委员会广发哥
伦比亚恐怖事件的宣传材料,募集资金,积极为哥伦比亚的黑人争取正
当权利。②

5 月 3 日,爱因斯坦来到林肯大学,接受该校授予他的名誉博士学
位,并向师生发表讲话。要知道,爱因斯坦在他生命的最后二十年里,
几乎没有在大学里演讲过!爱因斯坦当时健康状况欠佳,使得他旅行颇
为不便,而且爱因斯坦认为名誉学位授予仪式有点"招摇"。另外,
1936 年,由于哈佛大学邀请了德国的大学参加三百周年庆典,于是爱因
斯坦拒绝参加哈佛的校庆,由此也没有接受哈佛大学的荣誉博士学位,
他甚至还决定拒绝所有常春藤大学的荣誉学位。值得注意的是,林肯大
学是传统的黑人大学,也不是非常出名的学校。爱因斯坦之所以到林肯
大学演讲,并不是出于偶然的原因,他认为是出于真正有价值的原因。
他对林肯大学的师生说:"在美国,有色人种与白人相互隔离。这种隔离
不是有色人种的问题,而是白种人的问题,我不打算对此保持沉默。"在
1946 年的美国,种族隔离现象非常普遍,很多地方的住房、学校、公交
车以及车站等都实行隔离政策。爱因斯坦对这些情况当然是非常熟悉的,
所以他在讲话中对这种现况进行了批评。几天后,林肯大学的报纸对此
事进行了报道。

爱因斯坦选择到林肯大学接受名誉博士学位并演讲,很清楚地表明他
希望更多的人了解他的想法。尽管爱因斯坦的公开演讲与访谈通常被大多
数报纸广泛地报道,甚至在头版突出他的观点,但是,主流媒体对这位世
界最著名的科学家在美国最古老的黑人大学的演讲却不予理会,只有一些
黑人媒体,如《Philadelphia Tribune》以及《Baltimore Afro-American》等
给予详细报道。而且,在大量的爱因斯坦传记著作以及文选当中,也几乎
都没有提到他在林肯大学的演讲。

---

① 即美国总统罗斯福的遗孀,罗斯福于 1945 年 4 月 12 日,也就是第四次连任总统之后不久
去世。

② O'Brien, Gail Williams. *The Color of the Law: Race, Violence and Justice in the Post-world War
Ⅱ South*. Chapel Hill: The University of North Carolina Press, 1999, p. 35.

1946 年 5 月 4 日，《纽约时报》对爱因斯坦的这次演讲只提了一句话："爱因斯坦博士说，他相信黑人有着'美好的未来'，并要求同学们'坚持不懈地长期努力学习'。"但是，在黑人媒体的报道中却没有类似的句子。① 这显然是《纽约时报》的编辑杜撰的。

另外，爱因斯坦还尽其所能帮助黑人，为黑人遭受的不公平对待进行声援。比如，他曾加入拯救柏克南（Buckhannon）的运动，为威利·麦吉（Willie McGee）进行辩护，为特伦顿六人辩护，支持民权协会、南方促进人类福祉研讨会、非洲事务协会的活动，等等。②

三 伟大的友谊：爱因斯坦与罗伯逊

爱因斯坦对种族主义的反对以及对美国黑人的支持，从他与罗伯逊（Paul Robeson）③持续近 20 年的友谊中可见一斑。1898 年 4 月 9 日，罗伯逊出生在普林斯顿的黑人社区，就是后来爱因斯坦经常经过的那个地方。他是美国的"名人"，集运动员、演员、语言学者、音乐表演者和政治积极分子于一身。1930 年，罗伯逊曾到柏林演出，许多媒体都进行了报道，包括爱因斯坦经常阅读的报纸。罗伯逊的演出很成功，柏林的媒体称赞他表现出"孩子般的纯真与自然"，有人说"他把他的民族的灵魂展现给了观众"，得到如此高的评价即使是白人演员也是不常有的。④ 因此，即使爱因斯坦当时没有去看罗伯逊的演出，他也极可能通过媒体了解到了罗伯逊。

1935 年 10 月 31 日，在普林斯顿麦卡特（McCarter）剧院举办的罗伯逊的音乐会上，两人第一次相遇。音乐会结束后，爱因斯坦到后台致贺，与罗伯逊热情握手。他们进行了愉快的谈话，结果发现双方既热爱音乐又

① Jerome, Fred and Taylor, Rodger. *Einstein on Race and Racism*. New Brunswick：Rutgers University Press, 2005, pp. 87—92.

② 杰罗姆：《爱因斯坦档案》，席玉苹译，广西师范大学出版社 2011 年版，第 161—165 页。

③ 值得指出的是，罗伯逊虽然没有到过中国，但与中国人民有着不解之缘。他学过中文，能阅读中文书报，会唱中文歌曲。特别是在抗日战争时期，他用歌声给予中国人民有力的声援。1949 年 10 月，得知新中国成立的消息后，罗伯逊立即致电毛泽东主席表示祝贺。参见何大章《保罗·罗伯逊：中国人民忠实的朋友》，http：//world. people. com. cn/GB/57507/7150547. html 引用日期：2013 - 8 - 26。

④ Duberman, Martin. *Paul Robeson*. New York：Alfred A Knopf, 1988, p. 132.

痛恨法西斯主义,于是两人一见如故。1940 年与 1942 年,爱因斯坦多次到麦卡特剧院观看罗伯逊的演出。①

不过,能够充分显示爱因斯坦与罗伯逊的深厚交情的是,他不顾一切地邀请罗伯逊到家里做客。罗伯逊不但攻击美国的种族歧视,还表达了他对苏联的支持,这些都是美国政府难以接受的。因此,在美国联邦调查局的黑名单中,罗伯逊也是名列前茅。但是,爱因斯坦对之置之不理,仍然与罗伯逊保持着亲密的朋友关系。

1947 年 9 月,爱因斯坦邀请罗伯逊、华莱士(Henry Wallace)等人到普林斯顿的家中喝茶。当时,虽然美国的"红色恐慌"已经开始对准罗伯逊,但他仍然是举国欢迎的人物,所以爱因斯坦邀请他的行为并不算太冒险。但是,1949 年纽约毕克斯齐尔(Peekskill)攻击事件②之后,罗伯逊遭到美国政府的非难,阻止他接受世界各地的邀请,即使黑人教会邀请罗伯逊,也会接到威胁电话;国务院连续八年拒发护照给他,而且新闻媒体每隔一段时间就要批判罗伯逊,似乎他成了美国人民的公敌。在这样的背景下,1952 年 10 月,爱因斯坦决定再度邀请罗伯逊去家里做客,这种做法在当时已经是相当危险。爱因斯坦与罗伯逊畅谈了整个下午,将近六个小时,从音乐到政治等许多方面交换看法,包括爱因斯坦为何拒绝去做以色列总统、国内对麦卡锡主义的反抗等,两人聊得甚为投机。③

罗伯逊的朋友,也是他的传记作者布朗(Lloyd Brown)陪同罗伯逊一起到爱因斯坦家里做客。布朗回忆道,当爱因斯坦要求罗伯逊如果再来普林斯顿演出,一定要告诉他时,罗伯逊并没有告诉爱因斯坦,他当时受到的迫害。但布朗没有沉默,他告诉爱因斯坦和爱因斯坦的秘书杜卡斯(Helen Dukas),当时 FBI 要罗伯逊保持沉默,还说 FBI 会把参加

---

①　Jerome, Fred and Taylor, Rodger. *Einstein on Race and Racism*. New Brunswick: Rutgers University Press, 2005, p. 57.

②　1949 年 9 月 4 日,在罗伯逊的演唱会结束之后,当地的退伍军人向观众扔石头,打伤了 150 人。这场暴力事件是针对共产主义和罗伯逊的抗议,因为罗伯逊公开支持社会主义事业。事件的具体过程及影响,参见 Duberman, Martin. *Paul Robeson*. New York: Alfred A Knopf, 1988, pp. 363—380。

③　杰罗姆:《爱因斯坦档案》,席玉苹译,广西师范大学出版社 2011 年版,第 160—172 页。

罗伯逊音乐会的观众的车牌全部记下来。于是爱因斯坦笑着对杜卡斯说："哦，海伦，我想我们去应该是安全的。我们没有车啊。"① 显然，爱因斯坦是在表示他支持罗伯逊，并不惧怕 FBI。事后罗伯逊告诉他的儿子说，爱因斯坦当时健康状况不太好，但他仍坚持延长会谈时间，而且显得很兴奋。② 可惜，这是他们最后一次会面。

两周后，罗伯逊在黑人报刊《自由》（Freedom）的专栏中，撰文强调了在他遭受最猛烈的政治攻击时，当时爱因斯坦对他的支持的重要性。他写道："爱因斯坦博士……对我争取旅行权利的斗争表示了亲切的同情。"用布朗的话来说，"爱因斯坦的邀请是情义相挺的表现，特别是这次邀请又在毕克斯齐尔事件之后。"不过，如果爱因斯坦仅仅是象征性地支持罗伯逊，他完全可以在一小时之后就优雅地结束会谈。但是，爱因斯坦在当时身体并不太好的情况下也没有这样做，可见他与罗伯逊交情之深，也足见爱因斯坦对黑人运动的支持之真挚。或许就像杰罗姆指出的那样，爱因斯坦与罗伯逊虽然有许多不同之处，但他们最大的共同点在于，两人都持有这样的信念：关于社会正义，你可能不必获胜，但你必须坚持斗争。③

小　结

综上可见，爱因斯坦的亲身经历以及对和平的热爱使得他坚定地主张民族平等、反对种族主义与民族主义，发自内心地平等对待世界各个民族。从爱因斯坦与犹太民族的关系来看，我们可以说，爱因斯坦有很强的民族意识，或者说有很强的民族认同感情，但没有民族主义的思想。他从不认为犹太民族比其他民族优越，并一直主张犹太民族与其他民族和平共

---

① Brown, Lloyd. *The Young Paul Robeson*. Boulder: Westview Press, 1997, pp. 133—134.

② Jr. Robeson, Paul. *The Undiscovered Paul Robeson: Quest for Freedom*, 1939—1976. Hoboken: John Wiley & Sons, Inc., 2010, p. 225.

③ Jerome, Fred and Taylor, Rodger. *Einstein on Race and Racism*. New Brunswick: Rutgers University Press, 2005, pp. 124—128.

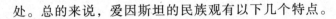

处。总的来说,爱因斯坦的民族观有以下几个特点。

一 主张各民族和平共处

在爱因斯坦的民族观中,没有任何犹太中心论、欧洲中心论的思想。在他看来,犹太民族跟其他民族是平等的;而且,在犹太民族发展的同时也要照顾到其他民族的利益。除了本章前述的内容之外,我们还可以找到很多爱因斯坦强调民族之间和平共处的论述。比如,在有关巴勒斯坦重建问题的讲话中,爱因斯坦说:"我们搞建设的目的不仅是为了自身,也一直是并将继续惠及阿拉伯人民。"① 在 1955 年 1 月写给卢黎厄(Zvi Lurie)的信中,爱因斯坦明确指出:"我们的政策的最重要方面,应当是始终如一地表明我们这样的愿望:确认生活在我们中间的阿拉伯公民的完全平等,并且体谅他们目前处境的内在困难。"②

在论及犹太民族与其他民族之关系时,爱因斯坦从不认为犹太民族比其他民族更优越,也不认为犹太民族应该领导其他民族。相反,他真诚地希望犹太民族与其他民族相互容忍、彼此尊重、和平共处。在关于巴勒斯坦重建问题的讲话中,爱因斯坦明确主张,"……接下来需要解决的问题便是如何与兄弟民族阿拉伯人相处了,双方都应开诚布公,宽宏大量,彼此尊重。"③

在爱因斯坦看来,"和平"是犹太人的道德理想之一,这种理想"建立在谅解和自我克制的基础上,而不是建立在暴力的基础上。……因为我们需要和平,而且我们认识到我们将来的发展也有赖于和平。"④ 在写于他生命中最后一年(1955 年)1 月的一封信中,爱因斯坦指出,对于东西方国家之间的敌对关系,以色列应该采取中立的政策。⑤ 甚至在他生命的最后几天里,爱因斯坦为以色列"独立纪念日"准备的一份未完成的讲稿,也明

---

① 爱因斯坦:《我眼中的世界》,杨全红译,安徽科学技术出版社 2012 年版,第 128 页。
② 爱因斯坦:《爱因斯坦文集》(第三卷),许良英、赵中立、张宣三编译,商务印书馆 2009 年版,第 378 页。
③ 爱因斯坦:《我眼中的世界》,杨全红译,安徽科学技术出版社 2012 年版,第 127 页。
④ 爱因斯坦:《爱因斯坦文集》(第三卷),许良英、赵中立、张宣三编译,商务印书馆 2009 年版,第 321 页。
⑤ 同上书,第 378 页。

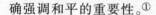

确强调和平的重要性。①

20 世纪上半叶,在种族歧视、民族主义盛行的欧洲以及美国社会,爱因斯坦能够坚定不移地坚持自己的民族观,主张各民族完全平等、和睦相处、相互尊重,足见爱因斯坦的民族观之进步性。在与爱因斯坦共事的同事当中,有的科学家支持民族主义,甚至还参与种族歧视的运动,与他们相比,尤见爱因斯坦民族观之难能可贵。

另外,我们已经看到,爱因斯坦主张各民族和平共处的思想是坚定不移的。爱因斯坦一生都坚定地反对种族歧视,为争取各民族平等而奔走呼号。无论是面对美国的黑人,还是犹太民族,或者世界上其他的民族,他都是一视同仁、不偏不倚,也没有任何的动摇或犹豫,即使是面对各种困难和威胁时也是如此。

二 明确反对民族主义

爱因斯坦曾明确指出,"我很厌恶民族主义,即使是犹太民族主义。"②如果把民族主义看作是一种意识形态的话,那么民族主义通常跟主权国家联系在一起。虽然爱因斯坦最初并没有明确反对犹太复国主义的建国主张,但他后来明确表示,他不希望创立一个犹太国。他在《我们对犹太复国主义的责任》的发言中指出:"我非常愿意看到同阿拉伯人在和平共处的基础上达成公平合理的协议,而不希望创立一个犹太国。"他也认为,狭隘的民族主义会损害犹太民族。他说:"我怕从内部损害犹太民族——特别是由我们自己的行列里发展起来的一种狭隘的民族主义所造成的损害——会持续下去,甚至在没有犹太国的时候,我们就已经不得不同这种狭隘的民族主义进行坚决的斗争。"③

在本章第二节当中我们知道,爱因斯坦是犹太复国主义组织的"局外人",更谈不上是领导人。尽管爱因斯坦对犹太复国主义者倡导的某些目

---

① 爱因斯坦:《爱因斯坦文集》(第三卷),许良英、赵中立、张宣三编译,商务印书馆 2009 年版,第 388—389 页。

② Gutfreund, Hanoch. Einstein's Jewish Identity. In Galison, Peter et al edited. *Einstein for the 21 st Century*. Princeton: Princeton University Press, 2008, p. 30.

③ 爱因斯坦:《爱因斯坦文集》(第三卷),许良英、赵中立、张宣三编译,商务印书馆 2009 年版,第 181 页。

标（比如希伯来大学）抱有热情，但他并没有皈依犹太复国主义，也没有成为该运动非常负责任的成员，他与犹太复国主义领导人之间并没有建立起深厚的友情。而且，爱因斯坦与犹太复国主义的领导人对犹太复国主义的理解是不一样的，爱因斯坦多次明确表示"并不希望创立一个犹太国"。如果把魏兹曼等人领导的犹太复国主义称之为"政治犹太复国主义"的话，那爱因斯坦的犹太复国主义主要是"文化"方面的，甚至可以去掉"复国"两字，称之为"文化犹太主义"。

而且，爱因斯坦参与犹太复国主义的动机主要是出于民族感情和民族责任感，没有宗教的成分。即使爱因斯坦带着很高的热情参与犹太复国主义，但他的态度是极其理性的。如果遇到与他的理性原则相冲突的事情，他宁愿选择退出，也不会放弃他的原则。虽然爱因斯坦对政治的兴趣以及对犹太民族的归属感都是真切而深厚的，但爱因斯坦更沉迷于科学研究，更愿意享受个人的自由与孤独，而不愿意过多地参与到犹太复国主义运动当中去。

爱因斯坦清楚地看到了民族主义的危害，认为民族主义会导致民族冲突与仇恨，我们可以找到很多这样的论述。比如，他说："现在我们时代的致命的疾病——为盲目的仇恨所支持的夸大的民族主义——把我们在巴勒斯坦的工作带到一个最困难的境地。"① 在《劳动的巴勒斯坦》一文中，爱因斯坦指出："支持'劳动的巴勒斯坦'，就是同时在巴勒斯坦促进一种人道主义的和值得推崇的政策，并且有效地抵制那些狭隘民族主义的暗流，而如今，整个政治界，以至在比较小的程度上，巴勒斯坦那个小小的政治界，都受到这种狭隘民族主义的损害。"② 爱因斯坦甚至认为，"如果民族主义的愤怒情绪进一步将我们吞没，我们就注定要灭亡"。③

民族主义有很多种内涵，至今学界也没有统一的认识。从爱因斯坦的论述以及经历我们可以看到，他所理解的民族主义与狭隘民族主义的内涵基本上是一致的，即认为自己的民族比其他民族更优越，从而排斥其他民

---

① 爱因斯坦:《爱因斯坦文集》（第三卷），许良英、赵中立、张宣三编译，商务印书馆2009年版，第180页。

② 同上书，第65页。

③ 内森、诺登:《爱因斯坦论和平》（下），刘新民译，湖南出版社1992年版，第142页。

族，而且过分强调本民族的利益，为了本民族的利益甚至不惜牺牲其他民族的利益。虽然爱因斯坦对犹太民族有着深厚的民族感情，但他充分认识到了民族主义的危害及其危险性，他自始至终都旗帜鲜明地坚决反对民族主义。

三 从国际主义的角度看民族问题

在爱因斯坦的民族观中，国际主义与民族问题是联系在一起的。爱因斯坦曾指出，"国际精神在今天世界各地因为狭隘民族主义盛行而奄奄一息"。① 1921 年 3 月，爱因斯坦接受《纽约晚邮报》（New York Evening Post）记者采访时肯定了国际主义对于和平的意义，他指出，"国际主义意味着国家之间的合理性的关系、民族之间的健全联合和理解、在不干涉任何民族特殊习俗的情况下为相互推进而彼此合作，我想该词的意思是这样。"他认为，"……在这种国际主义恢复之前，就不会有和平，战争的创伤也不会痊愈"。②

在爱因斯坦看来，坚持国际主义与热爱自己的民族并不矛盾。他指出："做一个文明的欧洲人，做一个好的世界公民，同时也做一个忠诚的犹太人，热爱自己的民族又敬重自己的先辈。要做到三者兼顾，并非没有可能。"③

国际主义的眼光使得爱因斯坦对世界上所有受压迫的民族都充满了人道主义的同情。1922 年年底，爱因斯坦应邀到日本讲学，曾在来回途中两次经过上海，他对中华民族所遭受的压迫深表同情。他的女婿凯泽尔（Rudolph Kayser）根据爱因斯坦的旅行日记写道："他们是淳朴的劳动者，欧洲人所以欣赏他们的也正是这一点，在欧洲人眼里，他们的智力是非常低劣的。爱因斯坦看到这个在劳动着、在呻吟着，并且是顽强的民族，他的社会同情心再度被唤醒了。他认为，这是地球上最贫困的民族，他们被残酷地虐待着，他们所受的待遇比牛马还不如。"④

---

① 爱因斯坦：《我眼中的世界》，杨全红译，安徽科学技术出版社 2012 年版，第 124 页。
② 内森、诺登：《爱因斯坦论和平》（上），李醒民译，湖南出版社 1992 年版，第 72 页。
③ 爱因斯坦：《我眼中的世界》，杨全红译，安徽科学技术出版社 2012 年版，第 142 页。
④ 爱因斯坦：《爱因斯坦文集》（第三卷），许良英、赵中立、张宣三编译，商务印书馆 2009 年版，第 31 页。

　　爱因斯坦的言行已经表明,他总是从全世界的角度来看待民族问题,使得他的民族观没有民族主义的色彩。民族主义通常强调领土的重要性,可以把民族主义理解为一种深深扎根在领土、地方和空间中的社会和政治运动。① 爱因斯坦的国际主义精神使得他超越了民族主义的局限,在他的民族观中,国家、领土等概念并不具有重要的地位。而且,在爱因斯坦看来,对于一个有国际主义精神的人来说,特定国家的国籍是不重要的,人道比国家的公民身份更重要。②

　　当然,爱因斯坦的民族观也有一些局限性,比如他对民族道德作用的强调就显示出一定的理想主义色彩。爱因斯坦高度评价犹太民族优良品格,强调犹太民族的道德传统的重要意义,并鼓励大家在各种情况下都要坚持下去。道德对于一个民族的凝聚力固然是重要的,但宗教的作用也不可忽略,但爱因斯坦却倾向于否定犹太教的重要作用。其实,犹太教在建立犹太民族意识方面扮演了重要角色。③ 可见,爱因斯坦对民族问题的复杂性认识得不够深刻。

　　民族问题总是跟各种社会问题,特别是世界与地区的和平问题密切相连。如果大多数人,特别是社会知名人士以及各国政治家,能够持与爱因斯坦相同或类似的民族观并身体力行,那么世界就会更加和平与安定。在各种民族问题层出不穷的现代世界中,爱因斯坦的民族观无疑是一份我们应该倍加珍视的宝贵遗产。

---

　　① 诺格:《民族主义与领土》,徐鹤林、朱伦译,中央民族大学出版社 2009 年版,第 16 页。

　　② 内森、诺登:《爱因斯坦论和平》(上),李醒民译,湖南出版社 1992 年版,第 283 页。

　　③ 希顿-沃森:《民族与国家——对民族起源与民族主义政治的探讨》,吴洪英、黄群译,中央民族大学出版社 2009 年版,第 535 页。

第三章　科技观:科技伦理与技术发明

　　如何看待科学技术及其与社会的关系，这个问题在爱因斯坦的社会哲学思想中占有重要的地位。本章主要讨论两个问题，第一个问题是爱因斯坦的科技伦理思想。虽然已有一些学者就爱因斯坦的科技伦理思想进行了论述，但仍有一些值得深入讨论的问题。本章试图在已有研究成果的基础上，对相关的问题进行再探索。第二个问题是关于爱因斯坦的发明创造，通过介绍爱因斯坦一生中比较有代表性的技术发明，来认识作为"发明家"的爱因斯坦。由此也可以看到，作为杰出科学家的爱因斯坦，在进行纯理论研究的同时，也在从事着技术发明，并希望用技术发明来推进社会发展与进步。虽然不能说这个问题完全属于爱因斯坦的社会哲学范围，但却有助于我们理解他的科技观，所以有必要讨论一番。

第一节　科技伦理思想

一　科学内部是价值中性的，但科学有社会价值

1. 爱因斯坦的"科学"定义

　　爱因斯坦如何看待科学呢？我们先来看看爱因斯坦关于科学的几种代表性论述。1936年，爱因斯坦在《物理学和实在》一文中指出："科学的目的，一方面是尽可能完备地理解全部感觉经验之间的关系；另一方面是通过最少个数的原始概念和原始关系的使用来达到这个目的（在世界图像

中尽可能地寻求逻辑的统一，即逻辑元素最少）。"①

爱因斯坦对科学的界定基本上是前后一致的。比如，1940年，他在华盛顿第八届"美国科学会议"上作的报告中说："科学是这样一种企图，它要把我们杂乱无章的感觉经验同一种逻辑上贯彻一致的思想体系对应起来。在这种体系中，单个经验同理论结构的相互关系，必须使所得到的对应是唯一的，并且是令人信服的。"② 同年，在《科学和宗教》一文中，爱因斯坦认为，"科学就是一种历史悠久的努力，力图用系统的思维，把这个世界中可感知的现象尽可能彻底地联系起来。说得大胆一点，它是这样一种企图：要通过构思过程，后验地来重建存在"。③ 虽然人们至今对科学无法进行精确定义，但学者们通常都认为科学至少包含以下三个方面的内涵：作为知识体系的科学、作为研究活动的科学以及作为社会建制的科学。我们可以看到，爱因斯坦所理解的科学主要是作为知识体系和研究活动的科学，而且他特别强调作为研究活动的科学，对于科学的其他方面，爱因斯坦几乎没有进行论述。

2. 为科学而科学

基于对科学相对狭窄的界定，爱因斯坦倡导"科学是为科学而存在的，就像艺术是为艺术而存在的一样。"④ 在爱因斯坦看来，科学只研究"是什么"，而不涉及"应该是什么"。代表性的论述还有：

爱因斯坦在为弗兰克（Philipp Frank）的《相对论》所作的序言中指出："对于科学家，只有'存在'，而没有什么愿望，没有什么价值，没有善，没有恶；也没有什么目标。只要我们逗留在科学本身的领域里，我们就绝不会碰到像'你不可说谎'这样一类的句子。追求真理的科学家，他内心受到像清教徒一样的那种约束：他不能任性或感情用事。附带地说，这个特点是慢慢发展起来的，而且是现代西方思想所特有的。"⑤

① 爱因斯坦：《爱因斯坦文集》（第一卷），许良英等编译，商务印书馆2009年版，第480—481页。
② 同上书，第527页。
③ 爱因斯坦：《爱因斯坦文集》（第三卷），许良英、赵中立、张宣三编译，商务印书馆2009年版，第215页。
④ 爱因斯坦：《爱因斯坦文集》（第一卷），许良英等编译，商务印书馆2009年版，第410页。
⑤ 爱因斯坦：《爱因斯坦文集》（第三卷），许良英、赵中立、张宣三编译，商务印书馆2009年版，第324页。

1951 年 1 月 1 日，爱因斯坦在给好友索洛文（Maurice Solovine）的信中说："我们所谓的科学的唯一目的是提出'是'什么的问题。至于决定'应该是'什么的问题，却是一个同它完全无关的独立问题，而且不能通过方法论的途径来解决。只有在逻辑联系方面，科学才能为道德问题提供一定的规范，也只有在怎样实现道德所企求的目标这个问题上，科学才能提出一些方法；至于怎样决定这些道德目标的本身，就完全超出科学的范围了。"①

对于科学是否是价值中性的，不同的学者提出了不同的观点。李醒民认为，科学在内部是中性的，即科学研究活动和科学知识本身不受社会语境和价值观念的影响，也不做价值判断；科学知识不包含价值要素，从中也无法推出价值规范。科学在对外部是中性的，即科学成果在价值上是中性的，其技术应用才有好坏善恶之分。② 从爱因斯坦的论述我们可以清楚地看到，爱因斯坦显然是主张"科学是价值中性的"，而且爱因斯坦的价值中性思想主要是针对科学内部而言的。

正是因为爱因斯坦主张"为科学而科学"，所以他反对为实用的原因去研究科学。在爱因斯坦看来，"科学如果要繁荣，就不应当有实用的目的。作为一个普遍的规律，科学所创造的知识和方法只是间接地有助于实用的目的，而且在很多情况下，还要等到几代以后才见效。"③

不过，虽然爱因斯坦认为科学自身是价值中性的，但科学可以为伦理提供方法论上的指导与帮助。"关于事实和关系的科学陈述，固然不能产生伦理的准则，但是逻辑思维和经验知识却能够使伦理准则合乎理性，并且连续一致。"④ 也就是说，科学可以间接地对伦理研究产生作用。

3. 科学的社会价值

爱因斯坦明确地把科学与社会目的区别开来。他说："科学不能创造目的，更不用说把目的灌输给人们；科学至多只能为达到某些目的

---

① 爱因斯坦：《爱因斯坦文集》（第一卷），许良英等编译，商务印书馆 2009 年版，第 703 页。
② 李醒民：《科学是价值中性的吗?》，《河南大学学报》（自然科学版）2005 年第 4 期。
③ 爱因斯坦：《爱因斯坦文集》（第三卷），许良英、赵中立、张宣三编译，商务印书馆 2009 年版，第 111 页。
④ 同上书，第 325 页。

提供手段。但目的本身却是由那些具有崇高伦理理想的人构想出来的，只要这些目的不是死胎，而是有生命的，并且是生命力充沛的，它们就会被许多人所采纳并且向前发展，这些人半不自觉地决定着社会缓慢的进步。"①

不过，爱因斯坦认为，科学具有的独特魅力可以成为科学家从事科学研究的强大动力。1918年，爱因斯坦在庆祝普朗克（Max Planck）六十岁生日时指出，人们出于各种不同的目的从事科学研究，有的是因为科学给他们以超乎常人的智力上的快感，科学是他们自己的特殊娱乐；有的则是为了纯粹功利的目的。还有一些人，普朗克就是其中之一，他们是为了逃避日常生活中令人厌恶的粗俗和使人绝望的沉闷，是要摆脱人们自己反复无常的欲望的桎梏，这是消极的动机；还有一种积极的动机，即"人们总想以最适当的方式来画出一幅简化的和易领悟的世界图像；于是他就试图用他的这种世界体系来代替经验的世界，并来征服它"。② 虽然爱因斯坦是在赞扬普朗克，其实这种说法也完全适用于他自己。

爱因斯坦说过："一切宗教、艺术和科学都是同一株树的各个分枝。所有这些志向都为着使人类的生活趋于高尚，把它从单纯的生理上的生存的境界提高，并且把个人导向自由。"③ 这其实也是从科学研究的动机的角度论述科学。但是，有的学者把爱因斯坦对科学探索动机的论述作为爱因斯坦认为"科学从本质上是至善的"论据，④ 显然是不成立的。

虽然爱因斯坦主张科学内部是价值中性的，但他同时也明确指出科学具有社会价值。科学的社会价值至少可以表现在两个方面。爱因斯坦指出："科学对于人类事务的影响有两种方式。第一种方式是大家都熟悉的：科学直接地、并且在更大程度上间接地生产出完全改变了人类生活的工

① 爱因斯坦：《爱因斯坦文集》（第三卷），许良英、赵中立、张宣三编译，商务印书馆2009年版，第312页。
② 爱因斯坦：《爱因斯坦文集》（第一卷），许良英等编译，商务印书馆2009年版，第170—171页。
③ 爱因斯坦：《爱因斯坦文集》（第三卷），许良英、赵中立、张宣三编译，商务印书馆2009年版，第176页。
④ 李桂花、张雅琪：《论爱因斯坦的科技伦理思想》，《西南大学学报》（社会科学版）2007年第4期。

具。第二种方式是教育性质的——它作用于心灵。尽管草率看来，这种方式好像不大明显，但至少同第一种方式一样锐利。"①

类似的论述又如："物理学和数学在两个截然不同的方面对社会有重大影响。首先，它们有助于促进技术的发展。其次，像一切高尚的文化成就一样，它们可用来作为一种有效的武器，以防止人们屈从于一种使人意志消沉的物欲主义的危险，而这种物欲主义又转过来会导致无节制的利己主义的统治。"②

诸如此类的论述被一些学者用来作为爱因斯坦认为"科学是善的"之观点的论据，我们更应该看到，爱因斯坦主要是从科学的外部价值角度论述的，也就是科学可以满足人们的物质与精神方面的需要。如果我们就此得出爱因斯坦认为科学从本质上讲是善的，可能就误读了爱因斯坦。

二 技术的工具性与人的主动性

1. 技术的负面效应

对于现代科学技术带来的便利，爱因斯坦自然是非常熟悉的。1938年，爱因斯坦在《给五千年后子孙的信》中指出："我们这个时代产生了许多天才人物，他们的发明可以使我们的生活舒适得多。我们早已利用机器的力量横渡海洋，并且利用机械力量可以使人类从各种辛苦繁重的体力劳动中最后解放出来。我们学会了飞行，我们用电磁波从地球的一个角落方便地同另一角落互通信息。"③ 事实上，许多人可能不知道，爱因斯坦本人对技术也很感兴趣，他在从事科学研究的同时，还与人合作取得了关于冰箱、照相机等近二十项专利。我们在下一节将详细讨论这个问题。

不过，爱因斯坦深知，技术在带给人们幸福生活的同时，也带来巨大的危险。他说："技术——或者应用科学——却已使人类面临着十分严重的问题。人类的继续生存有赖于这些问题的妥善解决。"④ 首先，爱因斯

---

① 爱因斯坦：《爱因斯坦文集》（第三卷），许良英、赵中立、张宣三编译，商务印书馆2009年版，第160页。
② 同上书，第231页。
③ 同上书，第189页。
④ 同上书，第160页。

坦担心技术导致人的异化。"在和平时期，科学使我们生活匆忙和不安定。它没有使我们从必须完成的单调的劳动中得到多大程度的解放，反而使人成为机器的奴隶；人们绝大部分是一天到晚厌倦地工作着，他们在劳动中毫无乐趣，而且经常提心吊胆，唯恐失去他们一点点可怜的收入。"①

相对于技术使人异化而言，爱因斯坦更担心军事技术越来越强大，但人类却无力控制这些强大的武器。"技术也使距离缩短了，并且创造出新的非常有效的破坏工作，这种工具掌握在要求无限制行动自由的国家的手里，就变成了对人类安全和生存的威胁。这种情况要求我们对整个行星有一个唯一的司法和行政的权力机构，而这种中央政权的创立受到民族传统的拼命反对。"② 爱因斯坦主张，文明若要生存下去，就必须尽快成立世界政府。"技术和军用武器的发展所造成的结果，等于我们这个行星某种程度的缩小。国家之间的经济交往使得世界各国比过去任何时候都更要相互依赖。现在可用的进攻性的武器在突然的总毁灭中不会给地球留下一块净土。我们要活下去的唯一希望就在于创立一个能够运用司法裁决来解决各个国家之间的冲突的世界政府。这种裁决必须以一个为各国政府都赞成的措辞精确的宪章为根据。只有世界政府才可以动用进攻性的武器。"③ 相关的思想我们在本书《世界政府》一章中详细论述。

2. 人的能动性

爱因斯坦认为，技术的应用具有为恶的趋向，这一点许多学者都注意到了。④ 不过，我们更应该看到，虽然爱因斯坦特别担心技术应用，特别是军事技术可能导致的严重后果，但他并没有批判技术本身，而是从人类自身来找原因。他指出，"这样了不起的应用科学，它既节约了劳动，又

---

① 爱因斯坦:《爱因斯坦文集》（第三卷），许良英、赵中立、张宣三编译，商务印书馆2009年版，第89页。
② 同上书，第161页。
③ 同上书，第255页。
④ 陈万求、李丽英:《爱因斯坦科技伦理思想的三个基本命题》，《伦理学研究》2007年第4期。李桂花、张雅琪:《论爱因斯坦的科技伦理思想》，《西南大学学报》（社会科学版）2007年第4期。

使生活更加舒适，为什么带给我们的幸福却那么少呢？坦率的回答是，因为我们还没有学会怎样正当地去使用它。"①

在爱因斯坦看来，我们应该使技术的发展变得可控，早在 1920 年，爱因斯坦在给致"大众技术教育总协会"的信中指出："如果人类中受过教育的朋友把技术当成我们时代——一个威胁到要消灭生活中更高尚乐趣的时代——的一个没有教养的孩子加以憎恶，这会令人感到惊奇吗？如果社会想从它得益，我们就不能让这个粗鲁的孩子不加管束地长大。为了对它施加一定的影响，人们必须努力熟悉它。"②

爱因斯坦深刻地认识到了科学技术的工具性与被动性，以及人的主动性与能动性。"科学是一种强有力的工具。怎样用它，究竟是给人带来幸福还是带来灾难，全取决于人自己，而不取决于工具。刀子在人类生活上是有用的，但它也能用来杀人。我们的问题不能由科学来解决；而只能由人自己来解决。"③

爱因斯坦对军事技术的无限制发展深恶痛绝。他认为，有些人相信通过一个国家规模的军备可能达到安全，在目前军事技术的状态下，这种信念是一种灾难性的幻想。而政治家却在鼓吹和遵循这样的路线，不惜任何代价，用优势的军事实力来获得安全。也就是说，真正导致军事技术的灾难性后果的，是政治家鼓吹的这种国家安全观念。

有的西方学者认为技术负面效应是技术的罪恶，因而把批判的矛头指向技术本身。比如，科学家皮卡德（Jacques Piccard）说："我们现在所'津津乐道'的技术，除了广泛地造成自杀性的污染以外就没有什么其他的东西了。它是一种灾害，不仅影响到我们所呼吸的空气和我们所饮用的水，而且也影响到我们所耕种的土地和我们了解很少的外层空间。但这一切，最悲惨的还是现在隐伏在人们身体中的化学物品对人类所造成的污染。技术在慢慢地毁灭人类，人类在慢慢地吞食自然，自然选择已经成为

---

① 爱因斯坦：《爱因斯坦文集》（第三卷），许良英、赵中立、张宣三编译，商务印书馆 2009 年版，第 89 页。

② 爱因斯坦：《爱因斯坦全集》（第七卷），邹振隆主译，湖南科学技术出版社 2009 年版，第 304 页。

③ 爱因斯坦：《爱因斯坦文集》（第三卷），许良英、赵中立、张宣三编译，商务印书馆 2009 年版，第 69 页。

过去,最后留下的只有技术。"① 又如,容格(Carl Jung)把技术说成是妖魔、暴君,他认为技术功能的本质是掠夺性开发,它要耗尽人类的所有自然资源。他说:"无所不及、无所不在地掠夺性开发,是我们技术的根本标志。"他认为技术意味着死亡。"处处都可以发现,随着机械工具的出现,死的时间就渗透到活的时间。"这种观点显然是错误的。技术只是人的工具,人是技术的主体。技术自身不可能发生任何作用,只有人才能使技术发生作用。②

我们已经看到,爱因斯坦并没有简单地批判技术,而是更深刻地看到了人的主体性作用,而且看到了所谓的国家利益而导致的军事技术的发展。也就是说,爱因斯坦关于技术的思想不但深刻,而且是比较全面的。

三　社会责任:科学家与政治家

1. 科学家的道义责任

爱因斯坦认为,科学家担负着特别沉重的道义责任。1931 年,爱因斯坦在对美国加州理工学院的学生讲话时,语重心长地说道:" 如果你们想使你们一生的工作有益于人类,那么,你们只懂得应用科学本身是不够的。关心人的本身,应当始终成为一切技术上奋斗的主要目标;关心怎样组织人的劳动和产品分配这样一些尚未解决的重大问题,用以保证我们科学思想的成果会造福于人类,而不致成为祸害。在你们埋头于图表和方程时,千万不要忘记这一点!"③

爱因斯坦坚决主张科学家要根据自己的良心来做事,即使在面对各种社会压力时也是如此。爱因斯坦在为原定于 1946 年 1 月 10 至 12 日召开的美国"全国科学家会议"而起草的贺信中指出:"我衷心感到欣慰,大多数科学家完全意识到他们作为学者和世界公民的责任;他们并没有成为那种到处泛滥的威胁着我们和我们子孙的未来的歇斯底里的牺牲品。……如果政府一定要继续坚持这条致命的路线,那么我们科学家就应当拒绝听从它

---

① 戈兰:《科学与反科学》,王德禄、王鲁平译,中国国际广播出版社 1988 年版,第 28 页。
② 林德宏:《"双刃剑"解读》,《自然辩证法研究》2002 年第 10 期。
③ 爱因斯坦:《爱因斯坦文集》(第三卷),许良英、赵中立、张宣三编译,商务印书馆 2009 年版,第 89 页。

的那些不义的要求，即使它有合法机构做靠山。有一种不成文的法律，那是我们自己良心上的法律，它比任何可以在华盛顿制定出来的法案都要更加有束缚力得多。当然，我们还有这样两件最后的武器：不合作和罢工。"①

1950 年，爱因斯坦在写给美国新成立的科学工作者团体"科学社会责任协会"的公开信中指出："在我们这个时代，科学家和工程师担负着特别沉重的道义责任，因为发展大规模破坏性的战争手段有赖于他们的工作和活动。所以我觉得'科学社会责任协会'的成立正适合实际需要。通过它，对于科学家所面临的各种客观问题进行讨论，每个人就比较容易澄清他自己的思想，得出他自己该怎样去行动的结论。"他认为，如果政府指示科学家去做的事，或者社会期望他采取的态度，而科学家自己的良心认为这是错误的，那他应该按自己的良心来做。虽然外界的强迫在一定程度上能够影响一个人的责任感，但绝不可能完全摧毁它。②

同时，爱因斯坦也批评科学家对政治不感兴趣的现象，他认为："原因在于脑力劳动的不幸的专门化，这造成了一种对政治和人类问题的盲目无知。有思想的和有责任感的人们，应当通过一种耐心的政治启蒙过程来同这种坏事进行斗争，而这种启蒙作用也是反对法西斯主义和军国主义的唯一有效武器。一个社会，不论它的政治组织怎样，要不是保持着政治洞察力和真正的正义感，终究是不能保证它本身的健康的。"③

爱因斯坦号召知识分子组织起来，积极参与政治。1944 年，爱因斯坦在为"全国战时会议"准备的书面意见中说："脑力劳动者不仅应当为他们自己的利益，也应当为全社会的利益团结起来。知识分子之间缺少组织，部分地说明了这个集团的才智和经验一般还很少用于政治的目的。……因此，一个以宣传和教育来影响舆论的脑力劳动者的组织，将对整个社会有极大的意义。"④

许多学者也注意到了，爱因斯坦认为科学家担负着沉重的道义责任。

---

① 爱因斯坦：《爱因斯坦文集》（第三卷），许良英、赵中立、张宣三编译，商务印书馆 2009 年版，第 249—250 页。

② 同上书，第 332—333 页。

③ 同上书，第 159 页。

④ 同上书，第 227 页。

还有学者专门论述了爱因斯坦所提出的道义责任的三方面内涵：科学启蒙、维护和平与扬善抑恶。① 但是，学者们似乎大都忽视了爱因斯坦的另一个关键思想，即有人应该为科学技术的应用负实际责任，但他们的负面社会应用不是科学家。

2. 政治家的直接责任

1948 年 10 月，美国宾夕法尼亚州的学生报纸《切尼纪事》向爱因斯坦提出了这样的问题："您认为发明原子弹的科学家对原子弹造成的破坏负有道义上的责任吗？"爱因斯坦回答："不。物理学取得的进步诚然使得将科学应用于技术和军事成为可能，从而带来巨大危险。但责任应由使用这些新发现的政治家而不应由对科学进步做出贡献的科学家来承担。"②

爱因斯坦并不认为科学家应该对自己的研究成果负直接责任，在他看来，科学家的责任与普通人的责任并无不同。内森（Otto Nathan）、诺登（Heinz Norden）认为："尽管爱因斯坦在战后的关键岁月中经常强调科学家应做出的贡献，但他不同意科学家的责任与其他人有所不同的看法。倘若因科学家导致诸如原子弹这样可怕的发现而要求科学家为政治和社会事件承担更多责任的话，那牛顿就得为提出万有引力定律而'负责'，发展了语言的语言学家就得为希特勒的演讲'负责'了。"③

那么，谁应该为科学技术的不良后果负直接责任呢？爱因斯坦认为，科学技术的应用与政治直接相关。"研究自由和研究结果在社会上能否有益地应用，要取决于政治因素。这就解释了为什么科学家不能以专家的身份，而只能以公民的身份来发挥他们的影响。它也进一步解释了为什么科学家为了自由地进行科学研究，有义务在政治上积极起来。他们应当有勇气同时作为教育者和政论家，明确地表明他们那些来之不易的政治和经济方面的信念。"④

---

① 陈万求、李丽英：《爱因斯坦科技伦理思想的三个基本命题》，《伦理学研究》2007 年第 4 期。

② 内森、诺登：《爱因斯坦论和平》（下），刘新民译，湖南出版社 1992 年版，第 191—192 页。

③ 同上书，第 110 页。

④ 爱因斯坦：《爱因斯坦文集》（第三卷），许良英、赵中立、张宣三编译，商务印书馆 2009 年版，第 201 页。

爱因斯坦心痛地发现，科学家的独立性在减少，外来的压迫使他们遭到一种真正是悲惨的命运。他指出，"……更严重的是，经济和政治权力集中到愈来愈少的人手里，不仅使科学家经济上依附于人，而且也从精神上威胁着他的独立；对科学家在理智上和心理上施加影响的种种狡诈伎俩，会阻碍真正独立人格的发展。因此，正如我们能够耳闻目睹的，科学家遭到一种真正是悲惨的命运。"① 这种现象显然是少数政治家为了政治利益导致的，政治家应该对此负责。

爱因斯坦长期在资本主义国家工作和生活，对于资本主义制度产生的社会问题有着深刻的认识。他看到了机械化的生产手段和无组织的经济制度所产生的矛盾，以及生产资料的私有制带来的社会问题。这些问题的解决，是创立一种社会制度和社会传统的问题，要是没有相应的制度和传统，新的工具就无可避免地要带来最不幸的灾难。② 他还指出，"经济和技术的发展大大加强了生存竞争，严重地损害了个人的自由发展。但技术的发展意味着个人为满足社会需要所必须进行的劳动愈来愈少，有计划的分工愈来愈成为迫切的需要，而这种分工会使个人的物质生活有保障。这种保障加上可供个人自由支配的空闲时间和精力，就能用来发展他的个性。"③

正是看到了技术的进步对社会产生的巨大影响，而资本主义制度不能从根本上解决这些问题，所以爱因斯坦支持社会主义制度。1949年，他在《为什么要社会主义》一文里全面阐述了自己的思想。关于爱因斯坦的社会主义思想及其影响参见《社会主义思想》一章。也就是说，在爱因斯坦看来，技术带来了深刻的社会变革，最终导致的问题还是需要政治家来解决，这些问题科学家是无能为力的。

四 小结

第一，爱因斯坦的科学价值中性观。爱因斯坦的"科学内部是价值中

---

① 爱因斯坦：《爱因斯坦文集》（第三卷），许良英、赵中立、张宣三编译，商务印书馆2009年版，第337页。

② 同上书，第161页。

③ 同上书，第53页。

性的"思想在他那个时代是许多科学家持有的观点。比如，彭加勒（Henri Poincaré）主张"为科学而科学"①。在彭加勒看来，追求真理应该是我们从事科学活动的目标。众所周知，爱因斯坦年轻时就大量阅读彭加勒、马赫（Ernst Mach）等人的著作，受他们的影响是不言而喻的。比如，爱因斯坦在悼念马赫的文章中指出："他对观察和理解事物的毫不掩饰的喜悦心情，也就是对斯宾诺莎（Spinoza）所谓的'对神的理智的爱'，如此强烈地迸发出来，以致到了高龄，还以孩子般的好奇的眼睛窥视着这个世界，使自己从理解其相互联系中求得乐趣，而没有什么别的要求。"② 时至今日，许多科学家仍然认为"科学研究无禁区"，这种观点跟爱因斯坦是一致的。虽然这种观点受到一些学者的批判，但它的确具有一定的合理性。

第二，爱因斯坦的辩证思维。与他的科学哲学思想一样，爱因斯坦的社会哲学思想也充满了辩证思维。爱因斯坦坚持科学内部是价值中性的，但也明确承认科学有社会价值。爱因斯坦强调科学技术的工具性以及人的主体性与能动性，使得他的科技伦理思想全面而不失偏颇。虽然爱因斯坦对原子武器对世界和平造成的危害深怀恐惧，但他并没有陷入科技悲观主义的泥潭，而是积极主动地为倡导和平、建立世界政府而奔走呼号。我们甚至可以说，爱因斯坦是辩证思维的典范，这可能也是爱因斯坦超越于许多科学家和哲学家的根本原因所在。

第三，爱因斯坦科技伦理思想的现实意义。爱因斯坦对科技社会责任的论述，具有很强的现实意义，值得我们深思。科学技术发展到 21 世纪，科技对社会的影响已经远远超过了爱因斯坦的时代。现在的科学家无论社会地位还是经济条件都比爱因斯坦的时代要好，但是科学家参与政治的热情似乎并不比爱因斯坦的时代高多少。但是，正如爱因斯坦所说的那样，科学家的确应该主动地承担起科技的道义责任。爱因斯坦身上体现出来的深切的社会责任感，使得他成为我们每一个人，特别是科学家学习的楷模。

---

① 彭加勒：《科学的价值》，李醒民译，商务印书馆 2007 年版，第 170 页。
② 爱因斯坦：《爱因斯坦文集》（第一卷），许良英等编译，商务印书馆 2009 年版，第 127 页。

另外，科技应用带来的社会责任，似乎仍然应该更多地由政治家来承担，可惜这方面的研究目前还非常缺乏。当务之急，是建立起一系列社会机制使政治家真正承担起科技发展的伦理责任。在相关制度尚未建立之时，作为政策的制定、实施者，政治家在勇于承担科技带来的风险的同时，应该在决策过程中多听听科学家的意见，更多地从人类的长远利益考虑，更谨慎地行事。这或许是爱因斯坦科技伦理思想带给我们最深刻的启示。

第二节　爱因斯坦的技术发明

爱因斯坦一生兴趣广泛，他不仅热衷于理论物理学，而且对动手实验、技术发明也兴味颇浓。在上大学期间，爱因斯坦对物理实验很着迷，他自己回忆说："照理说，我应该在数学方面得到深造。可是我大部分时间却是在物理实验室里工作，迷恋于同经验直接接触。"[1]

大学毕业后，爱因斯坦并没有马上找到工作。后来在朋友的帮助下，在伯尔尼专利局找到一份"三级技术员"的职位。爱因斯坦在伯尔尼的工作是很舒适的，他在那里创造了 1905 年的"物理学奇迹年"，而且曾说过"当我在专利局工作的时候，是我一生中最美好的时光"。[2] 七年的专利局工作经历使爱因斯坦成为一位专利方面的专家，甚至在 1915 年，他还为一场专利争议出具过专家意见，为此获得了一千马克的报酬。[3]

这些经历使得爱因斯坦对专利的重要性形成了深刻的认识，所以当他完成一些发明创造时，通常会想到去申请专利来保护自己的发明。目前，作为发明家的爱因斯坦还没有引起国内学术界的注意。本小节试图对爱因斯坦一生中比较有代表性的一些技术发明进行介绍与分析，由此来认识作

---

① 爱因斯坦：《爱因斯坦文集》（第一卷），许良英等编译，商务印书馆 2009 年版，第 7 页。

② Weart, Spencer and Szilard, Gertrud edited. *Leo Szilard：His Version of the Facts*. Cambridge：The MIT Press, 1978, p. 12.

③ Trainer, Matthew. Albert Einstein's Expert Opinions on the Sperry vs. Anschutz Gyrocompass Patent Dispute. *World Patent Information*, 2008, Vol. 30, No. 4, pp. 320—325.

为"发明家"的爱因斯坦。

一　"小机器"与"爱因斯坦之翼"

在伯尔尼工作期间，爱因斯坦就喜欢自己动手制造新仪器，当时他试图发明一种测量微小电量的"小机器"，并在一定程度上也获得了成功。在德国工作期间，爱因斯坦最重要，可能也是最不为人所知的技术发明是一种新型机翼——"爱因斯坦之翼"。不过，它却是这位伟大科学家"失败的发明"。

1."小机器"

1907年，爱因斯坦开始对测量极微小的电量产生了兴趣。1908年初，他还专门发表了一篇论文《测量小电量的一个新的静电方法》。文章很快引起注意，弗里堡大学的物理学教授科瓦尔斯基（Joseph Kowalski）写信给爱因斯坦，表示希望制造这样一个仪器。①

不过，爱因斯坦的想法并不新颖。18世纪后半叶，当时人们设计的小型感应电机，就试图用机械手段增大某一电荷量，这样就可以用验电器进行测量。虽然人们发明了好几种静电感应电机，但这些装置主要是在实验室内使用。在1907年至1910年期间，爱因斯坦和哈比希特兄弟，即康拉德（Johann Conrad Habicht）和保尔（Franz Paul Habicht）花了很多时间对他们的机器进行改进，但他并不打算申请专利，因为他认为制造商对它不会感兴趣。1911年12月15日，保尔向德国物理学会演示了这台机器，取得了成功。爱因斯坦对这个结果感到很高兴，他在给一位朋友的信中说："我相信这种小机器很快就会取代灵敏的象限静电计和线静电计。"②

但是，爱因斯坦的"小机器"并没有受到人们的欢迎。虽然爱因斯坦和哈比希特的产品在演示中战胜了对手，但他们的"小机器"并没有取代精确的静电计。1927年，哈比希特兄弟创办了一家公司制造并销售他们的仪器，但只卖出了几台。事实上，灵敏的静电计早在1906年就出现了，而爱因斯坦对当时的

①　爱因斯坦：《爱因斯坦全集》（第二卷），范岱年主译，湖南科学技术出版社2009年版，第419—422页。

②　爱因斯坦：《爱因斯坦全集》（第五卷），范岱年主译，湖南科学技术出版社2009年版，第49—51页。

技术并不怎么了解，他的相关知识还停留在大学期间学习的课程的水平上。[1]

2. "爱因斯坦之翼"

可能很多人都不知道，爱因斯坦曾经设计过飞机的机翼！1916 年 6 月 2 日，爱因斯坦向德国物理学会递交了一篇论文《水波和飞行的初级理论》，并做了专题演讲。8 月 25 日，这篇文章在《自然科学》上发表。[2]

爱因斯坦提出的理论依据是，假定空气流或液体沿切向流过一个刚体的柱形的壁 W（如图 3 - 1 所示），后者和纸平面相垂直，并且往上还有一个鼓包。鼓包的存在影响了壁上面和下面的流体流动，U 点流速降低，压力较大，而 O 点鼓包局部增加了流速，并使压力减少为零，于是，因流动引起的动力压力对壁产生一个向上的力。

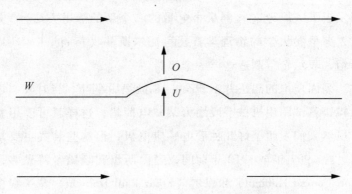

图 3 - 1　（来源：《水波和飞行的初级理论》）

爱因斯坦为何会去设计一种新型的机翼呢？根据最早的爱因斯坦传记作者之一塞利希（Carl Seelig）的说法，当时德国空军的飞机比协约国落后，于是柏林—约翰尼斯塔尔（Berlin-Johannisthal）的航空公司（Luft-Verkehrs-Gesellschaft，简称 LVG）号召学界为空军的技术进步献计献策，爱因斯坦是少数几位接受该项任务的科学家之一。[3] 格罗希（Peter Grosz）

① Illy, Jozsef. *The Practical Einstein*: *Experiments*, *Patents*, *Inventions*. Baltimore: The Johns Hopkins University Press, 2012, p. 71.

② 爱因斯坦：《爱因斯坦全集》（第六卷），吴忠超主译，湖南科学技术出版社 2009 年版，第 319—321 页。

③ 塞利希：《爱因斯坦》，黑龙江大学俄语系翻译组，黑龙江人民出版社 1979 年版，第 141—142 页。

认为,当时航空公司的负责人穆勒（Arthur Muller）正式雇用爱因斯坦为顾问,爱因斯坦领了薪水,自然要做点工作,于是设计了这种机翼。[①] 另外,爱因斯坦可能是受早年的合作者霍普夫（Ludwig Hopf）影响,他在苏黎世大学曾做过爱因斯坦的助手,两人一起发表过论文,之后霍普夫在亚琛技术大学研究流体力学,后来又到柏林—安德尔斯霍夫（Berlin-Adlershof）飞机设计中心研究空气动力学,正是他激起了爱因斯坦对飞机的好奇心。[②]

爱因斯坦的设计显然引起了航空公司的兴趣。埃尔哈特（Paul Ehrhardt）是德国的著名飞行员,1917 年被任命为柏林飞机设计公司实验部门的负责人,他对爱因斯坦的设计留下深刻印象,并着手制造这种机翼,称其为"猫背翼（cat's back airfoil）"。1917 年 3 月,航空公司对爱因斯坦和其他人设计的机翼一起进行了风洞试验,结果表明爱因斯坦的设计并不优越。比如,使用"爱因斯坦之翼"的飞机升力系数最高只能达到 92,而有的飞机升力系数可达到 140。

因此,埃尔哈特对爱因斯坦的设计持怀疑态度,不过他还是进行了试飞。埃尔哈特在后来写给爱因斯坦的信中说:"不幸的是,我的怀疑被证明是对的。起飞之后,我在空中就像一只'怀孕的鸭子',经历了痛苦不堪的着陆之后,我只能感到庆幸。……第二名飞行员也没有取得任何进展。"爱因斯坦在回信中进行了直截了当的自我批评:"这就是精于思考而疏于阅读的人会发生的事……我不得不承认,我为那些日子的愚蠢感到羞愧。"爱因斯坦在信中还指出,虽然根据伯努利原理来简单地解释飞行是正确的,但以这种方式来设计机翼却无论如何不是明智之举。[③]

---

① Grosz, Peter. Herr Dr. Prof. Albert Who? Einstein the Aerodynamicist That's Who! Or Albert Einstein and His Role in German Aviation in World War I. *W. W. Aero*, 1988, No. 118, pp. 42—46. 穆勒此举显然是想利用爱因斯坦的声望,提高 LVG 的影响,但爱因斯坦并没有为公司做出什么具体的贡献。根据 LVG 当时的员工理查特（Otto Reichert）回忆,他确定,当时爱因斯坦几乎没有来做什么空气动力学实验。

② Folsing, Albrecht. *Albert Einstein: A Biography*. Translated by Ewald Osers. New York: Viking, 1997, pp. 399—400.

③ Illy, Jozsef. *The Practical Einstein: Experiments, Patents, Inventions*. Baltimore: The Johns Hopkins University Press, 2012, pp. 75—79.

众所周知，爱因斯坦是一位热爱和平的科学家，他甚至被认为是"和平英雄"。① 第一次世界大战期间，爱因斯坦在与朋友的通信中偶尔也表露出对军事技术的痛恨与讽刺。比如，1917 年 2 月 4 日，爱因斯坦在给埃伦菲斯特（Paul Ehrenfest）的信中说："……可惜我们不是居住在火星上，不能只用望远镜观看人类所干的坏事。我们的（上帝）耶和华再也不必从天上抛洒灾难与祸害；他已经现代化了，为此搞了一套自动化的运行机制。"② 1917 年 12 月 6 日，他在给赞格尔（Heinrich Zangger）的信中说："我们受到颂扬的整个技术进步，整个文明，好比是反常的罪犯手中的刀斧一般。"③

那么，爱因斯坦为何还要"助纣为虐"，为空军设计飞机的机翼呢？比较合理的解释是，在"一战"期间，飞机还没有被视为是杀伤力巨大的武器；也没有证据表明，爱因斯坦的设计是打算提高军用飞机的性能。最后，LVG 在德国军用飞机的制造中从来都不是一个重要的角色。④ 更何况，爱因斯坦只是从理论上提出了一种机翼的设想，并不是在设计一种新型的飞机，他本人不是飞机设计师，也缺乏相应的理论背景。

另外，爱因斯坦对空气动力学的发展状况其实并不关心，也就是他自己承认的"精于思考而疏于阅读"。事实上，当时英国的航空先驱者兰彻斯特（Friedricks Lanchester）、德国的数学家库塔（Wilhelm Kutta）以及俄国的空气动力学奠基人茹科夫斯基（Nikolai Zhukovsky）等人在飞行理论方面都有重要的论著发表，只要爱因斯坦认真地查找一下，完全可以找到这些资料，从而设计出更好的机翼。比如，被列宁称为"俄罗斯航空之父"的茹科夫斯基于 1910 年在德国期刊上发表了一篇重要论文，讨论了如何计算机翼，提出了著名的茹科夫斯基翼形。第一次世界

① Josephson, Harold. Albert Einstein: The Search for World Order. In DeBenedetti, Charles edit ed. *Peace Heroes in Twentieth-Century America*. Bloomington: Indiana University Press, 1986, pp. 122—146.

② 爱因斯坦：《爱因斯坦全集》（第八卷上），杨武能主译，湖南科学技术出版社 2009 年版，第 388 页。

③ 同上书，第 564 页。

④ Frenkel, Viktor and Yavelov, Boris. "What May Happen to a Man Who Thinks a Great Deal but Reads Very Little". Balashov, Yuri and Vizgin, Vladimir edited. *Einstein Studi es in Russia*. Einstein Studies, Vol. 10, Boston: Birkhauser, 2002, pp. 297—306.

大战前,一些德国学者也发表了飞机设计与计算方法的论文。① 或许,爱因斯坦对这项"差事"本身就是三心二意的,并没有非常认真地对待。另一方面,当时的理论研究人员跟飞机制造厂商并没有实际的合作,所以航空公司的技术人员与飞行员对飞行理论也不是非常了解,这才会重视爱因斯坦的设计,否则完全有对此项发明可能置之不理。虽然"爱因斯坦之翼"是一项失败的发明,但毕竟是爱因斯坦这位科学大师设计的,所以至今仍然是一个有趣的话题。2005 年,美国一份影响颇大的航空杂志以"爱因斯坦之翼"为题发表了一篇纪念短文,文中还附有一幅幽默插图(见图3-2)。②

二　对冰箱的热衷:与西拉德的合作

在爱因斯坦拥有的 19 项专利中(具体情况详见本章末附表 3-1),有17 项是与西拉德(Leo Szilard)合作的。在几乎所有关于爱因斯坦的传记中,我们都可以看到西拉德的名字,不过主要是强调他在鼓励爱因斯坦给美国总统罗斯福(Franklin Roosevelt)写信建议制造原子弹中的作用,很少提到或详细论述两人在技术发明方面的合作。

1920 年,41 岁的爱因斯坦与 22 岁的西拉德在柏林相遇。当时,西拉德还是一名年轻的博士生,而爱因斯坦已经名满天下。在听了爱因斯坦的课之后,西拉德很快被这位科学大师的独特魅力吸引住了,经常主动找爱因斯坦讨论问题。虽然两人的年纪差了 19 岁,但他们有许多共同点,比如都很怕羞、直言不讳、喜欢动手实践,并且都信仰斯宾诺莎的上帝,等等,因此两人很快成为忘年之交。有一次,西拉德在报纸上看到一条新闻,柏林有一家人由于公寓里的冰箱冷却剂泄漏而中毒身亡,这是因为当时冰箱采用的是丙烷等有毒的碳氢化合物作制冷剂,于是他与爱因斯坦开始考虑如何避免这样的事故再次发生。既然是循环泵泄漏导致的事故,那么,从理论上讲,解决问题最简单的方式就是设计一种不会泄漏的泵。为了防止泄漏,爱因斯坦与西拉德打算设计一种没有运动部件的冰箱,这样

① Illy, Jozsef. *The Practical Einstein*: *Experiments*, *Patents*, *Inventions*. Baltimore: The Johns Hopkins University Press, 2012, pp. 72—73.

② D'Alto, Nick. Einstein's Wing. *Air & Space Smithsonian*. 2005, Vol. 20, No. 1, p. 18.

图 3 - 2   《爱因斯坦之翼》文中的插图

　　图中 "Eureka" 的意思是："我发现了！" 显然是在把爱因斯坦与阿基米德（Archimedes）进行类比。阿基米德是古希腊著名科学家，传说他发现浮力定律的过程是这样的：国王请金匠用纯金打一个王冠，做好之后国王怀疑金匠掺了假，于是请阿基米德进行鉴定，但不能破坏王金冠。阿基米德一时也想不出好办法，有一次，他在洗澡时，由于浴盆里的水放多了，他进入浴盆时水便往外溢。他一下子得到了灵感，想到可以把金冠放在水里计算它的体积，再跟同样重量的纯金的体积比较一下，就知道金匠是否掺假了。想到这一点，阿基米德大喊着 "Eureka（我发现了）"，光着身子就跑了出去。由此他发现了浮力定律。

垫圈和密封剂就不会失效。①

　　爱因斯坦和西拉德提出了好几种方案。比如，使用射水泵的冰箱，把水用作制冷剂，这种冰箱简单、便宜而且易于维护，但专利局没有授予他们专利权。他们在瑞典工程师柏拉腾（Balthzar von Platen）和蒙特（Carl Munters）设计的吸收式冰箱的基础上进行改进，提出了他们的吸收式冰箱的方案。柏拉腾等人设计的冰箱使用氨作为制冷剂，氢作为辅助剂。氨的沸点很低，大约零下 33 度左右，在一定压力下，室温环境中也能保持液

---

　　①　Lanouette, William and Silard, Bela. *Genius in the Shadows*: *A Biography of Leo Szilard*. New York: Charles Scribner's Sons, 1992, p. 83.

态。爱因斯坦与西拉德的设计创新之处在于:(1)以丁烷作为制冷剂,水作为吸收剂,氨、亚硫酸或碳酸作为辅助剂;(2)以丁烷作为制冷剂,硫酸作为吸收剂,水作为辅助剂;(3)以溴甲烷作为制冷剂,水作为吸收剂,氨、亚硫酸或碳酸作为辅助剂。[①]吸收式冰箱最大的创新就在于不再需要泵,因此也没有运动部件,从理论上讲应该噪声小、可靠性高。爱因斯坦和西拉德把这项技术卖给了柏拉腾和蒙特(Platen and Munters)公司,这项技术也就以该公司的名义获得了专利权。

在专利号为 1-781-541 的美国专利中,爱因斯坦和西拉德提出了另一种实施例,只用丁烷、水和氨作为制剂,见附表第 9 号专利,示意图见图 3-3。在专利说明书中如此解释这种冰箱的运作方式:在蒸发器(1)中,使用液态丁烷作为制冷剂,惰性气体如氨通过管道(30)和分配头(31)导入蒸发器(1)。蒸发器中的制冷剂由于分压降低而蒸发,混合气体通过管道(5)进入冷凝器(6)。吸收剂,比如水,由管道(37)、喷头(35)导入冷凝器(6)。氨溶于水,而丁烷不溶于水,于是氨被水吸收,由于压力减小以及水的冷却作用使丁烷液化,并浮在氨溶液(26)上面,液态丁烷通过管道(11)回到蒸发器(1),开始下一个循环。氨溶液通过管道(27)和热交换器(28)流入发生器(29),加热水使氨挥发,通过管道(30)和分配头(31)进入蒸发器(1),开始下一个循环。[②]

虽然美国纽约的伊莱克斯公司购买了 1-781-541 这项专利技术,但这项发明并没有走进千家万户。可能是因为 20 世纪 30 年代经济萧条,也可能是因为另一种更安全的制冷剂氟利昂的发明,再加上爱因斯坦和西拉德冰箱效率不够高,所以人们后来放弃了继续完善这项技术。但是,随着能源与环境问题的突显,以及氟利昂制冷产生的负面效应使人们重新思考爱因斯坦和西拉德的这项发明。能够利用各种低品位热能,使用对环境友好、对大气臭氧层无破坏作用的工质,这些原因引起了人们对无泵吸收制

---

① Illy, Jozsef. *The Practical Einstein:Experiments, Patents, Inventions*. Baltimore:The Johns Hopkins University Press, 2012, pp. 97—101.

② 相关的发明技术细节均不展开论述,有兴趣的读者可以到附表说明中的网址下载专利说明书。

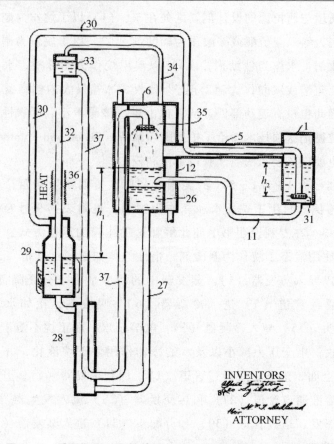

图 3 - 3 爱因斯坦—西拉德冰箱（美国专利号：1 - 781 - 541）

冷的兴趣，而这些正是爱因斯坦和西拉德提出的技术发明的优点所在。现在，学术界把爱因斯坦和西拉德在美国专利（1 - 781 - 541）中提出的制冷循环称之为"爱因斯坦制冷循环"。这种循环有可能实现较大的制冷量，在 20 世纪 90 年代之后开始引起人们的注意，德拉诺（Andy Delano）、谢弗（Laura Schaefer）等人还专门进行了深入研究。[1]

对冰箱的思考使得爱因斯坦与西拉德产生了另一项重要发明——电磁泵。他们设计的灵感来自于人的心脏。心脏是由肌肉收缩进行工作的，而电磁波可以产生类似于心脏的收缩。那么，电磁波是否可以推动液态冷却

①　薛相美、刘道平：《无泵吸收制冷技术》，《制冷》2011 年第 3 期。

剂在系统的管道中运转呢？当然，电磁场不可能对水产生作用，但当时人们已经知道了好几种液态金属。是否可以用电磁场来驱动金属液体，像冰箱中的冷却剂那样循环？按照这样的思路，两人很快画出了电磁泵的设计方案。不过，这个设计能起作用吗？

西拉德联系了德国的西门子公司，这家著名的电器公司拒绝了他。于是，西拉德转而联系德国的通用电气公司，他们购买了这项技术，并雇用西拉德作兼职顾问，邀请他到公司的实验室进行试验。西拉德很快做出了样品，几个月之后做出了试验模型，采用钠—钾合金作为液态金属。机器刚开始运转非常好，但随着速度的增加，金属液体发出了嗡嗡的声音，最后甚至尖锐刺耳。显然，这样的装置不能在厨房里使用。[1] 后来，由于经费问题，通用公司放弃了这个项目。

经过若干改进之后，解决了诸如避免旋转、意外的感应电流、金属液体倒流等各种问题，爱因斯坦和西拉德为他们的电磁泵及其冰箱在德国、法国、匈牙利、奥地利、英国和瑞士都申请了专利，见附表的第 5、6、7、8、10、11、12、13、14、15、16、17、18、19 号专利。电磁泵的示意图见图3－4，其结构与大致工作原理为：圆柱铁管（1）内有铁芯（2），两者之间是流动的液态金属，线圈（4—7）围绕在铁管（1）上，在线圈（4—7）产生的磁场的作用下，金属液体就会在铁管（1）中流动。

虽然电磁泵冰箱没有开发成功，但也引起了一些人的关注。爱因斯坦到美国之后，一位美国女士耶格尔（Melanie Jaeger）可能从报纸上看到了相关的报道，于是写信给爱因斯坦，请求允许她的实业家朋友生产这种冰箱。耶格尔在信中说，她和她的朋友希望为穷人制造一种廉价的冰箱。爱因斯坦回信说，通用公司已经因为经费问题放弃了这个项目，他建议耶格尔的实业家朋友与西拉德进行会谈，讨论这种冰箱的商业开发问题。当然，最后此事无果而终。耶格尔可能是想找个借口跟这位杰出科学家进行联系，而不是真正对冰箱感兴趣。[2]

---

① Lanouette, William and Silard, Bela. *Genius in the Shadows: A Biography of Leo Szilard.* New York: Charles Scribner's Sons, 1992, pp. 83—84.

② Hughes, Thomas. Einstein, Inventors, and Invention. *Science in Context*, 1993, Vol. 6, No. 1, pp. 25—42.

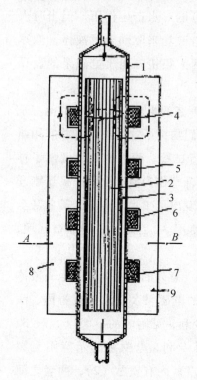

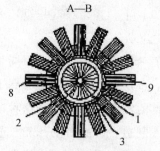

A—B

图 3-4　爱因斯坦、西拉德
设计的电磁泵（英国专
利号：303-065）

长期研究西拉德的美国学者达能（Gene Dannen）称电磁泵是爱因斯坦和西拉德最新颖、最成功的发明。① 不过，从专利技术的角度看，爱因斯坦与西拉德并不是最先提出电磁泵的发明家。早在 1907 年 5 月 14 日，发明家霍顿（Frank Holden）在他获得授权的专利"水银仪"中就提出了一种电磁马达的设计。② 在爱因斯坦与西拉德申请关于电磁泵的专利时，当时德国、美国也有其他发明家在申请或已获得类似的专利。比如，美国人斯宾塞（Millard Spencer）于 1927 年 7 月 27 日申请了一项名为"液态导体马达"的专利，并于 1931 年 2 月 10 日获得授权。斯宾塞在专利说明书的第一段中明确指出了这种马达也适用于制冷装置。③

虽然爱因斯坦与西拉德设计的电磁泵最终并没有成功地应用于家用冰箱，但后来它却在西拉德的核物理研究中发挥了重要作用。1942 年，曼哈顿工程的科学家和工程师们曾为寻找一种合适的冷却剂大伤脑筋。魏格纳（Wigner）和杨格（Gale Youg）提出了水冷却堆的计划，并进行了详细的设计和论证，但这种冷却装置外形庞大。西拉德则提出用液态金属作为冷却剂。当时已知好几种金属比如铋等都有超常的热性能，西拉德相信，使用铋的冷却系统会相当高效，体积

---

① Dannen, Gene. The Einstein-Szilard Refrigerators. *Scientific American*, 1997, Vol. 276, No. 1, pp. 90—95.

② Holden, Frank. *Mercury-Meter*. US 853—789, 1907-5-14.

③ Spencer, Millard. *Fluid-Conductor Motor*. US 1-792-449, 1931-2-10.

也就会小很多。西拉德的设计就是利用他和爱因斯坦开发的电磁泵技术,不需要运动部件,因而也不会有泄漏。[①] 时至今日,电磁泵仍然是核反应堆冷却的基本方式之一。[②]

爱因斯坦与西拉德因为吸收式冰箱的专利而获利 3150 马克(约 750 美元)。在研发电磁泵期间,西拉德因为专利使用费和咨询费两项收入,使他一年有 3000 美元入账,这在当时是很大的一笔钱。两人共有一个银行账户,不过爱因斯坦究竟从中获利几何,就不得而知了。[③] 后来,西拉德的研究兴趣转向核物理学和生物学,再加上两人不在同一地方工作,因此也就没有继续一起合作进行技术发明了。另外,需要说明的是,西拉德一生中拥有不少专利,据统计他至少获得了 63 项专利,与爱因斯坦合作的专利只占其中的一部分而已。[④]

三 其他发明

1. 声音再现装置

1921 年,爱因斯坦应邀担任戈德施密特(Rudolf Goldschmidt)的专利顾问,年薪 18000 马克,这可是当时爱因斯坦在普鲁士科学院年薪的一半。戈德施密特当时是一个研究实验室的负责人,他最为著名的发明,就是于 1914 年 6 月 19 日开通的高频电报,当天德国皇帝威廉二世(Kaiser Wilhelm II)和美国总统威尔逊(Woodrow Wilson)互通了电报。爱因斯坦与戈德施密特长期保持着密切的联系,两人住的地方相隔不远,有时也在一起聚餐和交流。

在写于 1929 年 2 月 28 日的信中,戈德施密特给爱因斯坦寄去了以他们两人名义申请的专利的说明书。在爱因斯坦档案中,发现了三份打印的

---

① Hewlett, Richard and Anderson, Oscar. *A History of the United States Atomic Energy Commission*: *the New World*, 1939—1946. Pennsylvania: The Pennsylvania State University Press, 1962, pp. 179—180.

② 秦武、李志鹏、沈宗沼、靳卫华:《核反应堆冷却剂循环环泵的现状及发展》,《水泵技术》2007 年第 3 期。

③ Dannen, Gene. The Einstein-Szilard Refrigerators. *Scientific American*, 1997, Vol. 276, No. 1, pp. 90—95.

④ Szilard, Leo. *The Collected Works of Leo Szilard*. Feld, Bernard and Szilard, Gertrud edited. London: The MIT Press, 1972, pp. 697—721.

专利说明书，其中一份就是被授权的德国 590 - 783 号专利，另外两项可能没有被授权。在专利文献中，这份专利的申请日期是 1929 年 4 月 25 日，内容为利用磁致伸缩（magnetostriction）的方式再现声音的装置，其示意图见图 3 - 5。铁棒 B 由螺丝固定，线圈 D 中电流的波动会产生变化的磁场，导致铁棒长度的变化，再由隔膜向外传递。简单地说，爱因斯坦和戈德施密特发明的这种装置类似于现在的麦克风，可以把微弱的声音进行放大。不过，这种装置并不是他们首创的，比如，1922 年 5 月 29 日，英国人布朗（Sidney Brown）就申请了一种利用电流进行声音再现的装置，并于 1925 年 11 月 3 日获得授权。①

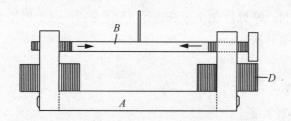

图 3 - 5　电磁声音再现装置（德国专利号：590 - 783）

1929 年 3 月 8 日，爱因斯坦在给戈德施密特的信中说，他同意这些发明的设计，但强调他只分享三分之一。由此可见，在与戈德施密特合作申请的专利中，爱因斯坦做的工作并不多。不过，戈德施密特经常就专利的设想跟爱因斯坦交流，爱因斯坦也针对他提出的问题给出一些意见和建议。

1928 年，一位名为奥尔加·艾斯纳（Olga Eisner）的歌唱家和她的钢琴家丈夫布鲁诺·艾斯纳（Bruno Eisner）与爱因斯坦相识。不久，爱因斯坦就听说奥尔加的听力逐渐下降，这对一位音乐家来说确实是一件很糟糕的事。根据布鲁诺的回忆，爱因斯坦在得知此事后，决定与戈德施密特一起设计一种便于使用的助听器。美国学者派斯（Abraham Pais）认为，爱因斯坦和戈德施密特合作的德国专利（590 - 783）正是由于这个原因做出的。② 事

①　Brown, Sidney. *Electrical Transmission or Reproduction of Sound.* US 1 - 559 - 847, 1925 - 11 - 3.
②　Pais, Abraham. '*Subtle is the Lord…*'-The Science and the Life of Albert Einstein. Oxford：Oxford University Press, 1982, p. 491. 中译见派斯《爱因斯坦传》，方在庆、李勇等译，商务印书馆 2003 年版，第 568 页。

实上，这项专利跟助听器并没有什么联系；另一方面，戈德施密特确实为帮助奥尔加开发助听器费了不少工夫，也经常与爱因斯坦讨论他的想法，但并没有确切的证据表明爱因斯坦在助听器开发方面与戈德施密特有过实质性的合作。事实上，在戈德施密特申请的相关专利中，爱因斯坦并没有署名。①

2. 自动调整光度的相机

布基（Gustav Bucky）是一位放射科医生，在柏林为爱因斯坦的第二任妻子爱尔莎（Elsa Einstein）和她的两个女儿治过病，由此认识了爱因斯坦。后来，布基与爱因斯坦在 1933 年都移居美国，两家交往甚密。② 布基的父母希望他能够学医，但他本人更想学习工科，最后妥协的结果是学习放射学，跟两个领域都有关系。布基对发明很感兴趣，一生中共获得过148 项专利。③

1935 年 12 月 11 日，布基和爱因斯坦联合申请了一项名为"自动调整光度的相机"，示意图见图 3 - 6。其结构与大致工作原理为：光电电池（15）通过孔道（17）感知光的强度并充电，电池带动轴（16）运转，构件（20）与轴（16）连接，构件（20）有两个径向臂（21、22），径向臂（21、22）之间是透明的环形屏幕（23），它的透明度是连续变化的，并位于相机的两个镜片之间。因此，轴（16）的转动可以改变进入相机的光线强度。光线越弱，光电电池的电量也越弱甚至没有电，此时屏幕（23）的透明度最大；相反，光线变强，光电电池的电量增加，带着轴（16）转动，使进入相机的光线强度变小。

不过，爱因斯坦与布基都没有较强的商业敏感性，两人似乎没有认真考虑把他们的专利进行商业生产的可能性。当他们的专利失效时，一些大型的摄像机制造商都争相开发他们的这项技术。④ 另外，有趣的是，这项发明中运用了根据爱因斯坦自己发现的光电效应原理设计的光电电池，但

---

① Illy, Jozsef. *The Practical Einstein：Experiments，Patents，Inventions.* Baltimore：The Johns Hopkins University Press，2012，pp. 121—130.

② Buck, Thomas and Blank, Joseph. Einstein：An Intimate Memoir. *Harper's Magazine*，1964，Vol. 229，No. 1372. pp. 43—48.

③ Bucky，Peter. *The Private Albert Einstein.* Kansas City：A University Press Syndicate Company，1992，foreword.

④ Ibid. ，foreword.

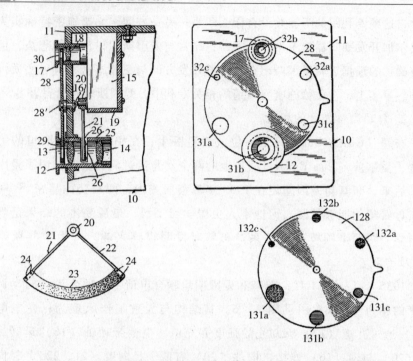

图 3 - 6　自动调整光度的相机（美国专利号：2 - 058 - 562）

光电电池并不是爱因斯坦发明的。在说明书里对光电电池的叙述中，爱因斯坦以韦斯顿（Weston）光电电池为例来说明。

　　爱因斯坦一向是美国媒体追捧的对象，他为数不多的发明自然更是新闻媒体难得的素材。当这项专利获得授权不久，《纽约时报》就以"爱因斯坦：相机设备的发明者"为题进行了报道。[①] 布基的名字却被放在副标题中，也排在爱因斯坦之后，但在附表中我们可以看到，布基才是第一发明人。

　　必须强调指出的是，随着爱因斯坦档案材料的逐步全面整理、利用，人们发现爱因斯坦的发明兴趣非常广泛。除了上述提到的之外，还包括录音设备、测面仪、计时器，等等，在此就不一一详述了。

四　小结

　　第一，爱因斯坦的发明兴趣是真实而浓厚的，但远不能跟他对理论物

---

① Einstein：Inventor of Camera Device. *New York Times*, 1936 - 11 - 27, p. 23.

理学的兴趣相提并论。他对技术发明的兴趣,特别是真正进入到专利申请阶段的发明,都是由合作者激发起来的。不过,爱因斯坦积极发挥他的聪明才智,努力做一些力所能及的技术发明,也充分反映出一位科学家尽其所能推进技术发展与进步的良好愿望。

第二,爱因斯坦的技术发明与他的理论物理学研究内容没有直接的关联。也就是说,爱因斯坦的发明并不是建立在他的物理学研究基础之上的。事实上,爱因斯坦的物理学理论可以产生许多实用的技术发明,比如以光电效应为基础的发明就有很多,但爱因斯坦却一项也没有。尽管如此,我们必须承认,爱因斯坦可以在理论研究与技术发明之间很轻松自由地转换。换句话说,在爱因斯坦那里,科学与技术之间并没有明显的界限。

第三,虽然我们可以称爱因斯坦为"发明家",但他的发明对现代社会几乎没有产生重大影响,与他的理论物理学研究形成鲜明对比。爱因斯坦的理论物理学研究不但深刻地改变了20世纪的物理学面貌,还深刻地影响着哲学、艺术、文学等许多领域,这种影响一直持续至今。但是,在技术发明领域,爱因斯坦的影响几乎可以忽略不计。

第四,20世纪以来,科学技术发展越来越专门化,科技人员要想在自己的专业领域之外做出重要的、原创性的发明创造愈加困难,特别在没有团队合作的情况下更是如此,即使像爱因斯坦这样的科学天才亦不例外。

无论如何,发明毕竟是爱因斯坦科学研究生活的一部分,全面了解作为发明家的爱因斯坦,有助于帮助我们认识一个完整的爱因斯坦,了解这位杰出的理论物理学家的另一面。

附表3-1　　　　　　　　爱因斯坦专利情况表①

序号	申请日	授权日	发明人	专利名称	国别	专利号
1	1927-12-16	1928-11-15	爱因斯坦 西拉德	Improvements relating to refrigerating apparatus	英国	282-428

---

① 关于附表的说明:本表根据 http://www.dpma.de/service/galerie/nobel/nobelpreisphysik/einstein/index.html 网站的数据整理而成,但并不包括爱因斯坦申请和获得的所有专利。因为爱因斯坦将部分发明卖给了公司,发明人就不再是爱因斯坦;该网站没有收入所有未获授权的专利申请以及爱因斯坦在荷兰等国申请的专利。

续表

序号	申请日	授权日	发明人	专利名称	国别	专利号
2	1927 - 12 - 29	1928 - 12 - 1	西拉德 爱因斯坦	Refrigerating machines in which the pumping of liquid is effected by intermittently increasing the vapour pressure	法国	647 - 838
3	1927 - 12 - 29	未获批准	西拉德 爱因斯坦	Refrigerating machines in which the pumping of liquid is effected by intermittently increasing the vapour pressure	英国	282 - 808
4	1928 - 1 - 24	未获批准	爱因斯坦 西拉德	Refrigerating machine with organic solvent	英国	284 - 222
5	1928 - 12 - 26	1929 - 11 - 28	爱因斯坦 西拉德	Refrigerating machine	法国	670 - 428
6		1929 - 12 - 5	爱因斯坦 西拉德	Refrigerator	匈牙利	102 - 079
7	1928 - 12 - 24	1930 - 5 - 26	爱因斯坦 西拉德	Electrodynamic movement of fluid metals particularly for refrigerating machines	英国	303 - 065
8	1928 - 12 - 21	1930 - 8 - 16	爱因斯坦 西拉德	Refrigerator	瑞士	140 - 217
9	1927 - 12 - 16	1930 - 11 - 11	爱因斯坦 西拉德	Refrigerator	美国	1 - 781 - 541
10	1929 - 12 - 3	1931 - 3 - 3	爱因斯坦 西拉德	Pump, especially for refrigerating machines	英国	344 - 881
11	1930 - 4 - 15	1933 - 4 - 8	爱因斯坦 西拉德	Refrigerator	德国	562 - 300
12	1930 - 4 - 15	1933 - 4 - 13	爱因斯坦 西拉德	Refrigerator	德国	561 - 904
13	1928 - 12 - 3	1933 - 5 - 26	爱因斯坦 西拉德	Condenser for refrigerator	奥地利	133 - 386
14	1927 - 11 - 13	1933 - 5 - 30	西拉德 爱因斯坦	Refrigerator	德国	563 - 403
15	1929 - 9 - 11	1933 - 7 - 4	爱因斯坦 西拉德	Compressor	德国	565 - 614

序号	申请日	授权日	发明人	专利名称	国别	专利号
16	1927 - 12 - 28	1933 - 7 - 27	西拉德 爱因斯坦	Apparatus for movements of fluid metals in refrigerators	德国	554 - 959
17	1928 - 12 - 4	1933 - 7 - 28	爱因斯坦 西拉德	Pumps especially for refrigerators	德国	555 - 413
18	1930 - 4 - 15	1933 - 9 - 16	爱因斯坦 西拉德	Pumps especially for refrigerators	德国	556 - 535
19	1928 - 6 - 1	1933 - 9 - 20	西拉德 爱因斯坦	Electromagnetic appliance for generating oscillatory motion	德国	562 - 040
20	1929 - 4 - 25	1934 - 1 - 10	爱因斯坦 戈德施密特	Electromagnetic sound reproduction apparatus	德国	590 - 783
21	1935 - 12 - 11	1936 - 10 - 27	布基 爱因斯坦	Light intensity self-adjusting camera	美国	2 - 058 - 562

第四章　教育观:教育自由与教育目标

除了醉心于科学研究之外，爱因斯坦也很关心教育问题，并发表了一些专门论述教育的文章，在其他的论著中也经常表现出对教育的反思与关注。不过，目前已有的研究大多局限于罗列爱因斯坦本人的言论，很少全面地结合爱因斯坦的学习、工作与科学研究经历以及当时的社会背景进行分析。也可以说，已有的研究大都是在回答爱因斯坦的教育思想"是什么"，而没有回答"为什么"的问题。另外，学者们从不同的角度强调爱因斯坦教育思想的各个方面，却较少去关注其关键性思想所在。本章在回顾爱因斯坦的学习与教学经历的基础上，主要探讨爱因斯坦的教育思想中最为重要的两个方面，即教育自由与教育目标。

第一节　受教育与教学经历

一　学生经历

在本书《民族观》一章中，我们结合爱因斯坦的种族背景介绍了他的学习经历，现在我们结合教育背景来看看爱因斯坦的学习经历。从大的历史背景来看，19世纪的德国教育在欧洲各国当中处于领先地位。"德国大学已成为全世界公认的科学研究中心。举世的学者不断到德国走访或留学；各国的大学，特别是美国的大学，力图仿效德国的大学。在初等教育和科技教育方面，德国也成了欧洲各国的师表。"[1] 也就是说，从教育史的

---

[1]　鲍尔生:《德国教育史》，滕大春、滕大生译，人民教育出版社1986年版，第121页。

角度看，爱因斯坦在德国可以受到很好的教育。

1885 年 10 月 1 日左右，爱因斯坦开始在家附近的一所天主教学校上小学，即花木街彼得学校，他大概是从二年级上起。① 上小学的爱因斯坦性情孤僻，言语不多，似乎也没有显示出什么过人之处。爱因斯坦小学期间的课程内容如表 4－1 所示。

表 4－1　　　　　　　　小学期间课程内容②

年　级	课程名称（学时）
二年级	宗教课（2 学时）、直观教学（每周 6 次讨论）、阅读、语法、正字法、书法（2 学时）、歌唱（1 学时）、体育（2 学时）、算术（6 学时）
三年级	宗教课（3 学时）、阅读、语法、正字法、作文、乡土课程（2 学时）、书法（2 学时）、歌唱（1 学时）、体育（2 学时）、算术（6 学时）
四年级	宗教课（3 学时）、阅读、语法、正字法、作文、乡土课程（2 学时）、书法（2 学时）、歌唱（1 学时）、体育（2 学时）、算术（6 学时）

1888 年 10 月 1 日，爱因斯坦来到慕尼黑的卢伊特波尔德高级文科中学（Luitpold-Gymnasium）上一年级，该校为九年制中学，在当地颇有声誉。爱因斯坦在这所学校所学的课程如表 4－2 所示。

表 4－2　　　　　卢伊特波尔德高级文科中学课程内容③

年级（学年）	课程名称（学时）
一年级（88/89）	宗教课（2 学时）、拉丁语（7 学时）、德语（6 学时）、算术（3 学时）、地理（2 学时）、书法（3 学时）
二年级（89/90）	宗教课（2 学时）、拉丁语（10 学时）、德语（3 学时）、算术（3 学时）、地理（2 学时）、书法（3 学时）
三年级（90/91）	宗教课（2 学时）、拉丁语（10 学时）、德语（3 学时）、算术（3 学时）、历史（2 学时）、地理（2 学时）、自然课（1 学时）、体育（2 学时）、书法（2 学时）
四年级（91/92）	宗教课（2 学时）、德语（2 学时）、拉丁语（8 学时）、希腊语（6 学时）、算术（2 学时）、历史（2 学时）、地理（2 学时）、自然课（1 学时）、体育（2 学时）
五年级（92/93）	宗教课（2 学时）、德语（2 学时）、拉丁语（8 学时）、希腊语（6 学时）、数学（4 学时）、历史（2 学时）、地理（1 学时）、自然课（1 学时）、体育（2 学时）
六年级（93/94）	宗教课（2 学时）、德语（2 学时）、拉丁语（7 学时）、希腊语（6 学时）、法语（3 学时）、数学（4 学时）、历史（2 学时）、体育（2 学时）

---

① 爱因斯坦：《爱因斯坦全集》（第一卷），赵中立主译，湖南科学技术出版社 2009 年版，第 354 页。

② 同上书，第 327—330 页，书中还有对每门课程的具体内容的介绍，此处从略。

③ 同上书，第 331—337 页。

续表

年级 （学年）	课程名称（学时）
七年级 （94/95）	宗教课（1 学时）、德语（2 学时）、拉丁语（7 学时）、希腊语（6 学时）、法语（3 学时）、数学（3 学时）、物理（2 学时）、历史（2 学时）、体育（2 学时）

佩尔森（Lewis Pyenson）认为，爱因斯坦在卢伊特波尔德中学的最后一年半里，学习了克里斯特（Josef Krist）的教材《自然科学精要》（Essentials of Natural Science）。这本教材的内容主要是关于物理和化学的区别、刚体与流体、气体与气体定律等。1864 年，在这部教材第一版的前言中，克里斯特明确指出，实验构成了自然法则的基础。当时普鲁士的主流观点认为，物理学应作为数学的一个分支来进行讲授。克里斯特也持这样的观点，他坚持认为，物理学仍然是一门经验科学。在该教材的第五版中，克里斯特强调，他较少地采用"严格的科学体系"，而更强调教学法和教导原则（didactic principles）的运用。[①] 不过，从表 4 - 2 中我们可以看到，爱因斯坦从七年级才开始学习物理，而且在六年级的数学课程内容当中，并没有物理学的内容。[②] 也就是说，爱因斯坦可能只有不到半年的时间里在使用这部教材，佩尔森说的一年半时间可能有误。不过，爱因斯坦后来大学期间很重视物理实验，在一定程度上可能是受到了中学期间这种学术氛围的影响。

浏览爱因斯坦在读期间卢伊特波尔德中学的任课教师，我们可以发现有不少具有博士学位的教师。比如，二年级的班主任 Michael Doeberl，四年级（以及六年级）班主任 Ferdinand Ruess、宗教课老师 Joseph Perles，五年级的历史老师 Arnold Pischinger，六年级宗教课老师 Eugen Meyer，七年级的班主任 Joseph Degenhart、宗教课老师 Cossmann Werner、法语老师 Theodor Wohlfahrt 等。虽然我们不能简单地说高学历的人教学能力就强，但有不少高学历的人愿意到中学任教，可以在很大程度上反映出社会对教

---

① Pyenson, Lewis. Einstein's Education: Mathematics and the Laws of Nature. *ISIS*, 1980, Vol. 71, No. 3, pp. 399—425.

② 爱因斯坦：《爱因斯坦文集》（第一卷），许良英等编译，商务印书馆 2009 年版，第 335 页。笔者查阅了《爱因斯坦全集》（第一卷）的德文版，也发现爱因斯坦在六年级里并没有物理课程，并非中译本的遗漏。

育的重视，也说明中学教师具有较高的社会地位。

　　早在 1810 年 7 月，普鲁士就颁布了考选教师的饬令，对学校师资教育作出了新的规定。这种考选制度将普鲁七中等学校教师提升到专业工作者的地位。在此以前，古典文科中学教师向来是由牧师充任的。此后，未经考试合格的人员不得录用为教师，学校的捐资人也不能把未取得合格证书的人提名和任命为教师。教师逐渐意识到他们已成为社会上独立的阶层，从而产生了强有力的团结精神，这些对于提高教育水平显然是非常有利的。①

　　在卢伊特波尔德中学学习期间，爱因斯坦学习的数学教材是西肯贝格尔（Adolf Sickenberger）编写的。该教材是他二十年教学经验的结晶，并大量采用了最新的教学研究成果。西肯贝格尔努力用最简单、最直观的方式进行表述，反对在中学教材中引入科学上严谨的、高级的方法；在表述形式上，他给学生提供了很大的自由，因为他认为教材仅仅是口头讲授的工具而已。在教材的前言与正文中，西肯贝格尔反复强调，数学应该被看作是纯粹的理性科学，在现实中，数学是日常工作的必要的工具。② 西肯贝格尔的这些思想与爱因斯坦后来的科学哲学思想是基本一致的。

　　不过，爱因斯坦对数学的兴趣可能更多是来自他的自学。爱因斯坦回忆说："在 12 岁时，我经历了另一种性质完全不同的惊奇：这是在一个学年开始时，当我得到一本关于欧几里得平面几何的小书时所经历的。这本书里有许多断言，比如，三角形的三个高交于一点，它们本身虽然并不是显而易见的，但是可以很可靠地加以证明，以致任何怀疑似乎都不可能。这种明晰性和可靠性给我造成了一种难以形容的印象。至于不用证明就得承认公理，这件事并没有使我不安。……"③

---

　　① 鲍尔生：《德国教育史》，滕大春、滕大生译，人民教育出版社 1986 年版，第 134—135 页。
　　② Pyenson, Lewis. Einstein's Education: Mathematics and the Laws of Nature. *ISIS*, 1980, Vol. 71, No. 3, pp. 399—425.
　　③ 爱因斯坦：《爱因斯坦文集》（第一卷），许良英等编译，商务印书馆 2009 年版，第 5 页。爱因斯坦所说的"小书"是西肯贝格尔编写的教材吗？爱因斯坦的女婿凯泽尔（Rudolph Kayser）认为是的。他说："……在学校里还没有开始学习几何学，不过就快开始了。但爱因斯坦已经拥有了那本教材，并给他带来了极大的兴奋。"参见 Reiser, Anton. *Albert Einstein: A Biographical Portrait*. New York: Albert & Charles Boni, Inc., 1930, p. 35. Anton Reiser 是他的笔名。

1894 年 12 月 29 日，爱因斯坦从卢伊特波尔德中学退学，① 乘火车到米兰与父母团聚，并开始准备苏黎世联邦理工学院（ETH）的入学考试。② 1895 年 10 月 8 日，爱因斯坦参加入学考试，但未通过，当时他比规定的入学年龄小两岁。爱因斯坦接受了 ETH 校长赫尔措格（Albin Herzog）的建议，到阿劳（Aarau）的阿尔高州立学校（Aargau Kantons-schule）补习一年，毕业后即可升入 ETH。这段时间学习的课程见表 4 – 3 所示。

表 4 – 3　　　　　　　　　　　阿尔高州立学校课程③

年级（时间）	课程名称（学时）
三年级 （95.4 至 96.4）	德语（4 学时）、法语（4 学时）、意大利语（3 学时）、历史（3 学时）、数学（5 学时）、画法几何（2 学时）、土地丈量（2 学时）、矿物学（冬季 2 学时）、化学（2 学时）、工程绘图（2 学时）、美术绘图（2 学时）、物理（2 学时）
四年级 （96.4 至 96.9）	德语（4 学时）、法语（5 学时）、历史（3 学时）、数学（5 学时）、画法几何（2 学时）、地质学（2 学时）、自然地理学入门（1 学时）、物理（2 学时）、化学（3 学时）、工程绘图（2 学时）、美术绘图（2 学时）

爱因斯坦在阿劳的学习是非常愉快的。尽管我们可以认为，爱因斯坦在德国接受的教育并不差，但并不适合爱因斯坦的个性，因此在爱因斯坦眼里，德国的学校跟阿尔高州立学校相比就差得太远了。爱因斯坦在去世前一个月深情地回忆说："这个学校以它的自由精神和那些毫不仰赖外界权威的教师们的纯朴热情给我留下了难忘的印象；同我在一个处处使人感到受权威指导的德国中学的六年学习相对比，使我深切地感到，自由行动和自我负责的教育，比起那种依赖训练、外界权威和追求名利的教育来，是多么的优越呀！真正的民主绝不是虚幻的空想。"④

阿尔高州立学校吸引爱因斯坦的另一个原因是它新建好的校舍。新校

---

① 爱因斯坦为何要退学呢？可能的原因主要有，当年夏天他的父母和妹妹离开德国到了意大利，而爱因斯坦一个人留在德国继续读书，他感觉很孤单。另一个原因可能更为关键，即爱因斯坦不想当兵。当时德国规定，年满 20 周岁就要服兵役，而爱因斯坦从小就对军队非常反感。

② 当时这所学校校名为 Zurich Polytechnic，1909 年进行课程改革，成为真正意义上的大学，1911 年更名为 Eidgenossische Technische Hochschule，本书统一称之为 ETH。

③ 爱因斯坦：《爱因斯坦全集》（第一卷），赵中立主译，湖南科学技术出版社 2009 年版，第 343—345 页。

④ 爱因斯坦：《爱因斯坦文集》（第一卷），许良英等编译，商务印书馆 2009 年版，第 47—48 页。

舍 1896 年夏天完工，是一幢完全现代化的四层建筑，里面的实验室设备非常好，在欧洲德语地区很少有中学能拥有这样好的实验室。① 可以想见，喜欢动手做实验的爱因斯坦在这里肯定是流连忘返。而且，当时的物理学教师图克斯梅德（August Tuchschmid）博士是一位优秀的老师，还曾给爱因斯坦大学时期的物理学老师韦伯（Heinrich Weber）教授做过两年助教。

在瑞士阿尔高州立学校毕业时他的成绩单上的分数为：德语（4 分）、法语（2—3 分）、历史（5 分）、几何（6 分）、代数（6 分）、画法几何（4—5 分）、自然史（5 分）、物理（5—6 分）、化学（5 分）、工程绘图（4—5 分）、美术图画（4 分）、唱歌（5 分）、音乐提琴（5—6 分）。②

1896 年 10 月，爱因斯坦进入 ETH 学习，当时 ETH 已被认为是一流的科学和数学学府。在爱因斯坦上大学期间，数学教师胡尔维兹（Adolf Hurwitz）以及闵可夫斯基（Hermann Minkowski）都是很优秀的数学家，但爱因斯坦对物理实验很着迷，就像他所说的那样："照理说，我应该在数学方面得到深造。可是我大部分时间却是在物理实验室里工作，迷恋于同经验直接接触。……我在一定程度上忽视了数学，其原因不仅在于我对自然科学的兴趣超过对数学的兴趣，而且还在于下述奇特的经验。我看到数学分成许多专门领域，每一个领域都能费去我们所能有的短暂的一生。……作为一个学生，我还不清楚，在物理学中，通向更深入的基本知识的道路是同最精密的数学方法联系着的。"③ 闵可夫斯基对爱因斯坦不太重视数学印象深刻，他曾对玻恩（Max Born）说："要知道，爱因斯坦是个十足的懒虫。他干脆不学数学。"④ 当然，我们应该注意到，虽然爱因斯坦喜欢物

① Pyenson, Lewis. Einstein's Education: Mathematics and the Laws of Nature. *ISIS*, 1980, Vol. 71, No. 3, pp. 399—425.

② 爱因斯坦：《爱因斯坦全集》（第一卷），赵中立主译，湖南科学技术出版社 2009 年版，第 17—18 页。当时 6 为最高分，1 分最低分。爱因斯坦的这个成绩名列第四。在 95/96 学年，学业成绩以 1 分为最高分，6 分为最低分，与毕业时记分方式相反。佩尔森（Lewis Pyenson）错误地认为，爱因斯坦在三年级结束时成绩很差，比如算数和代数只得了最低分 1 分，其实是最高分。参见 Pyenson, Lewis. Einstein's Education: Mathematics and the Laws of Nature. *ISIS*, 1980, Vol. 71, No. 3, p. 410.

③ 爱因斯坦：《爱因斯坦文集》（第一卷），许良英等编译，商务印书馆 2009 年版，第 7—8 页。

④ 塞利希：《爱因斯坦》，黑龙江大学俄语系翻译组，黑龙江人民出版社 1979 年版，第 28 页。虽然 ETH 当时有很多著名的数学家，这种情况在与 ETH 类似的学校当中非常少见，但学生们不重视数学却是一种普遍现象。参见 McCormmach, Russell. Editor's Foreword. *Historical Studies in the Physical Sciences*, 1976, Vol. 7, pp. xi—xxxv. 该文也介绍了爱因斯坦的求学经历。

理学，没有对数学给予足够的重视，但这并不意味着他的数学成绩不好，事实上，他的数学成绩从中学到大学都是相当不错的。

ETH 的物理学实验室条件是相当好的。由韦伯主持的物理研究所于 1890 年建成，花费了 120 万瑞士法郎，设备配制又花了 50 万瑞士法郎。物理研究所是一幢四层高的大楼，至少有 42 间实验室，3 个演讲大厅，6 间设备室，1 个图书馆，以及教师办公室等。因此，物理研究所拥有最好的仪器设备与环境，还有像韦伯这样的著名学者，爱因斯坦在这里接受了非常好的物理学训练。[1] 不过，韦伯的研究所的定位是训练电气工程师和应用物理学家，就像他的物理学课程一样，也偏重于讲授古典物理学，特别是对工程技术有实际应用的一些原理，连麦克斯韦（James Maxwell）的电磁理论他都不讲。因此，爱因斯坦经常不去听韦伯的课，只是按时参加他领导的实验课。[2]

爱因斯坦大学毕业时离校成绩单上的分数为：微积分和习题（$4\frac{1}{4}$ 分）、微分方程和习题（5 分）、画法几何和习题（$4\frac{1}{4}$ 分）、射影几何（$4\frac{1}{4}$ 分）、力学和习题（$5\frac{1}{4}$ 分）、解析几何（5 分）、物理（$5\frac{1}{4}$ 分）、电工实验室（6 分）、物理实验中的科研项目（$5\frac{1}{3}$ 分）、地理位置的确定（$4\frac{1}{2}$ 分）。[3] 这个毕业成绩还算不错。

从爱因斯坦的受教育经历可以看到，爱因斯坦从小学到大学，都接受了相当不错的教育。良好的教育虽然不是一个人成才的充分条件，但一般来说是成才的必要条件。因此，虽然爱因斯坦通常对他受教育的过程没有给予较高的评价，但我们并不能由此而低估其重要作用。当然，爱因斯坦

---

① Cahan, David. The Young Einstein's Physics Education: H. F. Weber, Hermann von Helmholtz, and the Zurich Polytechnic Physics Institute. In Howard, Don and Stachel, John edited. *Einstein: The Formative Years*, 1879—1909. Boston: Birkhauser, 2000, pp. 43—82.

② 塞利希：《爱因斯坦》，黑龙江大学俄语系翻译组，黑龙江人民出版社 1979 年版，第 30 页。

③ 爱因斯坦：《爱因斯坦全集》（第一卷），赵中立主译，湖南科学技术出版社 2009 年版，第 54—55 页。6 分为最高分，1 分为最低分。

在学生时代表现一般，似乎并没有显露多少过人之处；在老师和同学们眼里，也看不出他将来会做出多大的成就。爱因斯坦对自己在学生时代的表现也并不回避，到晚年时他还说自己"从小就不是个好学生"。①

二　教学经历

爱因斯坦大学毕业之后，希望能够做韦伯教授的助教，但由于种种原因没有成功，此事的经过在许多传记作品中都可以找到，② 此处不再赘述。多年之后，爱因斯坦对此事仍然耿耿于怀。1933 年，他在给一位美国女青年的信中说："我在我的教师手下也受过类似的待遇；他们不喜欢我有独立性，当他们需要找助手的时候，总对我置之不理（可是我必须承认，与你相比，我过去就更不像一个模范学生）。"③

爱因斯坦在获得伯尔尼专利局的职位之前，1901 年 5 月在温特图尔技术学校做过两个月的代课教师，这是他第一次从事教学工作。爱因斯坦对这份临时性的教学工作似乎很感兴趣，他在 7 月 8 写给温特勒（Jost Winteler）的信中说："……这里的工作我非常满意。我从未料到我对教学会这样喜欢，而实际情况就是这样。上午我教了五、六学时的课之后，仍然精力十分充沛，下午不是在图书馆里进修，就是在家里研究那些有意思的问题。我简直无法向您说明，处于这样一个职位上我是如何的幸福。"④

1901 年 9 月，爱因斯坦来到沙夫豪森（Schaffhausen）一所私立学校，接受临时性的私人教师工作。爱因斯坦在这里遇见了哈比希特（Conrad Habicht），他也是 ETH 毕业，后来还是"奥林匹亚科学院"的成员之一。在哈比希特的帮助下，爱因斯坦还给一个英国小男孩做家庭教师。⑤

1909 年 10 月，已经小有名气的爱因斯坦结束了在伯尔尼专利局的工

① 杰罗姆：《爱因斯坦档案》，席玉苹译，广西师范大学出版社 2011 年版，第 329 页。
② 可参见杨建邺《爱因斯坦传》，海南出版社 2003 年版，第 83—92 页。
③ 爱因斯坦：《爱因斯坦文集》（第三卷），许良英、赵中立、张宣三编译，商务印书馆 2009 年版，第 145 页。
④ 爱因斯坦：《爱因斯坦全集》（第一卷），赵中立主译，湖南科学技术出版社 2009 年版，第 293—294 页。
⑤ Clark, Ronald. Einstein: The life and Times. New York: Harry N. Abrams, Inc., 1984, pp. 35—36.

作，来到苏黎世大学任理论物理学副教授，这是爱因斯坦的第一个正式教师职位。他的课程安排要求他每周讲 6 小时的课，并给一个讨论班做 1 个小时的辅导。爱因斯坦对这份工作显然是很满意的，而且对教学工作也很热心。1909 年 12 月 19 日，他在给查文（Lucien Chavan）① 的信中说："虽然我们很怀念伯尔尼的那些志趣相投的朋友，但我现在对这里已经很适应了。我非常喜欢我的新职业。尽管头一次有这么多工作要做，但我从教书中得到了很多乐趣。"②

虽然爱因斯坦在教学中得到了很多乐趣，但听他课的学生却未必都如此。他的课没有什么吸引力，在有的方面还颇难理解。③ 不过，也有学生欣赏爱因斯坦的讲课方式。比如，有一名叫坦纳（Hans Tanner）的学生认为，爱因斯坦经常在课堂上自己思考解决问题的办法，而不是照本宣科，所以学生可以从他那奇怪的方法中领略他的思路、技巧和洞察力。不过，这种方法并不适合所有的学生，可能只对那些思维敏捷、创造力强的学生比较有效，对于成绩较差和依赖教材的学生不一定管用。④

不管他的教学方法是否得到所有学生的认可，爱因斯坦没有一点教授的架子，他平等地对待每一位学生。如果学生有不懂的地方，他热情地邀请学生随时打断他的讲解，当时很少有老师这样做。爱因斯坦耐心而真诚地听学生讲他们的想法，对学生来说爱因斯坦像一位朋友那样乐于助人。当每周一次的讨论班结束后，爱因斯坦带着学生到咖啡店里继续讨论，或者把学生带回家讨论宇宙之谜，就像以前的奥林匹亚科学院那样。⑤

1911 年 3 月底，爱因斯坦来到了布拉格，担任布拉格德语大学物理学

---

① 爱因斯坦为了申请苏黎世大学的副教授职位，先申请了伯尔尼大学的编外讲师，查文在伯尔尼大学听过爱因斯坦的课。

② 爱因斯坦：《爱因斯坦全集》（第五卷），范岱年主译，湖南科学技术出版社 2009 年版，第 210—211 页。

③ Frank, Philipp. *Einstein: His life and Times*. New York: Alfred A. Knopf, 1972, p. 76.

④ 杨建邺：《爱因斯坦传》，海南出版社 2003 年版，第 205 页。亦见 Folsing, Albrecht. *Albert Einstein: A Biography*. New York: Viking, 1997, p. 260. 坦纳也是爱因斯坦指导的唯一的一名博士生，但由于爱因斯坦只在苏黎世大学工作了一年多时间，可能并没有完整地指导坦纳直到他获得学位。

⑤ Clark, Ronald. *Einstein: The life and Times*. New York: Harry N. Abrams, Inc., 1984, p. 97.

教授。不过，他对这里的教学工作似乎并不满意。1911 年 7 月 5 日，爱因斯坦在给查文的信中写道："除了我们是异乡人之外，我们在这里一切尚好，尽管这儿的生活不像瑞士那么愉快。……这里的学生也不像瑞士的学生那样聪明和勤奋。"[①] 8 月 10 日，在给罗柏（Jakob Laub）的信中，爱因斯坦说："……在这方面布拉格不可同日而语。学生们对这门学科并不十分热心，实验物理研究所极为简陋，整个事业没有一点真正的活力。"[②] 1912 年 2 月 4 日，爱因斯坦在给贝索的信中抱怨学生们不太努力，他说："……你把 Vero 也带来吗？假如我这儿有一个像 Vero 这样的学生该有多好，而这里的学生对我美好的研究领域缺乏兴趣，的确令人感到苦恼。我在讨论班中有一个不错的男学生，此外，只有两个半途而废的女学生，在目前这种情况下我对她们也必须满意了。"[③]

1912 年 7 月底，爱因斯坦离开布拉格，回到苏黎世担任母校 ETH 的理论物理学教授。在这之前，为了争取爱因斯坦回苏黎世任教，赞格尔（Zangger）写信给联邦大臣福瑞尔（Ludwig Forrer），对爱因斯坦给予了如下的评价："对于那些不愿意动脑筋思考问题，只满足于记好课堂笔记然后背下来应付考试的学生，爱因斯坦的确不是一个好老师；他讲课不怎么流畅，但是对于那些想真正深入学习物理学本质、构造自己物理学思想、仔细审视所有前提、发现陷阱和问题、评论他思考的可靠性的学生来说，我们将不得不承认爱因斯坦是第一流的教师，因为所有上述优点都可以体现在爱因斯坦的讲课中，他可以使听课者与他一起作智力上的参与，并让听课者掌握问题的全部内容。"[④] 这或许是对爱因斯坦的教学能力最为中肯也是最高的评价。

回到母校，爱因斯坦每周需要讲三小时的分析力学（analytical mechanics），两小时的热力学，还要负责一个讨论班。斯特恩（Otto Stern）回忆说，爱因斯坦的讲课仍然非常棒，但不适合初学者。但是，因为爱

[①] 爱因斯坦：《爱因斯坦全集》（第五卷），范岱年主译，湖南科学技术出版社 2009 年版，第 286 页。

[②] 同上书，第 290 页。

[③] 同上书，第 378 页。

[④] 杨建邺：《爱因斯坦传》，海南出版社 2003 年版，第 237 页。亦见 Folsing, Albrecht. *Albert Einstein：A Biography*. Translated by Ewald Osers. New York：Viking, 1997, pp. 289—290.

因斯坦上课前从不进行充分的准备，也就是说他讲课比较随意，因此即使不是初学者也常常难以跟上他的步伐。就像斯特恩所说的那样："这就是爱因斯坦，虽然有点乱，但仍然非常有趣。爱因斯坦总是用一种最为精妙的，尤其是以一种十足的物理学的方式讲课。"跟两年前一样，每周一次的讨论会总是在结束后到餐馆或咖啡店里继续进行。还有另一个非物理学的原因，使得爱因斯坦成为物理研究所交流的中心。研究所主任维斯（Pierre Weiss）要求整幢大楼里不能抽烟，显然，这条规定不适用于爱因斯坦。由此，爱因斯坦的办公室就成了吸烟者的中心。① 1914 年 4 月，爱因斯坦到了柏林，就任普鲁士科学院院士，由此也结束了母校的教授生涯。

从 1909 年 10 月至 1914 年 4 月，爱因斯坦的教学生涯还不到 5 年。不过，爱因斯坦的教学工作跟他的科学研究一样个性鲜明，既不随波逐流，也不简单地去迎合学生的口味。他究竟是不是一个好教师，还要看我们采用何种标准。

第二节　教育自由

一　爱因斯坦论教育自由

在爱因斯坦的教育思想中，他特别强调自由的重要性。首先，他认为教师应该拥有教学自由。在他看来，教学自由和言论自由是同等重要的，而且是科学进步的先决条件。1936 年，爱因斯坦在为美国大学教师的一个集会而准备的讲话稿中指出："我们今天来到这里，是为了保卫美国宪法所保证的言论自由，也是为了保卫教学的自由。同时我们希望引起脑力劳动者注意现在威胁着这些自由的巨大危险。……用不着我多说，教学自由以及书报上的言论自由是任何民族的健全和自然发展的基础。"② 他明确指

---

① Folsing, Albrecht. *Albert Einstein: A Biography*. Translated by Ewald Osers. New York: Viking, 1997, pp. 323—324.

② 爱因斯坦:《爱因斯坦文集》（第三卷），许良英、赵中立、张宣三编译，商务印书馆 2009 年版，第 166—167 页。

出，科学进步的先决条件是不受限制地交换一切结果和意见的可能性——在一切脑力劳动领域里的言论自由和教学自由。① 对于教师的教学自由，至少表现在教师对教材使用和教学方法的自由。

又如，爱因斯坦在给罗各（Alfredo Rocco）的信中说："我们都赞赏欧洲知识分子的出色成就，并且从中看到我们最高的价值。这些成就的基础是思想自由和教学自由，是追求真理的愿望必须优先于其他一切愿望的原则。只有在这一基础上，我们的文明才能在希腊产生，才能歌颂它在意大利文艺复兴时代的再生。"②

其次，对于学生来说，应该拥有学习与行动上的自由。爱因斯坦认为，学生可以按照自己的方式学习他自己想学的知识与课程，他坚决反对死记硬背和应试教育。在他看来，应试教育可能会扼杀学生的创造力与对科学的热爱。爱因斯坦在 67 岁那年回忆自己的大学学习生活时这样写道："人们为了考试，不论愿意与否，都得把所有这些废物统统塞进自己的脑袋。这种强制的结果使我如此畏缩不前，以致在我通过最后的考试以后有整整一年对科学问题的任何思考都感到乏味。"③

爱因斯坦认为，过重的学习压力会影响学生独立思考的能力。他指出："使青年人发展批判的独立思考，对于有价值的教育也是生命攸关的，由于太多和太杂的学科（学分制）造成的青年人的过重负担，大大地危害了这种独立思考的发展。负担过重必导致肤浅。教育应当使所提供的东西让学生作为一种宝贵的礼物来领受，而不是作为一种艰苦的任务要他去负担。"④

爱因斯坦一向强调思维能力对于学生的重要性，他并不看重对知识的死记硬背。在发表于 1921 年年底的一篇报道中，作者认为，一般人不具备爱因斯坦那样的思考能力，主要是由于教育的原因。爱因斯坦指出，当前

---

① 爱因斯坦：《爱因斯坦文集》（第三卷），许良英、赵中立、张宣三编译，商务印书馆 2009 年版，第 213 页。

② 同上书，第 61 页。

③ 爱因斯坦：《爱因斯坦文集》（第一卷），许良英等编译，商务印书馆 2009 年版，第 8—9 页。当然，爱因斯坦此处的说法略显夸张。

④ 爱因斯坦：《爱因斯坦文集》（第三卷），许良英、赵中立、张宣三编译，商务印书馆 2009 年版，第 358—359。

教育的显著特征就在于对记忆的强调。无论是人文学科，还是自然科学，都首先训练记忆能力。教育应该激励学生的思维能力，教育方法也应该以此为导向。在课程安排上，科学课程应该优先于语言学习，因为科学课程对发展学生的思维能力更有帮助。① 爱因斯坦认为考试对学生造成了过分的压力。在他上学期间，考试早在日程中安排好了，在这种压力下他感觉不是要参加考试，更像是走向断头台似的。在历史学习中，让学生记住历史日期也是荒唐的。②

为了保证学生学习的自由，教师使用的强制手段要尽可能地少，学生对教师尊敬的唯一源泉在于教师的德和才。在爱因斯坦看来，对于学校来说，最坏的事是，主要靠恐吓、暴力和人为的权威这些办法来进行工作。这种做法摧残学生的健康的感情、诚实和自信；它制造出来的只是顺从的人。③

二 "自由人"的自由经历

爱因斯坦对教育自由的强调，跟他自己的学习与研究经历是分不开的。从儿童到青年时代，爱因斯坦一直坚持自学。我们已经看到，爱因斯坦在 12 岁时开始自学欧几里得几何学，并留下终生难忘的印象。另外，他 13 岁时学习康德的哲学著作，16 岁时就已经读过了康德的三部主要著作《纯粹理性批判》、《实践理性批判》和《判断力批判》。

自学是爱因斯坦大学学习生活的主旋律。在回忆自己的大学生活时，爱因斯坦说："……于是我逐渐学会抱着某种负疚的心情自由自在地生活，安排自己去学习那些适合于我的求知欲和兴趣的东西。我以极大的兴趣去听某些课。但是我'刷掉了'很多课程，而以极大的热忱在家里向理论物理学的大师们学习。……这种广泛的自学不过是原有习惯的继续。"④ 长期

---

① Einstein on Education. *The Nation and the Athenaeum*. 1921, Vol. 30, No. 10, pp. 378—379. 作者不详。

② Bucky, Peter. *The Private Albert Einstein*. Kansas City: A Universal Press Syndicate Company, 1992, pp. 94—95.

③ 爱因斯坦:《爱因斯坦文集》（第三卷），许良英、赵中立、张宣三编译，商务印书馆 2009 年版，第 171 页。

④ 爱因斯坦:《爱因斯坦文集》（第一卷），许良英等编译，商务印书馆 2009 年版，第 48 页。

的自学使爱因斯坦一直保持着自由学习的状态,这使他一直保持着对科学研究的热情和创造力。

在一定程度上说,爱因斯坦大学期间的自学也是迫不得已。就像我们在本章第一节中论述的那样,当时 ETH 的物理学课程内容比较落后,爱因斯坦希望学习麦克斯韦的电磁理论、玻尔兹曼 (Ludwig Boltzmann) 的分子运动论等内容都无法从课堂上获得。所以,爱因斯坦对当时的物理学教授韦伯的课程刚开始还喜欢听,后来就不大感兴趣了。为了掌握物理学的新成果,爱因斯坦只能依靠自学。

因此,爱因斯坦认为大学生缺课是正常现象,不应该强调他们去上课,而应该给他们更多的自由时间。"在大多数美国大学中,要求学生必须去上课。就这一条原因,我都无法想象我在美国大学里如何进行研究。在欧洲,是否去上课则要自由得多,这种自由使得学生可以自主深入学习他的专业。对专业感兴趣的学生将利用额外的时间学到更多的东西。对于滥用这项权力的学生而言,又有什么关系呢?无论如何,他们可以不从事这个专业。"①

长期自学的良好习惯,使得爱因斯坦在参加工作之后一直保持着自主学习与研究的热情。爱因斯坦在伯尔尼专利局工作期间,由于没有科研的压力,他可以自由选择研究内容。众所周知,1905 年,爱因斯坦发表了论及测定分子大小、布朗运动、狭义相对论以及量子假说的五篇论文,改变了物理学的面貌,因此这一年被称为"爱因斯坦奇迹年",当然也完全可以说是"物理学奇迹年"。人们在为这个科学天才欢呼、赞美的同时,却在很大程度上忽略了当时他并不是在著名大学里工作,而只是伯尔尼专利局里一位普通的三级技术专家!

不过,爱因斯坦这样回忆他的这段经历:"对于我这样的人,一种实际工作的职业就是一种绝大的幸福。因为学院生活会把一个年轻人置于这样一种被动的地位:不得不去写大量科学论文——结果是趋于浅薄,这只有那些具有坚强意志的人才能顶得住。……作为一个平民,他的日常的生

---

① Bucky, Peter. *The Private Albert Einstein*. Kansas City: A University Press Syndicate Company, 1992, p. 96.

活并不靠特殊的智慧。如果他对科学深感兴趣，他就可以在他的本职工作之外埋头研究他所爱好的问题。他不必担心他的努力会毫无成果。"① 因为没有学院式的压力，爱因斯坦可以在做好本职工作之余埋头研究他爱好的问题。可见，学术研究的自由，正是爱因斯坦能够实现"奇迹年"的保证！

爱因斯坦的经历充分证明，没有压力的自由思考是创造性思维的重要源泉。他在回顾自己的研究经历时，如此说道："当我孤独地生活在乡间时，我注意到单调的清静生活怎样激起了创造性的心理活动。……有这种抱负的青年，即使在他们一生最多产的时期，也很少有几个能有机会有一段时间不受干扰地专心致志于科学问题。一个青年人即使非常幸运地得了一种有一定期限的奖学金，他也总是被迫要尽快地得出确定的结论。这种压力，对于从事纯粹科学的学生只能是有害的。"②

正因为如此，爱因斯坦特别重视学术自由，并认为应该通过教育让学生认识到这一点。他认为，学术自由和保护种族上与宗教上的少数，构成民主的基础。使这条真理有充沛的生命力，并且认清个人权利不可侵犯的重大意义，是教育最重要的任务。③

其实，更可贵的可能是爱因斯坦一直保持着内心的自由。他说："科学的发展，以及一般的创造性精神活动的发展，还需要另一种自由，这可以称为内心的自由。这种精神上的自由在于思想上不受权威和社会偏见的束缚，也不受一般违背哲理的常规和习惯的束缚。"④ 在他看来，内心的自由是值得个人追求的一个目标，学校不应该通过权威的影响和强加给青年人过重的精神负担来干涉其内心自由的发展，而是应该通过鼓励独立思考来支持这种自由。有的学者深刻认识到了爱因斯坦的"自由"特点。比如，美国物理学家、科学史家、美国科学院院士派斯（Abraham Pais）曾经跟爱因斯坦一起工作过，两人交往颇为密切。在一本广受好评的关于爱因斯坦的传记中，派斯认为，"爱因斯坦是我所认识的最自由

① 爱因斯坦：《爱因斯坦文集》（第一卷），许良英等编译，商务印书馆 2009 年版，第 50 页。
② 爱因斯坦：《爱因斯坦文集》（第三卷），许良英、赵中立、张宣三编译，商务印书馆 2009 年版，第 143 页。
③ 同上书，第 202 页。
④ 同上书，第 213 页。

的人。"①

可见，爱因斯坦长期自由的学习与研究经历，使得他特别强调教育中的自由，包括教师教学的自由与学生学习的自由。对"自由"的强调是爱因斯坦教育思想的灵魂。

三　自由宽松的环境有利于培养创造性思维

如果学生把注意力集中到学校安排的课程学习中，而教师也主要关注于知识的传授，这对于教学任务的完成是有利的，但却不利于学生创造性思维的培养。教育中的自由至少在两个方面有利于创造性思维的培养。首先，有利于想象能力的培养。爱因斯坦从小养成的自学习惯对于他一生保持着丰富的想象力至关重要，而想象力对于科学家来说是创造的源泉。爱因斯坦关于想象力的论述为许多学者广泛引用，他说："想象力比知识更重要，因为知识是有限的，而想象力概括着世界上的一切，推动着进步，并且是知识进化的源泉。严格地说，想象力是科学研究中的实在因素。"②

其次，有利于培养与保持学生的好奇心。爱因斯坦指出，"现代的教学方法，竟然还没有把研究问题的神圣好奇心完全扼杀掉，真可以说是一个奇迹；因为这株脆弱的幼苗，除了需要鼓励以外，主要需要自由；要是没有自由，它不可避免地会夭折。认为用强制和责任感就能增进观察和探索的乐趣，那是一种严重的错误。我想，即使是一头健康的猛兽，当它不饿的时候，如果有可能用鞭子强迫它不断地吞食，特别是，当人们强迫喂给它吃的食物是经过适当选择的时候，也会使它丧失其贪吃的习性的。"③美国心理学家加德纳（Howard Gardner）也认为，阿劳自由的学习氛围，有利于爱因斯坦发展他的好奇心。④

---

① 派斯:《爱因斯坦传》，方在庆、李勇等译，商务印书馆 2003 年版，第 24 页。
② 爱因斯坦:《爱因斯坦文集》（第一卷），许良英等编译，商务印书馆 2009 年版，第 409 页。
③ 同上书，第 9 页。1949 年 3 月 13 日，《纽约时报》报道了爱因斯坦的部分论述。参见 Assails Education Today. *New York Times*, 1949－3－13, p. 34.
④ Gardner, Howard. *Creating Minds: an Anatomy of Creativity Seen Through the Lives of Freud, Einstein, Picasso, Stravinsky, Eliot, Graham, and Gandhi*. New York: Basicbooks, 1993, p. 92. 中译见加德纳《创造力 7 次方:世界最伟大的 7 位天才的创造力分析》，洪友、李艳芳译，中国发展出版社 2007 年版，第 81 页。

无独有偶，与爱因斯坦同时代的著名哲学家罗素（Bertrand Russell）有着与爱因斯坦相近的观点。1922 年 3 月 24 日，罗素在纪念康韦（Conway）的演讲中指出，教育应该有两个目标："第一，给予确切的知识——读、写、语言与数学，等等；第二，培养他们能够获取知识，并独立地做出正确判断的思维习惯。第一方面我们可以称之为知识，第二方面可以称之为智慧。"但是，教育部门只看重第一方面，而忽视了第二方面，也就是看重知识的传授，而轻视智力的发展。于是，"我们现在面临着一个荒谬的事实，那就是教育已成为智力发展和思想自由的主要阻碍之一"。①

我国学者也认为，自由与创造性人才的培养之间有着密切的联系。冒荣认为，如果我们的大学不能创造出更充分更高度的学术自由，那么我们在创新人才的培养上也许难以期望有多大的作为，当然也难以为世界贡献出自己的"爱因斯坦"。② 也有人认为，自由是创造的前提，创新教育应建立在主体个性自由充分发展的基础之上，让学生心理自由，还学生时空自由，使学生思维自由。③

必须强调指出的是，虽然爱因斯坦在学生时代花了许多时间用于自学，但他对课程学习还是很重视的。事实上，无论是中学，还是大学，他的成绩并不差。我们在本章第一节当中已经看到了这一点。

四 对教育界的启示

目前，"钱学森之问"是我国教育界讨论的一个热门话题。为什么我们的学校总是培养不出杰出人才？许多学者从不同的角度进行了不同的论述。其实，爱因斯坦教育观中的"自由"理念对于我们回答"钱学森之问"提供了部分答案。

首先，从教学自由来看，现行的各种评价、考核机制为教学自由设置

---

① Russell, Bertrand. *Free Thought and Official Propaganda.* Johnson's Court: Watts & Co., 1922, pp. 29—31.
② 冒荣：《创造与自由——谈创新人才的培养》，《中国大学教学》2000 年第 1 期。
③ 温杰：《自由是创造的前提——对创新教育切入点的思考》，《教育实践与研究》2002 年第 5 期。

了不少障碍,教师的教学自由受到一定的限制。有学者指出:"长期以来,我国大学教学活动在刚性的教学管理制度下运作,以自上而下的教学控制为主要特征,这压抑了教师教学改革的积极性和创造性。"我们应该更多地关注教师的教学自由,因为教学自由是教师发展的基本条件,是教学创新的基本环境。① 大学如此,中小学更是如此。

其次,对学生的学习自由来说,现在的应试教育在很大程度上否定了学生(特别是中小学生)的学习自由。对于小学生来说,大剂量的课堂知识灌输和超负荷的课外作业,使小学教育成了繁重知识灌输的机器,致使小学生在不堪重负之下喘息。② 对于中学生来说,高考的"指挥棒"使得他们必须要认真学好考试的所有科目,导致各个科目都尽可能地增加学习甚至补习时间,学生自由学习的时间被极大地压缩。对于大学生而言,学习压力也并不小,每学期的课程考试使得学生疲于应付。而爱因斯坦的大学时代则自由得多,他在回忆自己的大学学习时说:"这里一共只有两次考试,除此以外,人们差不多可以做他们愿意做的任何事情。……这种情况给予人们以选择从事什么研究的自由,直到考试前几个月为止。我大大地享受了这种自由……"③ 1933 年,爱因斯坦在评论美国的教育时说:"总的来说,教育是太多了,在美国的学校中尤其如此。"④ 在当下的中国社会,或许也是如此。

一些西方学者对教学中的自由问题也颇为关注。比如,英国教育家席勒(Christian Schiller)积极倡导与宣传教育中的自由思想。1953 年 7 月 10 日,在一个关于初等教育的会议上,他做了题为《自由思想》的演讲。席勒认为,教育中的自由没有政治或社会含义,只是对个人有关。教育中的自由意味着每个学生都能够选择自己愿意做的事,"能够"一词也有着宽泛的内涵,它既意味着要给学生提供各种机会和选择,也意味着个人有能力或权力选择。教育中的自由问题就是如何帮助学生增强

---

① 马廷奇:《教学自由与大学教学管理制度创新》,《现代教育管理》2009 年第 1 期。
② 庞跃辉、史银:《中国教育怎么了——求解"钱学森之问"》,重庆大学出版社 2010 年版,第 88 页。
③ 爱因斯坦:《爱因斯坦文集》(第一卷),许良英等编译,商务印书馆 2009 年版,第 9 页。
④ 爱因斯坦:《爱因斯坦文集》(第三卷),许良英、赵中立、张宣三编译,商务印书馆 2009 年版,第 145 页。

作出选择的能力，这需要创造一种情感的氛围，也依赖于帮助学生成长的一系列物质条件。对于教师来说，他们就应该是更为自由的个人。①又如，在另一位英国教育学家海耶斯（Denis Hayes）看来，爱因斯坦的教育思想跟当下流行的建构主义思想是一致的。建构主义主张把学习的主动权从老师转移到学生，同时教师在维护一个安定的学习环境方面仍然起着关键性的作用。②

在一本颇受好评的通俗著作中，赫胥-帕赛克（Kathy Hirsh-Pasek）等人倡导家长应该让孩子们多玩耍，少记忆；对孩子来说，玩耍＝学习。他们认为，爱因斯坦的父母在他小时候没有让他学习更多的知识，而是根据他的兴趣给他提供玩具和书籍，让他自由选择自己感兴趣的问题进行钻研。而如今的父母在孩子小的时候，甚至在进入幼儿园之前就让他们学习各种知识，这对于孩子的发展其实是不利的。③看看许多中国孩子安排得满满当当的周末，各种各样的兴趣班，我们就应该认识到：这种自由教育理念对于中国家长来说，更为紧迫与重要。

长期以来，中国科技界有着浓厚的"诺贝尔奖"情结，近年来甚至提出了"向诺贝尔奖进军"的口号。争取获得诺贝尔科技奖，体现了我国科学家积极进取的精神面貌，当然是值得肯定的。但是，做出重要的原创性的科学发现，却需要我们从根本上做起，其中也包括教育方面的工作。

首先，对于教育管理部门来说，应该给予教师更多的教学自由。当然，现实社会中不只是需要爱因斯坦这样的人物，也需要更多的平凡的建设者。我们不需要也不可能从根本上去改变我们的教育，但我们完全可以做出适当的调整，比如建立某些"教育特区"，对特殊人才特殊对待，教师在遇到一些独立性强、个性鲜明的学生时多一些宽容，多给他们创造一些自由的成长空间，这一点其实并不难做到。

① Griffin-Beale, Christopher. *Christian Schiller: In His Own Words*. London: A & C Black Limited, 1984, pp. 48—49.

② Hayes, Denis. What Einstein can Teach Us about Education. *Education 3—13*, 2007, Vol. 35, No. 2, pp. 143—154.

③ Hirsh-Pasek, Kathy and Golinkoff, Roberta. *Einstein Never Used Flash Cards*. Emmaus: Rodale, 2004, pp. 244—245. 该书获得 2003 年美好人生书籍奖——最佳心理学著作（Best psychology book, books for a better life award, 2003）。

其次，对于受教育者来说，应该尽可能地争取自由学习与研究，即使遇到挫折也要充满自信。爱因斯坦虽由于富于独立思考精神而没有在自己就读的 ETH 找到助教的职位，但他继续进行科学研究，并取得了巨大的成功。爱因斯坦的经历也提醒我们，即使自己的努力暂时没有得到认可，甚至被诋毁，也要坚持自己的信念，要有充分的自信心。

当然，仅就中学教育而言，对于爱因斯坦来说，在德国接受的严格教育与在瑞士接受的自由教育，对于他的成功都是不可缺少的。我们不能把前者说得绝对坏，也不能把后者说得绝对好。① 但是，对于我国教育的现状来说，无论是小学、中学还是大学教育，我们是严格有余而自由不足，我们的确应该在教育自由方面多下功夫。

第三节　教育目标

一　教育目标：培养和谐发展与服务社会的个人

正如李醒民指出的那样："在为数不多的论教育的文章和谈话中，爱因斯坦十分关注教育目标的设定。他把该目标定位为培养独立行动和独立思考的个人，并认为这对有价值的教育是生命攸关的。"② 比如，1936 年10 月 15 日，爱因斯坦在纽约州立大学举行的"美国高等教育三百周年纪念会"上的讲话中指出："学校的目标应当是培养有独立行动和独立思考的个人，不过他们要把为社会服务看作是自己人生的最高目的。……学校的目标始终应当是：青年人在离开学校时，是作为一个和谐的人，而不是作为一个专家。照我的见解，在某种意义上，即使对技术学校来说，这也是正确的，尽管技术学校的学生将要从事的是一种完全确定的专门职业。发展独立思考和独立判断的一般能力，应当始终放在首位，而不应当把获得专业知识放在首位。如果一个人掌握了他的学科的基础理论，并且学会了独立地思考和工作，他必定会找到他自己的道路，而且比起

---

① 查有梁、查宇：《爱因斯坦与教育》，四川教育出版社 2008 年版，第 125 页。
② 李醒民：《爱因斯坦》，商务印书馆 2005 年版，第 344 页。

那种主要以获得细节知识为其培训内容的人来说，他一定会更好地适应进步和变化。"①

在爱因斯坦的教育思想中，非常强调教育要培养人对社会的责任感。比如，当布基（Peter Bucky）问他："在现代社会中，您认为教育最重要的目标是什么？"爱因斯坦如此回答："我认为，对个人最恰当的评价是看他贡献了什么，而不是他得到了什么。因此，必须训练人们服务同胞的态度。"②

教育的目标是培养和谐发展和志愿服务于社会的人，这是爱因斯坦教育思想的核心。在爱因斯坦看来，个人和谐发展的首要条件是发展独立思考、独立行动和独立判断的能力。在 1936 年的讲话中，爱因斯坦讨论了教育方法、学习动机培养、教育自由等问题，但都是为这一核心思想服务的。他还在不同场合多次强调这样的思想。

比如，1939 年 5 月，爱因斯坦在普林斯顿神学院的讲话中指出，个人的崇高的天命是服务，而不是统治；教育和学校应该帮助青年人在非常民主、重视社会服务这样的环境中成长。③ 又如，1952 年 10 月，爱因斯坦在发表于《纽约时报》的文章中，开篇就明确指出："用专业知识教育人是不够的。通过专业教育，他可以成为一种有用的机器，但是不能成为一个和谐发展的人。"④

二　源由

第一，爱因斯坦把培养和谐发展的人作为教育的目标，跟他自己的受教育经历是密切相关的。爱因斯坦很不喜欢德国慕尼黑卢伊特波尔德中学的教育，他抱怨说，那里机械式的教学"和普鲁士军队所用的方法颇有几分相像，它们都是通过反复执行无意义的命令而获得机械式的服从。"爱

---

① 爱因斯坦：《爱因斯坦文集》（第三卷），许良英、赵中立、张宣三编译，商务印书馆 2009 年版，第 170—174 页。

② Bucky, Peter. *The Private Albert Einstein*. Kansas City: A University Press Syndicate Company, 1992, p. 94.

③ 爱因斯坦：《爱因斯坦文集》（第三卷），许良英、赵中立、张宣三编译，商务印书馆 2009 年版，第 208 页。

④ 同上书，第 358 页。

因斯坦之所以喜欢阿尔高州立中学，其中的一个重要原因就是，这所学校遵循的是 19 世纪瑞士教育改革家裴斯泰洛齐（Johann Pestalozzi）的哲学，他强调激励学生的形象思维，重视培养每一个孩子的内心尊严和个性。裴斯泰洛齐主张，应当让学生们一步步得出自己的结论，即从亲身观察开始，逐渐过渡到直觉、概念思维和视觉意象，甚至可以用这样的方法来理解数学和物理学定律；机械的练习、背诵和填鸭式的教学都是应当避免的。① 阿劳中学的教育与德国中学的教育模式完全不同，这种强调学生和谐发展的教育理念与方式给爱因斯坦留下了非常深刻的印象，也深刻地影响了他的教育观。

第二，爱因斯坦教育思想的核心上可能还源于他对美国大学思想的认识。从美国大学思想的发展角度来看，爱因斯坦的教育思想属于理性主义流派。20 世纪前半叶，美国大学思想主要有理性主义与功利主义两个流派并存，相互对峙。理性主义者主张，人永远是教育对象，人的个性发展和传播理性知识，始终是大学教育目的的最高原则，主张在教育过程中实现人的自我完善，抛弃教育中的实用性与职业性，主张教育是为生活做准备，而不是为职业做准备。功利主义者则主张，在学校活动中，个人始终处于被动地应付环境的地位，他们认为衡量教育的标准是实现价值和创造价值，教育是为职业做准备，社会的需要就是教育的需要，也是人的需要。②

爱因斯坦对美国教育中的功利主义倾向是比较熟悉的，他多次明确批判这种思想。比如，1951 年 1 月，爱因斯坦在给纽约举行的"伦理教育协会"成立 75 周年纪念会的贺信中指出："我确实相信：在我们的教育中，往往只是为着实用和实际的目的，过分强调单纯智育的态度，已经直接导致对伦理价值的损害。我想得比较多的还不是技术进步使人类所直接面临的危险，而是'务实'的思想习惯所造成的人类相互体谅的窒息，这种思想习惯好像致命的严霜一样压在人类的关系之上。"③

---

① 艾萨克森：《爱因斯坦：生活和宇宙》，张卜天译，湖南科学技术出版社 2009 年版，第 16—19 页。

② 施晓光：《美国大学思想论纲》，北京师范大学出版社 2001 年版，第 65 页。

③ 爱因斯坦：《爱因斯坦文集》（第三卷），许良英、赵中立、张宣三编译，商务印书馆 2009 年版，第 339—340 页。

第三,爱因斯坦是一位有着高度社会责任感的人。他认为,一个人的真正价值首先取决于他在什么程度上和在什么意义上从自我解放出来。在爱因斯坦的一生中,他为争取世界和平、民族平等、自由民主等做了大量工作,付出了巨大的心血,我们从本书中其他章节也可以清楚地看到这一点。无论他的努力取得了多大的实际效果,他善良的意愿与切实的行动赢得了世界人民的尊敬与爱戴。爱因斯坦用他一生的努力充分证明了"人只有献身于社会,才能找出那实际上是短暂而有风险的生命的意义"。①

第四,爱因斯坦强调教育应该培养学生服务社会的意识,除了他自己具有的高度社会责任感之外,也可能是源于对美国个人主义的认识与批判。个人主义是美国国民性格的突出特征,是美国人的核心价值观。但是,爱因斯坦认为,个人越来越依赖于社会,但人们没有认识到社会意识的重要性。他在《为什么要社会主义》一文中说:"现在的个人比以往都更加意识到他对社会的依赖性。但他并没有体会到这种依赖性是一份可靠的财产,是一条有机的纽带,是一种保护的力量,反而把它看作是对他的天赋权利的一种威胁,甚至是对他的经济生活的一种威胁。而且他在社会里的地位总是这样,以致他性格中的唯我倾向总是在加强,而他本来就比较微弱的社会倾向却逐渐在衰退。"② 所以,在爱因斯坦看来,应该在教育中大力加强对学生服务社会的思想教育,③ 而社会主义的教育制度可以更好地实现这样的目标。因此,爱因斯坦的教育思想服务于他的社会理想。

可见,爱因斯坦个人的学习经历与伟大人格,以及他对美国社会的现状特别是教育现状的思考,导致他强调教育的目标是培养和谐发展并且志愿服务社会的人。而且,爱因斯坦的教育观中"自由"与"和谐发展"两者是协调统一的。只有在保证一定"自由"的前提下,学生的"和谐发展"才能够真正做到;学生在实践和谐发展的过程中,又能够体会到自由

---

① 爱因斯坦:《爱因斯坦文集》(第三卷),许良英、赵中立、张宣三编译,商务印书馆2009年版,第316页。

② 同上书,第315页。

③ 尤德(Andrew Yoder)认为,爱因斯坦关于教育与社会之关系的思想与法国思想家卢梭(Rousseau)是一致的,这种思想可能间接地源自康德,因为康德承认他的思想在许多方面受到卢梭的影响。参见 Yoder, Andrew. Einstein and Education. *Education Theory*, 1968, Vol. 18, No. 1, pp. 73—76.

的重要性,充分享受到自由的益处。

三 意义与启示

从教育学的角度看,爱因斯坦的教育目标思想跟后现代主义教育思想有相通之处。"后现代主义教育家们把教育目的锁定为造就一批具有批判能力的公民……教育目的在于强调建立一种与社会环境和睦相处的社会文化背景,建立一种与自然相和谐的环境教育,培养学生的生态意识,培养个人的道德意识与社会责任感。教育的目标就是促进学生对社会的认识和了解,建立多种社会责任感,教育目标应求得一种内部平和,并且能够把家庭中的平和、安定及各社会成员之间的和平相处扩充到整个社会。"[1] 有的西方学者直接用后现代主义理论来解读爱因斯坦的教育思想,认为后现代主义教育思想与爱因斯坦的教育思想有很多一致之处。[2] 我国教育界对于后现代主义教育思想还存在争议,但是,问题的关键并不在于现代主义还是后现代主义,关键在于什么样的指导思想可以更好地培养人才。

我们认为,爱因斯坦教育观的核心,即强调培养和谐发展与服务社会的人,这一点跟我国的教育理念是完全一致的。我国的教育法规定,要培养德、智、体等方面全面发展的社会主义事业的建设者和接班人,其本质也是强调人的和谐发展。而且,爱因斯坦的教育思想跟我国教育部门倡导的素质教育是一致的。比如,在谈到专业教育以文科还是以理科为主时,爱因斯坦明确指出:"照我的见解,这一切都是次要的。如果青年人通过体操和走路训练了他的肌肉和体力的耐劳性,以后他就会适合任何体力劳动。思想的训练以及智力和手艺方面的技能锻炼也类似这样。因此,有个才子讲得不错,他对教育下这样一个定义:'如果一个人忘记了他在学校里所学到的每一样东西,那么留下来的就是教育。'"[3]

但是,我国大学教育中普遍存在的功利主义倾向却不利于人的和谐发

---

[1] 燕良轼:《解读后现代主义教育思想》,广东教育出版社 2008 年版,第 29 页。

[2] Kincheloe, Joe and Steinberg, Shirley and Tippins, Deborah. *The Stigma of Genius*: *Einstein, Consciousness and Education.* New York: Peter Lang Publishing, Inc. , 1999, p. 4.

[3] 爱因斯坦:《爱因斯坦文集》(第三卷),许良英、赵中立、张宣三编译,商务印书馆 2009 年版,第 173—174 页。

展。事实上，我国大学自产生之日起就具有一定的功利主义色彩，从京师大学堂到民国时期的大学，其人才培养和学术研究的目的都是为了满足社会发展的需要。新中国成立后，功利主义或工具主义色彩愈加浓厚，大学一度成为政治（阶级）斗争的工具，也成了为生产斗争的工具。在人才培养方面，大学确立了为社会主义革命和社会主义建设培养高级专门人才的培养目标，实施专才教育，强调教学内容的专业性、应用性，强调了专业知识和专业技能的传授与培养，而对普通文化知识重视不够，对学生个性的发展重视不够。①

另外，一个尚未引起高等教育界普遍关注的问题，即大学本科毕业生改行的问题，凸显了强调专业化教育的功利主义教育思想的不足。一项针对全国 10 个省市进行的"大学本科毕业生改行情况调查"表明，绝大多数本科生在毕业的 5 年后已经改行，不再从事与原来在大学所学专业相关的工作，这说明大学本科生不再围绕专业就业，工作适应性强比专业性强更加重要。调查的数据表明，2002 年，大学本科毕业生改行率为 42.9%，到了 2007 年上升到 72.4%。② 我们可以大胆地预测，今后本科毕业生改行率可能会更高。在这样的背景下，爱因斯坦强调的教育目标——"培养和谐发展的人"更显得意义重大。

目前，我国一些高校已经采取了部分措施，培养适应性更强的本科生。比如现在许多高校进行的通识教育，它的一个重要目的就是消除高等教育功利化的影响。但是，由于理解上发生偏差，通识教育的实际成效并不尽如人意，甚至产生了异化现象。通识教育实际上应该让学生明白自己到底想过一种什么样的生活，应该强调的是告诉学生如何做人。③ 也就是说，我们应该做出更多的努力，采取更有力的措施，来减弱甚至消除教育中的功利主义倾向。

有学者认为，我国大学本科教育目标应当作战略性调整。要提高学生

---

① 刘宝存：《理性主义与功利主义大学理念的冲突与融合》，《北京师范大学学报》（社会科学版）2006 年第 3 期。

② 王玲玲：《从大学本科毕业生改行率反思本科教育目的》，《高教发展与评估》2009 年第 6 期。

③ 魏传光：《大学通识教育的异化及其反思》，《教育发展研究》2010 年第 11 期。

全面素质，必须强化素质教育。素质教育是"利用遗传和环境的积极影响，调动学生认识与实践的主观能动性，促进学生生理与心理、智力与非智力、认知与意向等因素全面而和谐的发展，促进人类文化向学生个体心理品质的内化，从而为学生的进一步发展形成良性循环"。这是一种发展的教育观，与应试教育、功利教育形成了对照。[①]

无论采取什么措施，从教育的根本目标来说，应该是爱因斯坦强调的"培养和谐发展的人"。同时，在要求学生和谐发展，教育学生如何做人的过程中，培养学生服务社会的意识是至关重要的。要让学生认识到，他们现在正在享受的一切，都是其他人辛勤劳动的结果，应该树立起服务社会的强烈的意识。正如爱因斯坦说过的那样："不必深思，只要从日常生活中就可以明白：人是为别人而生存的……我每天上百次地提醒自己：我的精神生活和物质生活都依靠别人（包括生者和死者）的劳动，我必须尽力以同样的力量来报偿我所领受了的和至今还在领受着的东西。"[②]

小　结

综上可见，爱因斯坦教育观的灵魂是倡导"自由"，其核心是"培养和谐发展与志愿服务社会的人"，这两者是协调统一的。爱因斯坦的教育观对改进与调整我国的教育事业有着积极的启发意义。另外，爱因斯坦也论及了教育方法、教师待遇等问题，比如，爱因斯坦说："教师不能用他内心的满足来填饱他的孩子们的肚子。"[③] 这句话对于倡导提高教师待遇真可谓是一针见血。这些问题已有不少学者给予了较多的关注，这里不再赘述。

爱因斯坦是一个非常低调的人，他一般不愿意讲述自己的经历，特别

---

① 文辅相：《我国本科教育目标应当作战略性调整——"高等教育培养目标系统和规格的研究"课题研究报告摘要》，《高等教育研究》1996 年第 6 期。

② 爱因斯坦：《爱因斯坦文集》（第三卷），许良英、赵中立、张宣三编译，商务印书馆2009 年版，第 55 页。

③ 同上书，第 353 页。

是不愉快的经历。他曾经直截了当地指出："像我这种类型的人，一生中主要的东西，正是在于他所想的是什么和他是怎样想的，而不在于他所做的或者所经受的是什么。"① 通过本章对爱因斯坦教育思想的介绍，我们可以看到，他对教育的论述大多是表露出不满和批评的态度，这在爱因斯坦的社会哲学思想中是很独特的。试想一下，如果爱因斯坦从中学到大学都做一个循规蹈矩的学生，认真听课，学习课堂知识，并考出更好的分数，大学毕业之后肯定能够留校做助教，过上稳定的生活。可是，这样的爱因斯坦还能改变 20 世纪物理学的面貌吗？

爱因斯坦从事教育事业的时间不长，可能有不少人会认为他并不是一位优秀的教师，他的教育思想也远不是全面、系统的。就像他自己说的那样："在教育学领域中，我是个半外行人，除却个人经验和个人信念以外，我的见解就别无基础。"② 虽然爱因斯坦关于教育的论述并不多，但他对教育的兴趣却并不是短暂或边缘式的，而是持久而深厚的。③ 而且，作为一位杰出的科学家，他从自己的个人经验与信念出发而进行的对教育的反思，确实有不少洞见，值得我们深思。

---

① 爱因斯坦：《爱因斯坦文集》（第一卷），许良英等编译，商务印书馆 2009 年版，第 16 页。
② 爱因斯坦：《爱因斯坦文集》（第三卷），许良英、赵中立、张宣三编译，商务印书馆 2009 年版，第 169 页。
③ Loria, Arturo. Einstein and Education. In French, A. P., *Einstein: A Centenary Volume.* Cambridge: Harvard University Press, 1979, pp. 215—227.

第五章　世界政府:走向和平的唯一道路

第一次世界大战后,爱因斯坦积极投身到促进世界和平的事业之中,"战争与和平"是他思考得最多、发表言论最多的问题。第二次世界大战之后,"世界政府"是爱因斯坦在和平问题上思考与宣传的重点,他认为世界政府是解决世界和平问题的唯一手段。本章主要分析爱因斯坦提出世界政府思想的历史背景,他的主要构想与付出的各种努力,人们对他的评价与回应,以及导致世界政府运动失败的原因等问题。

第一节　历史背景

从人类思想史的角度来看,"世界政府"早就是许多学者的梦想。从14世纪早期的意大利诗人但丁(Dante)到17、18世纪法国神父圣-皮埃尔(Abbe de Saint-Pirre),再到19世纪美国反战活动家莱德(William Ladd)等,很多人都提出了类似的思想。但丁认为,"所有的和谐依赖于统一的意志。人们得到最恰当的安排就是一种和谐。因此,人们得到最恰当的安排依赖于一种统一的意志……为了人类得到最恰当的安排,全世界只能有一个君主。"圣-皮埃尔最早提出了欧洲联合的思想。他相信,"法国与奥地利王室之间的权力平衡,并不能为君民免于侵略与内战提供充分的保证。"圣-皮埃尔进一步提出了建立欧洲联邦的设想,以获得永久的和平。著名哲学家康德(Immanuel Kant)、黑格尔(G. W. F. Hegel)等人也有类似的思想。[①]

---

① Mangone, Gerard. *The Idea and Practice of World Government.* New York: Columbia University Press, 1951, pp. 3—21.

世界政府的思想并不是西方才有的，中国、印度也很早就提出了类似的设想。有的学者认为，相信世界统一的可能性的信念源远流长。公元前一千多年的古代中国的商朝统治者，与古希腊的斯多葛派一样，都认为战争和政治上的不统一与理性和创造精神的目的不一致，它违背自然、人性以及中国的天和基督教的上帝。在古代东方的印度和中国，世界国家（the world state）的思想是根深蒂固的，比如印度人创造的不二论（Advaita），中国孔子持有的大同思想等都是如此。①

但是，作为一种政治思潮，世界政府到 20 世纪才真正进入到普通民众的视野当中。从 1944 年到 1950 年，人们对世界政府的可能性的讨论达到了鼎盛时期。当时，自然科学家、社会科学家、政治人物、新闻工作者以及作家等许多领域的有志之士都为世界政府奔走呼号，希望世界政府的力量强大到足以使人们从核恐惧之中摆脱出来。② 曾经是 1940 年美国共和党总统候选人、与民主党的罗斯福（Roosevelt）共同竞选总统的威尔基（Wendell Willkie）在 1943 年出版了一本名为《一个世界》（One World）的著作，极力呼吁世界合作。该书连续四个月位于《纽约时报》畅销书榜首，一共销售了两百万册，在一定程度上减轻了共和党孤立主义（isolationism）思想的影响，使得共和党、民主党两党都支持联合国的创立。③作家里夫斯（Emery Reves）的著作《和平的解剖》也产生了很大的影响，他认为，各个主权国家之间和平共处在任何情况下都是不可能的，只能世界政府才能真正实现和平。④ 该书被认为是在政治上最为老练的，对各个

---

① Heater, Derek. *World Citizenship and Government: Cosmopolitan Ideas in the History of Western Political Thought*. New York: St. Martin's Press, Inc., 1996, pp. ix—x.

② Cabrera, Luis. World Government: Renewed Debate, Persistent Challenges. *European Journal of International Relations*, 2010, Vol. 16, No. 3, pp. 511—530.

③ Weiss, Thomas. What Happened to the Idea of World Government. *International Studies Quarterly*, 2009, Vol. 53, No. 2, pp. 253—271.

④ Reves, Emery. *The Anatomy of Peace*. New York: Harper & Brothers Publishers, 1945. 爱因斯坦对此书给予很高的评价，他说："我自己没有解释的才能，无法使大多数人都能够了解目前人类所面临的问题的迫切性。因此，我要推荐一位有这种解释才能的人：埃梅利·雷韦斯，他的《和平的解剖》这本关于战争和需要世界政府问题的书，是有才气的，清晰，简洁和有动力的（dynamic，如果我可以用这生涩的名词的话）。"参见爱因斯坦《爱因斯坦文集》（第三卷），许良英、赵中立、张宣三编译，商务印书馆 2009 年版，第 238 页。

国家之间各自为政的现状进行了猛烈的批判。[①]

世界政府的思想在美国政治人士当中产生了比较广泛的影响。1945年,美国北卡罗来纳州格林维尔(Greenville)市的律师汉伯(Robert Humber)说服了 14 个州的立法机构,他们同意采取某种措施敦促国会建立世界政府。到 1946 年,又有 19 个州要么正在考虑,要么已经通过了某种相关的解决措施。1946 年中期,在美国总共 96 名参议员当中,有 7 人公开倡导世界政府,还有十余人私下承认他们支持世界政府。[②] 因此,在20 世纪 40 年代的美国,人们无论是翻杂志、听广播,还是看新闻,随处可见关于世界政府的宣传。

1945 年 6 月 26 日,参加旧金山会议的 50 个国家一致通过了《联合国宪章》,10 月 24 日,《联合国宪章》开始生效,联合国正式成立。不过,许多人觉得联合国基本上只是主权国家之间一个讨论和协调的论坛。一些著名人士呼吁政府采取进一步的措施来逐步形成一个有效的世界政府。美国基层的世界联邦主义者运动主要由克拉克(Grenville Clark)、卡普斯(Norman Cousins)、克兰斯顿(Alan Cranston)和哈钦斯(Robert Hutchins)领导。随着组织的壮大,最后在 1947 年形成了一个叫 "United World Federalists" 的组织,后来改称 "World Federalist Association",然后又改称为 "Citizens for Global Solutions",该组织在 1949 年声称其拥有四万七千名成员。类似的运动在其他国家也在出现,并于 1947 年在瑞士的蒙特勒召开会议,从而形成一个全球性的联合会,即现在的 World Federalist Movement。到 1950 年,该组织声称在 22 个国家拥有 56 个成员组,并有156000 名成员。[③]

"二战"后,各种各样的团体倡导世界政府的主要目的是希望防止核战争。美国在日本投下的原子弹让人们看到了核武器的巨大威力,普遍对核战争心怀恐惧。就像怀特(E. B. White)在 1945 年 8 月的《纽约人》

---

① Wittner, Lawrence. *Rebels Against War: the American Peace Movement* 1941—1960. New York: Columbia University Press, 1969, p. 136.

② Wittner, Lawrence. *Rebels Against War: the American Peace Movement* 1933—1983. Philadelphia: Temple University Press, 1984, pp. 141—142.

③ 参见《维基百科"世界政府"词条》。http://en. wikipedia. org/wiki/World_ government。引用日期:2013-8-5。

（New Yorker）专栏文章中指出的那样，"核能量一定要由世界政府控制"，许多人都持这种观点。他还指出，民族主义已经成为血腥的事业（bloody business），有了原子弹之后，它可能更为致命。1945年11月，宗教界也发出了这样的呼吁："……如果我们不想在道德上担负自杀的责任，建立这样一种世界权力就是我们唯一的选择。"① 1945年10月21日，芝加哥大学教授、诺贝尔化学奖获得者尤里（Harold Urey）在纪念诺贝尔112周年诞辰的演讲中指出，某种拥有维持和平的充分权力的超级世界政府，以及世界范围内的各种裁军计划，才是我们唯一的出路。② 著名作家、政治评论家李普曼（Walter Lippmann）在《原子能的国际控制》一文中指出，原子能应该由世界政府来控制，人们需要为之付出自己的努力，美国人民应该把创建世界政府作为外交政策的主要目标。③ 李普曼这篇文章发表在名为《一个世界，还是毁灭》的报告中，报告中的作者都是著名人士。除了爱因斯坦④之外，还有玻尔（Niels Bohr）、康普顿（Arthur Compt on）、阿诺德（H. H. Arnold）、奥本海默（Robert Oppenheimer）等人。⑤ 《一个世界，还是毁灭》于1946年3月18日出版，每本一美元，加上重印和出售翻译版权获得的2500美元，到6月底，此书在国内外的销售获得了超过7000美元的利润。⑥ 很自然，世界政府也是学术界关注的热门话题，学者们围绕相关问题发表了大量论著。根据1947年初的统计，当时论述世界政府的著作、宣传册与论文等多达两百多部（篇）。⑦

---

① Boyer, Paul. *By the Bomb's Early Light: American Thought and Culture at the Dawn of the Atomic Age*. Chapel Hill: The University of North Carolina Press, 1994, pp. 34—35.

② Urey, Harold. The Atom and Humanity. *Science*, Vol. 102, No. 2653, pp. 435—439.

③ Lippmann, Walter. International Control of Atomic Energy. Dexter Masters and Katharine Way edited. *One World or None: A Report to the Public on the Full Meaning of the Atomic Bomb*, New York: Whittlesey House, 1946, pp. 66—75.

④ 爱因斯坦的文章的题目为《出路》（The Way Out），中译见内森、诺登《爱因斯坦论和平》（下），刘新民译，湖南出版社1992年版，第31—34页。

⑤ 1946年，"One World or None"还被拍成一部9分钟的小电影，参见 http://www.youtube.com/watch? v = u6ORe_ tHYXU.

⑥ Smith, Alice. *A Peril and a Hope: the Scientists' Movement in America* 1945—1947. Chicago: The University of Chicago Press, 1965, p. 290.

⑦ Johnsen, Julia compiled, *United Nations or World Government*. New York: The H. W. Wilson Company, 1947, pp. 273—284.

当然，也有人批判世界政府的思想。1945 年 10 月 29 日，《时代周刊》中一篇文章认为，没有什么迹象表明，原子弹在美国引起了世界国家主义（world statism）的涌现。11 月 19 日，林德利在（Ernest Lindley）在《新闻周刊》（Newsweek）撰文谴责世界政府的倡导者鼓吹核战争的恐惧，把世界政府这种古老的思想打上了一个新时代的印章。《新闻与世界报道》（News and World Report）的编辑劳伦斯（David Lawrence）则认为整个事件显得"歇斯底里"，等等。① 虽然有这些反对的声音，但在 20 世纪 40 年代的美国，占主导地位的还是支持世界政府的思想与言论。

在对世界政府思想的众多支持者与宣传者当中，爱因斯坦可能是最为引人注目的一位，他甚至被认为是"二战"后世界政府运动的一位领导人物。② 那么，爱因斯坦在这场运动中主要做了哪些工作？提出了哪些重要思想？爱因斯坦关于世界政府的构想为何没有实现？我们应该如何来认识爱因斯坦的世界政府思想？

第二节　主要活动及其特点

第二次世界大战后，爱因斯坦不遗余力地支持、宣传世界政府思想。从 1945 年至爱因斯坦逝世，他在公开场合宣传、倡导与论述世界政府思想的情况如表 5－1 所示，具体的思想细节从略。③

---

① Boyer, Paul. *By the Bomb's Early Light: American Thought and Culture at the Dawn of the Atomic Age.* Chapel Hill: The University of North Carolina Press, 1994, p. 40.

② Albert Einstein: Biographical. See: http://www.nobelprize.org/nobel_prizes/physics/laureates/1921/einstein-bio.html. 引用日期：2013－8－1。《爱因斯坦论和平》的编者内森也认为："在 1945 年后，爱因斯坦在为销毁原子武器所作的斗争中，在极力倡议成立世界政府的活动中，都以前所未有的热情担当起了领导的地位和责任。"参见内森、诺登《爱因斯坦论和平》（下），刘新民译，湖南出版社 1992 年版，第 1 页。

③ 本表主要根据《爱因斯坦论和平》（下）整理而成，个别资料来源已单独注明。必须指出的是，本表的整理是比较粗糙的，其中可能会有一些遗漏，但基本上不会影响本章的分析。除了在公开场合宣传世界政府思想之外，爱因斯坦在大量的私人通信中也积极倡导世界政府，详见《爱因斯坦论和平》（下）以及 Rowe, David and Schulmann, Robert. *Einstein on Politics.* Princeton: Princeton University Press, 2007，这里不再一一列举。

表 5 - 1 爱因斯坦公开宣传世界政府思想情况统计表

序号	时间（年月日）	事件
1	1945.10.10	与其他 19 位知名人士在《纽约时报》上联名发表了一篇声明
2	1945.11	在《大西洋月刊》发表了一篇名为《原子战争，还是和平?》的文章
3	1946	在《一个世界，还是毁灭?》一书中发表了题为"走出困境之路"的文章
	1946.5.3	在美国林肯大学的演讲①
4	1946.5.29	爱因斯坦向在芝加哥举行的"争取成立世界联邦政府"学生集会发表了《走向世界政府》的广播讲话
5	1946.5.29	与希尔普（Paul Schilpp）和美国学生联邦同盟会的一名学生进行广播讲话
6	1946.6.23	《纽约时报》在星期日杂志（Sunday Magazine）上发表爱因斯坦题为"真正的问题在于人心"的谈话
7	1946.7.15	在世界政府大会通过的"告世界人民书"的呼吁书上签名
8	1946.12.4	爱因斯坦给黑尔（Robert Hale）发去了将在世界政府大会上宣读的电文
9	1947.3.12	《世界联邦主义者通讯》给爱因斯坦授奖，爱因斯坦为此写了一封回应信
10	1947.5.22	为某团体举行的会议写了一封贺信
11	1947.7.15	与原子能科学家联合会行政委员会发表了一篇联合声明
12	1947.7.17	发表"制定国际法刻不容缓"的广播稿
13	1947.8.3	为《华盛顿邮报》撰写特约稿《关于原子能问题的补充意见》
14	1947.7.31	为"争取建立世界联邦政府世界性运动"国际大会寄去贺信
15	1947.10	在《联合国世界》杂志上发表"致联合国大会公开信"
16	1947.11.11	此前，为在该日举行的世界大战停战纪念日的学生集会发出了一封信
17	1947.11	在《大西洋月刊》发表了一篇名为《原子战争，还是和平?》的文章，题目与两年前的文章一样
18	1948	在《世界政府》一书中发表题为《命运攸关的决定》文章
19	1948.2.4	回答匈牙利广播评论员的问题
20	1948.4.14	在原子能科学家应急委员会发表的政策声明上签字
21	1948.4.27	"世界统一奖委员会"把世界统一奖授予爱因斯坦，爱因斯坦为此写了一篇答辞
22	1948.5.5	给波士顿卫理公会大会发了一封电报
23	1948.5.14	在《纽约时报》诺曼（Dorothy Norman）的文章中，爱因斯坦回答了一系列问题

---

① Jerome, Fred and Taylor, Rodger. *Einstein on Race and Racism.* New Brunswick：Rutgers University Press, 2005, p. 142.

序号	时间（年月日）	事件
24	1948.6	《扶轮国际》重印了爱因斯坦的一些公开声明，以及对问题的回答
25	1948.6.17	给在纽约举行的公众集会用电话进行致辞
26	1948.8.8	给反战者同盟的复信
27	1948.8.29	在《纽约时报》上发表提交给世界知识分子大会，但未能在大会上宣读的文告
28	1949.5.27	给北大西洋公约和平方案大会的复信
29	1950.2.13	爱因斯坦在讨论氢弹后果的一个电视节目中讲话
30	1950.6.18	爱因斯坦参加一个题为"决定性的一年"的广播节目
31	1950.12.31	在日内瓦召开的世界人民代表大会上宣读了爱因斯坦的来信
32	1951.12.7	爱因斯坦在家中接受了兰德尔（Edwin Randall）的采访，采访纪录进行了无线电广播
33	1951.12	为《联合国教科文组织信使》杂志写了题为"文化应是加强世界各国间相互理解的基础之一"的文章
34	1952.3	为加拿大教育周写了一篇演说词
35	1952.4.27	为在旧金山召开的卫理公会教大会寄去了演说词
36	1952.10.16	应邀为在广岛举行的亚洲争取世界联邦大会写了一篇祝词
37	1954.6.7	给世界联邦主义者联盟年度大会写了一封信
38	1955.4.11	给罗素回信，并在《罗素—爱因斯坦宣言》上签名

从表5-1的统计情况我们至少可以总结出以下几个特点。

第一，爱因斯坦在公开场合强调世界政府的思想主要集中于"二战"后至1948年底，1949年之后爱因斯坦仍然多次论述世界政府，但主要集中在他与朋友或主动和他讨论相关思想的通信者等非公开的场合。这表明爱因斯坦虽然逐渐降低了实现世界政府的期望，但仍保持着坚定的信念。

第二，爱因斯坦论述世界政府思想大多是受记者访谈、会议邀请等做出的，他主动系统地论述世界政府的次数相对于应邀而作的次数而言，要少得多。这也是爱因斯坦社会哲学言论的一个显著特点。类似地，爱因斯坦关于宗教的论述大多也是受到邀请而做出的。

第三，爱因斯坦公开论述世界政府思想的场合各种各样，包括记者访谈、公开演讲、会议贺信、专题论文、广播讲话等，其受众对象也是多种多样。这个事实充分说明了爱因斯坦对世界政府思想的热情，同时也折射出当时美国公众甚至是世界人民对世界政府思想的热衷。

第三节　对世界政府的构想

爱因斯坦对世界政府的设想涉及许多方面，其观点散见于他从 1945 年至 1955 逝世这十年间的言论与通信中。虽然爱因斯坦在许多场合都论及这个话题，但他的思想基本上保持一致，没有明显的变化。总的来说，他对世界政府的设想可以概括为以下五个方面。

第一，世界政府是保证世界和平的唯一手段，而且必须尽快建立，以防止大规模战争。1945 年 9 月，也就是美国在日本广岛和长崎投下原子弹之后约一个月，爱因斯坦在接受记者采访时明确指出："文明和人类获救的唯一希望在于创建一个世界政府，将各国的安全建立在法律上。只要主权国家继续保持各自的武装和武器秘密，新的世界大战就是无法避免的。"[1] 在爱因斯坦看来，"各国政府出于恐惧而进行的备战很快就会使战争本身成为不可避免。在未来几年中，当敌对国家集团拥有原子武器时，恐惧将会冲破最后一线的和平希望，一个拥有足够权力保证安全的世界政府不是一种遥远的理想。文明若要生存下去，必须立刻成立世界政府。这是我们以及我们所珍视的一切生存下去的条件。"[2]

爱因斯坦认为，世界政府的建立不能以缓慢、渐进的过程来完成，因为世界各国向战争推进的力量不可阻挡，会最终导致战争，而战争中威力巨大的原子弹可能将全人类都化为尘埃。他多次强调建立世界政府的重要性与紧迫性。1946 年 5 月 29 日，爱因斯坦通过无线电向在芝加哥举行的"争取世界联邦政府学生大会"的演讲中指出："现在可用的进攻性的武器在突然的总毁灭中不会给地球留下一块净土。我们要活下去的唯一希望就在于创立一个能够运用司法裁决来解决各个国家之间的冲突的世界政府。"[3]

---

[1]　内森、诺登：《爱因斯坦论和平》（下），刘新民译，湖南出版社 1992 年版，第 3 页。

[2]　同上书，第 96 页。

[3]　爱因斯坦：《爱因斯坦文集》（第三卷），许良英、赵中立、张宣三编译，商务印书馆 2009 年版，第 255 页。

第二，建立世界政府的方法与步骤。世界政府最重要的手段是控制世界各大国的武器，如何实现这一点呢？爱因斯坦设想，首先，由各主要军事大国互相检查生产进攻性武器的方法和装备，互相交流有关的科学技术发现，这至少暂时有助于消除军事和政治官员的恐惧和不信任心理。其次，通过不断加强各国间军事、科学和技术人员的交流，可以推进国家的非军事化。这种交流应根据精心制订的计划来进行，其目的是把各国武器一步步地转变成国际性的军事力量，同时征召并训练国际部队。在此期间，由最强大的一些军事大国为国际安全组织和国际法庭起草一份宪章，规定它们对各成员国拥有的裁判权和其他权限，并确定用来建立和维持这两个机构的选举方法。最后，在得到各大国的合作保证后，应努力在完全自愿的基础上征募也许包括所有国家的代表组成的国际组织。①

在世界政府成立的过程中，大国应该发挥更大的作用。在爱因斯坦看来，首先要在大国之间达成初步协议，因为这样比较容易。美国是专心于政治艺术和政治科学的西方文明的继承人，也是最大的军事、经济强国，这种强国地位意味着美国必须担当起重大责任，也就是要起到带头作用。更何况，美国在很大程度上要为战后发生的军备竞赛负责，这一竞赛实际上使得战后安全问题获得国际解决的希望化为泡影。②

世界政府需要苏联的参与，对于苏联如何参加的问题，爱因斯坦建议采取灵活的方式。首先应该以最大的诚意邀请苏联及其盟国参加，如果争取不到苏联的支持，别的国家也应当单独行动起来，建立一个局部性的世界政府。最重要的是，要使这个局部性的世界政府非常强大，它至少得包括全世界主要工业和经济地区的三分之二。这样一个局部性世界政府一开始就应当表明：它的门是向任何非成员国——特别是苏联——始终敞开着的，以便它们在完全平等的基础上参加进来，并且在它的一切会议和制宪会议中都应当容许非成员国政府的观察员列席。只要苏联相信世界政府终究是要建立起来的，自然就会改变态度。爱因斯坦乐观地估计，在世界政

① 内森、诺登：《爱因斯坦论和平》（下），刘新民译，湖南出版社1992年版，第33页。
② 同上书，第175页。

府里，不同组织部分之间的意识形态的差别不会产生严重的后果，因为美国与苏联之间的纠纷主要不是由于意识形态的差别引起的。①

第三，联合国与世界政府的关系。联合国虽然是一个极为重要而且极其有用的机构，但联合国在防止战争、原子能控制，以及重建被战争破坏地区的经济合作等方面上没有取得显著进展。它只能是一个走向最终目标的过渡性组织，而最终目标是建立一个超国家的权力，要授予足够的立法权和行政权来维护和平。可以采取一些措施加强联合国的威信，使其向世界政府进行过渡：首先要扩大联合国的权力，使安理会以及另外一切机构都服从于它；其次，修改联合国代表的产生办法，让联合国的代表由人民直接选举，直接对选民负责，而不是由政府委派，使代表有更多的自由信守自己的良心；最后，联合国大会应当在整个危急的过渡时期中一直继续开会，从而取得建立超国家秩序的主动权，也能够对各种危险情况采取迅速而有效的措施。② 爱因斯坦强调，只有联合国的代表不再由政府指派，而是由人民直接选出，联合国才能发展成为世界政府。唯有如此，这些代表才能按照他们本人的最佳判断为国际秩序和安全服务。③

在爱因斯坦看来，把联合国转变成世界政府是可能的，而且是一种最自然的做法，不过这是一种像建立一个全新组织类似的根本性的转变。④在转变联合国功能的过程中，一项重大的任务落在了小国的身上。它们不应再作美国和苏联这两个主要大国的卫星国，而是应当携起手来，成为独立的中介力量，坚决反对任何把联合国沦为大国争权夺利的工具。小国如果联合起来一致行动，那么它们就能加强国际关系。⑤ 在改革联合国的努力中，决不应该受任何一个大国的控制。所有的努力必须保持中立性，这样才有助于加强在大国对峙间持中立态度的那些国家的地位。⑥

---

① 爱因斯坦：《爱因斯坦文集》（第三卷），许良英、赵中立、张宣三编译，商务印书馆2009 年版，第 280—281 页。

② 同上书，第 277—279 页。

③ 内森、诺登：《爱因斯坦论和平》（下），刘新民译，湖南出版社 1992 年版，第 237 页。

④ 同上书，第 168 页。

⑤ 同上书，第 234 页。

⑥ 同上书，第 311 页。

第四，世界政府需要拥有强大的军事权力。爱因斯坦认为，不应该把原子弹的秘密交给联合国，也不应该交给苏联。① 原子弹的秘密应交付给一个世界政府，而美国应该立刻宣布它准备这样做。这样一个世界政府应由拥有巨大军事力量的美、苏、英三大国来建立。这三大国应把它们所有的军事资源交给这个世界政府。世界上只有三个国家拥有巨大的军事力量，这一事实应该使得世界政府的建立更为容易，而不是更为困难。世界政府应对一切军事事务拥有裁决权，并且，它还需要另外唯一的一种权力。这就是有权对少数人压迫多数人，从而造成导致战争的不稳定局面的国家进行干预。也就是说，世界政府需要拥有军事垄断权。②

爱因斯坦强调，军队应全部由世界联邦掌握，并且只能由世界联邦掌握。③ 世界政府应该掌握所有的进攻性武器。热爱和平的国家与个人，都应该赞同把一切军事力量集中到世界政府手中，放弃把武力作为保卫自身利益、反对别国的手段。当前的联合国宪章为实现国际安全既没有提供必需的立法机构，也没有提供必需的军事力量。④ 世界政府应该拥有一支建立在法律之上的国际警察部队，只有它才能给世界带来安全。⑤

第五，建立世界政府的艰巨性与可能产生的问题。面对许多人对世界政府的质疑，爱因斯坦一直没有动摇他的坚定信念。他认为，在面对人类毁灭的危险面前，我们必须做出大胆的尝试。而且，只要人们的决心足够大，不可能也可以变成可能。我们必须尽一切力量把这一决心变为现实。即使达不到目的，此种努力也是值得的；由于这种努力旨在反对愚蠢、邪恶的民族主义，它肯定会产生积极的教育效果。⑥

不过，爱因斯坦对建立世界政府的艰巨性也有着深刻的认识。1947 年 7 月 17 日，爱因斯坦在题为《制订国际法刻不容缓》的广播稿中指出："一个能防止世界大战的政府的建立肯定涉及民族主义态度和偏见的深刻

---

① 爱因斯坦的这个讲话是 1945 年 11 月作出的，当时苏联还未拥有核武器。大约四年之后，即 1949 年 8 月 29 日，苏联成功进行了第一次核试验。

② 内森、诺登：《爱因斯坦论和平》（下），刘新民译，湖南出版社 1992 年版，第 17—18 页。

③ 同上书，第 169 页。

④ 同上书，第 53 页。

⑤ 同上书，第 86 页。

⑥ 同上书，第 267 页。

改变。传统思想方式的这种改变通常发生得很缓慢，需要很长一段时期。但是由于当今面对原子武器和其他大规模杀伤手段，我们别无选择，而只能在短时期中去完成本来需要几个世纪才能完成的事情。"①

他认为先要通过教育、宣传等形式唤起民众的觉悟与认识，通过文化交流、经济合作等形式建立起国家之间的信任。要通过教育使民众认识到原子弹的危害性，使世界人民，特别是几个主要大国的人民确信，只有建立起超国家组织，才能保证世界和平。通过多方面的宣传活动，在所有重要国家中形成一股强大的舆论，迫使政府放弃某些主权，从而向世界政府靠拢。② 文化是世界和解的一个基础，要加强不同文化团体之间的相互了解，以及文化和经济方面的相互援助，只有这样才能重建起信任感。③

爱因斯坦认为，世界政府确实有专制危险。但是，这些危险没有国际无政府状态的危险大，事实上，后一种危险会使我们永远生活在战争的威胁之下。在他看来，国际无政府状态是政府可用来把人民置于某种奴役之下的最有效的手段。④ 世界政府也可能产生一些负面的影响，也不能保护人类免遭专制，它的目的是保护人类免遭毁灭。⑤ 世界政府的一切决定并不都是正确的，但由于军事技术已发展到很高的水平，一个不像样的世界政府总要比没有一个世界政府好。⑥ 爱因斯坦明确指出："我担心世界政府会造成专制吗？我当然担心。但我更担心爆发下一次战争。任何政府在一定程度上都是邪恶的。但是一个世界政府要比邪恶得多的战争来得好，特别是从战争的毁灭性已大大增强的观点来看。倘若不通过各国协商过程建立起世界政府，我认为最终它也会建立起来，并且是以更危险得多的方式被建立起来；因为战争只会造成一国的霸权，这个国家以压倒一切的军事力量称霸世界。"⑦

---

① 内森、诺登：《爱因斯坦论和平》（下），刘新民译，湖南出版社 1992 年版，第 96 页。

② 同上书，第 325 页。

③ 爱因斯坦：《爱因斯坦文集》（第三卷），许良英、赵中立、张宣三编译，商务印书馆 2009 年版，第 349 页。

④ 内森、诺登：《爱因斯坦论和平》（下），刘新民译，湖南出版社 1992 年版，第 271 页。

⑤ 同上书，第 160 页。

⑥ 同上书，第 153—154 页。

⑦ 同上书，第 18 页。

第四节　截然不同的两种反应

爱因斯坦在倡导与宣传世界政府设想的过程中,得到两种截然不同的回应。有的人赞同与支持爱因斯坦的思想,并提出和宣传类似的思想;有的人却冷眼相对,认为他的想法不切实际。

一　赞同与支持的一方

爱因斯坦并不孤独。在爱因斯坦坚持世界政府思想的同时,许多人也提出了类似的思想,并开展了声势浩大的社会运动。各个领域的社会人士对他的世界政府思想给予强有力的支持,这也给爱因斯坦得以长期坚持世界政府的种种努力提供了精神上的强大动力。

1946 年,在美国佛罗里达州罗林斯学院举行的世界政府大会上,一致通过了《告世界人民书》,其中提出的世界政府设想跟爱因斯坦的想法是完全一致的。大会把呼吁书用电报发给爱因斯坦,请他在上面签名,他毫不犹豫地签了名,虽然他并没有参与呼吁书的起草。[①]

1947 年,英国工党议员厄斯本(Henry Usborne)领导了一场称为“世界政府运动”的新和平运动。它公开宣称它的目标是要建立一个取代联合国的新的世界组织,这一运动得到英国议会 80 多名议员和许多英国著名人士的支持。爱因斯坦与该运动保持着密切的联系,厄斯本 1947 年访美期间还来到普林斯顿访问了爱因斯坦。[②]

1948 年 8 月,美国《星期六文学评论》的编辑卡曾斯(Norman Cousins)发表了一篇社论《不要放弃人类的责任》,呼吁建立世界政府,引起广泛注意。卡曾斯指出,人类为了生存而必须付出的唯一代价是下定决心。爱因斯坦建议广泛散发该文的复印件,并给卡曾斯写信夸奖他的文章写得漂亮极了,还说:“我为我们之中还存在有您这样的人物而感到振奋。”[③]

---

① 内森、诺登:《爱因斯坦论和平》(下),刘新民译,湖南出版社 1992 年版,第 42 页。
② 同上书,第 99—100 页。
③ 同上书,第 179 页。

1953 年 9 月，美国进行了一次全国范围的关于"对世界组织的态度"的调查，结果显示：有 35% 的人认为应该立即加强联合国的功能，使其能够阻止一个大国挑起战端；有 11% 的人认为应该着手把联合国改革成为一个真正的世界政府，其中每一个国家都成为世界政府的一个州，就像组成美国的不同的州那样，这一点正如爱因斯坦设想的那样。①

不过，耐人寻味的是，虽然当时有不少人赞同与支持爱因斯坦的世界政府思想，但与他比较亲密的科学家、哲学家朋友却很少有人明确表示支持他的观点。另外，《纽约时报》报道的关于爱因斯坦的世界政府思想，都主要限于介绍内容，并不作更多的评论。比如，1945 年 9 月 15 日，《纽约时报》报道，爱因斯坦说世界政府是拯救人类的唯一道路。②10 月 27 日，又以《爱因斯坦为控制原子能以避免战争而呼吁世界政府》为题，报道了爱因斯坦与斯温（Raymond Swing）的谈话内容，③ 等等。值得注意的是，《纽约时报》上几乎见不到批判爱因斯坦世界政府思想的文章，这可能跟当时许多学者都在讨论这一话题有关。要知道，爱因斯坦关于宗教的论述以及对麦卡锡主义的批判在该报纸上都可以找到不少的批评回应文章。

二 怀疑与反对的一方

爱因斯坦倡导建立世界政府的想法也遭到不少人的反对。比如爱因斯坦多次强调苏联在世界政府中的重要性，鉴于爱因斯坦的国际声望，以苏联科学院院长为首的四位科学家给爱因斯坦写了一封公开信，反对他的世界政府观念。信件发表于 1947 年 11 月 26 日莫斯科出版的英文杂志《新时代》（New Times）。他们认为，世界政府的观念不是原子时代的产物，历史比较悠久，而且这些观念在现代绝不是进步的；爱因斯坦建议联合国的

---

① Roper, Elmo et al. American Attitudes on World Organization. *The Public Opinion Quarterly*, 1953, Vol. 17, No. 4, pp. 405—442.

② For a World Government: Einstein Says This is Only Way to Save Mankind. *New York Times*, 1945 - 9 - 15, p. 11.

③ Einstein Urges World Government For Atomic Control to Avoid War. *New York Times*, 1945 - 10 - 27, p. 15 and p. 30. 此次谈话内容发表于 1945 年 11 月的《大西洋月刊》，中译见内森、诺登《爱因斯坦论和平》（下），刘新民译，湖南出版社 1992 年版，第 16—21 页。

代表由普选产生，而不要由政府指派，这个建议好像是进步的，但现实中根本行不通；爱因斯坦的建议不会促进持久和平与国际合作，反而会助长美国肆无忌惮的扩张，等等。总之，苏联科学家认为"爱因斯坦博士已走上一条错误和危险的道路；他在一个存在着不同的社会、政治和经济制度的世界里追逐'世界政府'的幻景。"苏联科学家的批评是非常严厉的，在很大程度上也可以说是代表了苏联官方的意见。爱因斯坦很快给予回应，详细解释了自己的立场。①爱因斯坦的回信发表于 1948 年 2 月的《原子能科学家公报》，该期杂志还收入了苏联科学家的公开信。在此之前，《纽约时报》头版报道了此事，公布了双方信件的大致内容。②

爱因斯坦努力通过多种途径向世人宣传他的思想，但是有时并不能如愿。1948 年，计划在波兰举行的世界知识分子大会邀请爱因斯坦参加，爱因斯坦给组委会回信表示感谢，并让内森（Otto Nathan）转交他们两人共同精心撰写的发言稿。内森为代表爱因斯坦提交这份文告做出了许多努力，但是，大会负责人要求对此文告的某些段落进行修改或整段删去，特别是主张建立国际组织的那些段落。内森拒绝进行任何修改，坚持按爱因斯坦的原样提交大会，结果此文告根本没能在会上宣读。③

有的媒体直接公开批评爱因斯坦的思想。我们可以看到，公开批评爱因斯坦的世界政府思想的人大多站在美国政府的立场上讲话，也可以说是在为美国政府不接受爱因斯坦的建议进行辩护。针对爱因斯坦于 1945 年 11 月在《大西洋月刊》发表的《原子战争还是和平？》一文④，1946 年 1 月，曾经担任过副国务卿的韦尔斯（Sumner Welles）在《大西洋月刊》撰文指出，爱因斯坦关于世界政府的设想完全是不切实际的，他主要从三个方面来反驳：首先，苏联不会接受世界政府。爱因斯坦设想的世界政府要

---

① 爱因斯坦：《爱因斯坦文集》（第三卷），许良英、赵中立、张宣三编译，商务印书馆 2009 年版，第 282—295 页。

② Dr. Einstein Hits Soviet Scientists For Opposing 'World Government'. *New York Times*, 1948 - 1 - 30, p. 1 and p. 12.

③ 内森、诺登：《爱因斯坦论和平》（下），刘新民译，湖南出版社 1992 年版，第 180—181 页。

④ 同上书，第 16—21 页；或爱因斯坦：《爱因斯坦文集》（第三卷），许良英、赵中立、张宣三编译，商务印书馆 2009 年版，第 233—239 页。

掌握所有成员国的武器，把维护和平的权力交给世界政府，这种要求会毫无疑问地彻底破坏苏联的体制。除非苏联可以在世界政府中占据支配地位，不会减弱它对本国内外政策的控制，否则苏联是不可能加入世界政府的。显然，这样的世界政府对美国和英国来说是无法接受的。其次，爱因斯坦的思想中有自相矛盾之处。爱因斯坦认为，世界政府有权对少数人压迫多数人的国家进行干预，从而避免产生会导致战争的动荡，但是，他同时又承认苏联少数人的专制是正确的。而且，少数人统治的国家绝不止苏联一个，世界政府如何一一进行干预？最后，虽然联合国宪章并不令人满意，但如果想要维护和平、防止冲突，我们可以逐步对之进行改进，使联合国组织逐渐接近于一种世界联邦政府，成为真正的国际民主机构。[①]

1948 年 4 月 29 日，《华盛顿明星报》(the Washington Star) 发表了一篇题为《只是一种梦想》的社论。这篇社论赞扬爱因斯坦为世界统一和持久和平事业做出的真诚努力，但坚持认为"他要我们采取的道路忽略了我们的经验教训，第一次世界大战后，美国曾一度解除过武装，因而差一点在第二次世界大战中遭到失败。我们再也不能重犯这一错误了。……爱因斯坦的世界政府之梦必须等到人类准备接受它之日才能实现"。[②]诸如此类，不一而足。

一些朋友写信给爱因斯坦，私下跟他讨论世界政府的问题，提出反对意见的人一般都认为爱因斯坦的想法不切实际。1945 年 9 月，奥本海默在给爱因斯坦的信中对他的世界政府思想提出了挑战，认为他的思想过于理想主义。奥本海默写道："这个国家自南北战争以来的历史说明，当它试图去整合的社会价值带有深刻差异时，建立一种联邦政府是何等困难。"[③]1947 年 5 月，史密森学会的艾博特 (Charles Abbot) 博士写信给爱因斯坦说，他认为建立世界政府的想法只能是一种"幻想"。[④] 1952 年，索洛文

---

① Welles, Sumner. The Atomic Bomb and World Government. *The Atlantic Monthly*, 1946, Vol. 177, pp. 39—42.

② 内森、诺登：《爱因斯坦论和平》(下)，刘新民译，湖南出版社 1992 年版，第 162 页。

③ 艾萨克森：《爱因斯坦：生活和宇宙》，张卜天译，湖南科学技术出版社 2009 年版，第 351 页。

④ 内森、诺登：《爱因斯坦论和平》(下)，刘新民译，湖南出版社 1992 年版，第 71 页。

（Maurice Solovine）在给爱因斯坦的信中认为，他不应该不加评价地接受世界政府计划，并认为爱因斯坦的想法近期内是无法实现的。①虽然朋友们持不认可的态度，但爱因斯坦仍然坚持自己的理想，并耐心地向大家解释自己的立场。

第五节　失败原因

尽管爱因斯坦在世界政府运动中投入了无数精力，倾注了大量心血，但这一美好计划最终并没有取得成功，甚至似乎连能够给他一点安慰的阶段性胜利也没有，使得爱因斯坦逐渐对政治感到失望。那么，究竟是哪些原因导致这场运动没有取得成功呢？当然，从不同的角度看，可以得到不同的结论。从爱因斯坦的角度来说，至少有以下几个方面的原因。

一　国际形势的发展与变化，美苏两国官方的漠视

第二次世界大战结束后，正当爱因斯坦等人积极为世界政府奔走呼号之时，世界两大阵营之间的冷战早就拉开了帷幕。1946 年 3 月，英国首相丘吉尔（Winston Churchill）在美国富尔顿发表铁幕演说，标志着冷战的开始。自此，苏联与美国之间开始了长期对峙，双方在政治、军事、文化等许多方面都处于对抗状态，根本不可能像爱因斯坦所期望的那样，两国能够心平气和地坐下来，讨论世界政府的问题。社会主义与资本主义两大阵营显然都担心对方利用世界政府来加强自身的力量，因而双方都用"集权主义""专制"等术语来描述世界政府可能采用的政治制度。②

我们已经看到，苏联学者认为爱因斯坦的想法既不进步也不现实，苏联官方自然也是如此。而且，在大多数美国政府官员眼里，爱因斯坦的世界政府思想是幼稚可笑的，这也是一种针对他的最常见的责难。杜鲁门政府的绝大多数官员，甚至那些致力于军控的人都是这样认为的，戈尔登

---

① 内森、诺登：《爱因斯坦论和平》（下），刘新民译，湖南出版社 1992 年版，第 267 页。

② Yunker, James. *Rethinking World Government：A New Approach.* Lanham：University Press of America, Inc., 2005, p. 4.

（William Golden）就是一个例子。他为了准备一份写给国务卿马歇尔（George Marshall）的报告而去拜访爱因斯坦。爱因斯坦指出，华盛顿需要更加努力地争取让莫斯科参加军控计划。戈尔登向马歇尔汇报说："尽管按理说不应该如此，但很奇怪，在数学工作之外，他在国际政治方面似乎相当幼稚。在对世界政府的思考中，这个曾经普及了四维概念的人只能在其中的二维中思维。"①

值得指出的是，在一些世界政府思想的支持者当中，他们的目标和动机与爱因斯坦是完全背离的。这些支持者把美国战后对核武器的垄断看作是建立一种全球的美式和平（pax Americana）的机会，后来美国政府推行冷战策略，他们又很自然地从对世界政府的支持，转而支持冷战。比如，在1945至1946年间积极倡导世界政府的芬勒特（Thomas Finletter），后来加入杜鲁门政府担任空军部长。② 事实上，当时杜鲁门政府并不愿意交出核武器技术，③ 而实现核武器的国际控制是爱因斯坦主张的世界政府的主要目标。

美苏两个大国的对抗以及对超国家组织的漠视使得世界政府成立的希望日渐渺茫，许多人最初高涨的热情逐渐冷却下来，认真讨论世界政府思想的学者也越来越少，这是导致这场运动最终在20世纪50年代慢慢沉寂下来的主要原因。随着世界政府运动的消退，一些当初十分活跃的领导人转向其他事务，甚至不再为世界政府摇旗呐喊。比如，哈钦斯（Robert Hutchins）转而研究学术自由问题，以及主持《大英百科全书》（Encyclopedia Britannica）的编写工作。1948年，斯温从广播公司退休，由戴维斯（Elmer Davis）取而代之，而后者却极力批判世界政府运动。1968年，斯温在回顾这段经历时写道："现在，我回头看看……我想不去使用影响深远的'世界政府'这个术语可能更为明智，或者至少更精确一些。"④

---

① 艾萨克森：《爱因斯坦：生活和宇宙》，张卜天译，湖南科学技术出版社2009年版，第354—355页。

② Boyer, Paul. *By the Bomb's Early Light: American Thought and Culture at the Dawn of the Atomic Age.* Chapel Hill: The University of North Carolina Press, 1994, p. 45.

③ Craig, Campbell. Why World Government Failed after World War II: A Historical Lesson for Contemporary Efforts. In Cabrera, Luis edited. *Global Governance, Global Government.* Albany: State University of New York Press, 2011, pp. 77—99.

④ Boyer, Paul. *By the Bomb's Early Light: American Thought and Culture at the Dawn of the Atomic Age.* Chapel Hill: The University of North Carolina Press, 1994, p. 44.

二　原子能科学家应急委员会内部的分歧与经费问题

在爱因斯坦为创立世界政府而付出的各种努力中，他在原子能科学家应急委员会（Emergency Committee of Atomic Scientists，以下简称 ECAS）中的工作占有重要的地位。1946 年 5 月，由一批著名的科学家组成的 ECAS 成立，爱因斯坦亲自担任主席。爱因斯坦积极参与领导委员会的工作，出席理事会，与执行秘书商谈，作出重要决策，等等，ECAS 的工作也成为爱因斯坦社会活动中最重要的部分。因此，在 FBI 的报告中，爱因斯坦被描写成 ECAS 的领导和首席发言人（chief spokesman）。[①]

但是，ECAS 理事会运转状况并不理想，大家对一些问题经常难以达成一致意见，比如对联合国的立场问题、工作重点、经费应用问题，等等。事实上，对于世界政府的主张，爱因斯坦远比大多数 ECAS 的成员坚定，有一部分成员对世界政府思想是摇摆不定的。在介绍爱因斯坦参与希伯来大学建设的章节里，我们已经看到，爱因斯坦并不是一位优秀的领导。现在，面对着 ECAS 内部的分歧时，爱因斯坦也显得力不从心。爱因斯坦曾经悲叹："如果我们自身都不能形成一致意见，我们又如何使忐忑不安的美国人民放心呢？"[②] 1951 年 11 月，由于内部的分裂和观点的分歧，ECAS 正式解散。

经费问题也是 ECAS 运转困难的障碍之一。1946 年 5 月 23 日和 24 日，爱因斯坦向数百名著名科学家发出了募捐电报，许多报刊进行了转载，包括 5 月 25 日的《纽约时报》。[③] 五月电报的募捐获得了 6 万元的捐款，而且，通过询问电报的接受者，请他们提供可能愿意捐款的人员名单，ECAS 发出了更多的募捐信。在随后的 15 个月里，总共发出了 355000 份募捐信，募得 322000 美元。最终，爱因斯坦在两年内为 ECAS 募得超过 50 万美元的捐款，而且这个数字远远超过了其他类似组织的募捐所得，但距离预定

---

① Sayen, Jamie. *Einstein in America: the Scientist's Conscience in the Age of Hitler and Hiroshima.* New York: Crown Publishers, Inc. , 1985, p. 192.

② Katz, Milton. *Ban the Bomb.* New York: Greenwood Press, 1986, p. 10.

③ Atomic Education Urged by Einstein, Scientist in Plea for MYM200000 to Promote New Type of Thinking. *New York Times*, 1946-5-25, p. 11.

目标 100 万还相距甚远。①

三 公众对世界政府的关注度下降

"二战"结束后,饱受战争之苦的人们非常关心的问题就是如何最有效地防止再次发生世界大战。1945 年 3 月 22 日至 27 日,盖洛普(Gallup)关于"世界政府"的调查数据表明,有 81% 的受访者认为美国应该加入拥有维护世界和平之权力的国际组织,83% 的受访者认为加入这样的国际组织是非常重要的,11% 的人认为比较重要。② 1946 年 7 月 26 日至 31 日进行的关于"联合国"的调查表明,54% 的受访者认为应该加强联合国的权力,使之成为一个世界政府,它有权控制包括美国在内的所有国家的军事力量,24% 的人认为不应该如此,还有 22% 的人不置可否。③ 可见,战争结束后的一段时间内,人们对世界政府的期望是很高的,对相关的宣传与思想自然是相当关注的。

但是,普通民众通常是很现实的。随着时间的推移与国际形势的变化,许多人感觉世界政府成立的希望越来越小,也不太关注相关的宣传报道了。前面提到,1953 年 9 月,美国进行了一次全国范围的关于"对世界组织的态度"的调查,结果显示:60% 的人认为美国对防止战争已经竭尽全力;有 35% 的人认为应该立即尽力加强联合国的权力,使其能够阻止一个大国挑起战端;有 11% 的人认为应该着手把联合国改革成为一个真正的世界政府。④

对比数据的变化,我们可以清楚地看到公众对世界政府关注度与信心明显下降。爱因斯坦领导的 ECAS 成立之初的最主要的任务,就是希望发起一场全国性的运动,使公众了解原子能的巨大影响,进而认识到建立世

---

① Caudill, Susan. Trying to Harness Atomic Energy, 1946—1951: Albert Einstein's Publicity Campaign for World Government. *Journalism & Mass Communication Quarterly*, 1991, Vol. 68, No. 1—2, pp. 253—262.

② Gallup, George. *The Gallup Poll: Public Opinion 1935—1971*, Vol. 1, New York: Random House, 1972, p. 497.

③ Ibid. , p. 592.

④ Roper, Elmo et al. American Attitudes on World Organization. *The Public Opinion Quarterly*, 1953, Vol. 17, No. 4, pp. 405—442.

界政府的必要性与紧迫性。但是，这个目标并没有实现，也可以说 ECAS 对公众的影响是相当有限的。事实上，在 1946 年至 1951 年间，ECAS 中的成员，特别是爱因斯坦、尤里和康顿（Condon）写了很多针对大众的宣传文章。但 ECAS 解散之后，这项工作也就取消了。

还有一些历史背景也值得注意。1946 年夏天，美国军方在比基尼（Bikini）岛进行了战后首批核试验。人们发现，原子弹的破坏力并没有想象的那么厉害，于是，公众放松了对核战争的恐惧。在观看了系列试验的第一次爆炸之后，有人报告说，下一场战争好像也不会太糟糕。在 1946 年 7 月 26 日至 8 月 1 日之间进行的调查显示，有 53% 的人认为近期进行的核试验比想象的破坏力要小，只有 18% 的人认为破坏力比想象的要大。① 同时，一些美国人被原子能的和平利用所吸引；也有人用核威慑的方式来回应对核战争巨大破坏力的恐惧，就像托马斯（Norman Thomas）指出的那样，如果我们害怕报复，那么最好的防御不是解除武装，而是科学地武装。② 在这样的历史氛围中，爱因斯坦宣传的世界政府思想可能就没有太大的吸引力了。

另外，可能爱因斯坦根本没有想到，一部分美国人对原子能控制的一些基本事实知之不多。一项专门针对原子时代美国人对国际事务看法的调查结果显示，在 1946 年 8 月，居然还有 2% 的美国人从未听说过原子弹！有三分之一的人说不清楚联合国的目的是什么，而那时联合国已经成立一年了。当时 85% 的人拥有收音机，80% 的人表示他们每日看报，超过一半的人看一种或更多的杂志，但关于世界的问题及其解决方式，对许多美国人来说显得遥远而虚无。③

事实上，美国民众大多希望美国人自己来控制核武器，而不是交给国际组织。1945 年 8 月下旬进行的调查显示，有 73% 的人认为美国应该控制核武器，只有 14% 的人认为应该交给联合国安理会。④ 1945 年 10 月上旬

① Gallup, George. *The Gallup Poll: Public Opinion* 1935—1971, Vol. 1, New York: Random House, 1972, p. 595.
② Katz, Milton. *Ban the Bomb*. New York: Greenwood Press, 1986, p. 9.
③ Cottrell, Leonard and Eberhart, Sylvia. *American Opinion on World Affairs in the Atomic Age*. Princeton: Princeton University Press, 1948, p. 57.
④ Gallup, George. *The Gallup Poll: Public Opinion* 1935—1971, Vol. 1, New York: Random House, 1972, p. 525.

的调查显示，有71%的人认为美国应该继续控制生产原子弹的秘密，只有17%的人认为应该把生产原子弹的秘密交给联合国安理会。① 1946 年 11月，当问及 "你认为美国应该停止制造原子弹，并销毁已制造的原子弹，以此证明美国寻求原子弹国际控制的诚意？" 这个问题时，有65%的人持否定态度，只有19%的人持肯定态度。②

在这样的环境中，世界政府的思想事实上很难激发起普通民众的热情。如果说爱因斯坦对世界政府思想的宣传产生了一定影响的话，这种影响也主要局限于知识分子。爱因斯坦对建立世界政府的希望也逐渐降低，他在1952年1月3日给比利时王后的信中写道："现在很显然，我们的唯一希望在于建立世界政府。这一希望很渺茫，因为人们对人性的信念已严重动摇。"③

四 爱因斯坦并不擅长政治斗争

有人把爱因斯坦与亚当斯（Jane Addams）④ 等人一起，列为 20 世纪美国的 "和平英雄" 之一。但是，爱因斯坦坚定地反对战争，坚持世界政府思想，并不是从他的政治哲学和学术理论中认真研究得到的结果，而主要是出于一种 "本能的" 反应。⑤ 或许就像爱因斯坦在拒绝就任以色列总统时所说的那样，"我整个一生都在同客观事物打交道，不仅没有天生的资质，同时也缺少经验与人民和谐相处，处理世事"。⑥ 确实，在爱因斯坦看来，"政治比物理学复杂得多"。⑦

1945 年 12 月 10 日，在纽约诺贝尔纪念宴会上，爱因斯坦讲道："我们

---

① Gallup, George. *The Gallup Poll: Public Opinion 1935—1971*, Vol. 1, New York: Random House, 1972, p. 536.

② Ibid., p. 613.

③ 内森、诺登：《爱因斯坦论和平》（下），刘新民译，湖南出版社 1992 年版，第 262 页。

④ 亚当斯是美国社会工作者、社会学家、哲学家和改革家，她因争取妇女、黑人移居的权利而获 1931 年诺贝尔和平奖，也是美国第一位赢得诺贝尔和平奖的女性。参见维基百科 "亚当斯" 词条。

⑤ Josephson, Harold. Albert Einstein: The Search for World Order. In DeBenedetti, Charles (Ed). *Peace Heroes in Twentieth-Century America*. Bloomington: Indiana University Press, 1986, pp. 122—146.

⑥ 罗宾逊：《爱因斯坦：相对论一百年》，张卜天译，湖南科学技术出版社 2006 年版，第 185 页。

⑦ Clark, Grenville. Einstein Quoted on Politics. *New York Times*, 1955-4-22, p. 24.

战后世界的景象是不光明的。就我们这些物理学家来说，我们既不是政客，而且也绝不愿意干预政治。但我们知道一些为政客所不知道的事。……形势要求我们勇敢的行动，要求根本改变我们的整个态度，改变全部政治概念。"① 爱因斯坦宣传的世界政府就是一种政治主张，他的行动可以说是果敢而坚决，也产生了一定的影响。

1948 年 11 月 26 日至 12 月 1 日，盖洛普（Gallup）调查"世界上当今仍健在的人当中，你最敬佩哪一位？"杜鲁门名列第一，爱因斯坦名列第九。② 1949 年 11 月 27 日至 12 月 1 日③，以及 1951 年 1 月 1 日至 5 日④进行的调查，爱因斯坦没有入选最受人敬佩的十大人物。1951 年 12 月 9 日至 14 日，同样的问题，结果为：麦克阿瑟（Douglas MacArthur）名列第一，杜鲁门名列第三，爱因斯坦名列第九。⑤ 1952 年 12 月 6 日至 11 日，同样的问题，结果为：艾森豪威尔（Dwight Eisenhower）名列第一，麦克阿瑟名列第二，杜鲁门名列第四，爱因斯坦仍然名列第九。⑥ 从这个调查结果可以看到，虽然当时公众对政治家最为关注和敬佩，但爱因斯坦数次名列第九，也充分说明当时他的影响之大。不过，爱因斯坦的影响主要是源于他在科学上的重要贡献，而不是他的政治主张。

事实上，爱因斯坦对政治斗争的复杂性和长期性缺乏足够的认识和思想准备，他的身边也没有长期坚定的支持者，更没有稳定的资金来源。其实，爱因斯坦有许多可以争取到的支持力量。有很多科学家出于强烈的责任感，或者因自己参与了原子能技术的发展而感到后悔，愿意为实现原子能的国际控制而努力。另外，还有不少组织都试图实现与爱因斯坦类似的目标。比如，1945 年 10 月 31 日至 11 月 1 日，曼哈顿工程的科学家与工程师在华盛顿召开会议，组成了原子能科学家联盟（Federation of Atomic Sci-

---

① 爱因斯坦：《爱因斯坦文集》（第三卷），许良英、赵中立、张宣三编译，商务印书馆 2009 年版，第 242—243 页。

② Gallup, George. *The Gallup Poll：Public Opinion 1935—1971*, Vol. 1, New York：Random House, 1972, p. 774.

③ Gallup, George. *The Gallup Poll：Public Opinion 1935—1971*, Vol. 2, New York：Random House, 1972, p. 875.

④ Ibid., p. 963.

⑤ Ibid., p. 1038.

⑥ Ibid., p. 1111.

entist)，还有一些希望实现原子能国际控制的著名人士也加入进来。他们的共同目标是：研究原子能释放的意义，认识其危害，营造世界安全的氛围，发展原子能的和平利用，研究国际法律与国际政策之关系，等等。① 1946 年 1 月，原子能科学家联盟改名为美国科学家联盟（Federation of American Scientists，以下简称 FAS），但其目的不变。到 1946 年中期，FAS 共有 2000 名成员，② 可谓声势浩大。不过，大多数 FAS 的科学家希望通过联合国来实现原子能的国际控制，而爱因斯坦领导的 ECAS 则主张通过一个独立的世界政府实现这个目标。虽然有这样的分歧，但两个组织的最终目标是一致的，至少可以在一定程度上组成统"一战"线，但爱因斯坦并没有这样做。另外，ECAS 的宣传策略似乎有点偏颇。很多宣传文章主要努力表明原子武器的危险性以及成立世界政府的必要性，几乎没有谈到原子能可能带来的积极效应，这可能会导致公众对原子能产生片面的认识。

爱因斯坦对世界各军事大国抱有很大希望，希望大国之间能够达成某种协议，以防止核战争，但他又拒绝通过联合国来实现这个目标。爱因斯坦是希望走一种自下而上的道路，通过唤起公众的觉醒，进而影响政府官员。虽然爱因斯坦写了不少宣传文章，也引起了一些公众的关注，但是，公众并没有爱因斯坦想象的那样积极与热情。"二战"后，他们刚开始确实担心发生核战争，不希望发生第三次世界大战，但现实的生活又使得公众对这些问题的关注和投入较为有限。如果不涉及公众的现实利益的话，有多少人愿意为世界政府而努力呢？

爱因斯坦后来对公众的冷漠表示失望。1954 年 4 月 29 日，爱因斯坦在一封信中说："……每个人都只迫于个人处境，并按他的个人利益行事。我本人是想什么就讲什么。但是，我知道，这并不意味着，我能发动一场甘地所能发动的民众运动。你可以确信，只求助于理性，是什么事也办不成的。"③

总的说来，爱因斯坦的世界政府思想主要在他睿智的大脑里闪光，难

---

① Smith, Alice. *A Peril and a Hope: the Scientists' Movement in America* 1945—1947. Chicago: The University of Chicago Press, 1965, p. 203.

② Katz, Milton. *Ban the Bomb*. New York: Greenwood Press, 1986, p. 5.

③ 内森、诺登：《爱因斯坦论和平》（下），刘新民译，湖南出版社 1992 年版，第 312 页。

以走向社会现实。更何况，作为一位著名的科学家，科学研究仍然占据着他的主要精力。虽然爱因斯坦对政治非常感兴趣，也颇为投入，但在他的生活中，科学研究仍然是第一位的。比如，1946 年 4 月 21 日，爱因斯坦在给贝索的信中说："如果你不时看到我的名字同政治事件联系在一起，请你不要以为我在这方面花很多时间，因为在政治这个不毛之地上浪费很多气力原是可悲的。但是，有时候也只能这样做，例如，有时候就必须向公众说明建立世界政府的必要性，如果没有这样的政府，人类最美好的东西要不了几年就会全部沦丧。"①

值得注意的是，在参与原子能国际控制运动的科学家当中，这几乎是一种普遍现象。跟爱因斯坦一样，大多数科学家都不擅长政治斗争。更重要的是，这些科学家并不愿意成为政治家，他们更倾向于做宣传人员。他们一起分析问题，提出方案，贯彻执行。科学家坚信他们的思想来自于科学事实，这使得他们的演讲真诚而动人，但也导致他们的思想缺乏一定的灵活性。在科学研究中，科学家能够沉着地应对各种波折，但是，当他们面对并不熟悉的政治世界中的挫败时，科学家却很容易由充满希望转变为绝望。对各种不同观点的习惯性的宽容，有时也使得科学家与公正的判断渐行渐远。另外，在这场世界政府运动中，科学家群体当中缺乏有力的领导人物。虽然他们鼓励大家去思考原子能的影响，但科学家却不能为之提供有力的指导。大多数科学家在面对全新的政治领域时，他们不愿意担负起领导职责，来告诉别人应该如何去做。少数具有领导能力的科学家已经成了美国政府的顾问，不可能来从事世界政府的领导工作。②

五　爱因斯坦设想的简单性与理想性

我们可以看到，爱因斯坦为了创立世界政府做了大量工作。他积极参加各种会议，在他认可的各种宣言上签名，耐心地回答来自世界各地的不同人群的提问。而且，爱因斯坦在他生命的最后十年之中为世界政府而不

---

① 爱因斯坦：《爱因斯坦文集》（第三卷），许良英、赵中立、张宣三编译，商务印书馆2009 年版，第 253 页。

② Smith, Alice. *A Peril and a Hope: the Scientists' Movement in America* 1945—1947. Chicago: The University of Chicago Press, 1965, pp. 529—533.

懈努力的方式，与他在柏林期间的社会活动有了明显的变化。在柏林期间，爱因斯坦也参加了一些社会活动，但他几乎不参加群众活动，他的社会活动不是"由基层出发"，而是采取"自上而下"的路线，即单凭提出建议的说服力来感召民众。① 至于他的言论究竟可以产生多大的影响，他似乎并不关心。但是，爱因斯坦为世界政府所付出的努力是全面的。他亲自担任原子能科学家应急委员会的主席，积极参加委员会的各项工作。他还注重通过言论影响普通民众，强调加强对公众的教育从而唤起他们的觉悟的重要性，同时，他也通过各种努力去影响社会上层人物，包括政治家，即使碰壁之后仍不轻易放弃。

虽然爱因斯坦做出了大量的努力，他的理想直到他去世仍然只是一个美丽的"肥皂泡"。在经历了一些挫折之后，他的行动更加理性，对一些他认为没有成功希望的活动也予以拒绝。他多次表示对政治的失望，悲叹人们对建立世界政府的冷漠，只好埋头科学研究而暂时地忘却这些不快。

与所有同时代的著名科学家相比，爱因斯坦的确做了很多工作。但是，跟一些理论家相比，爱因斯坦关于世界政府的设想并不是系统的，而是充满了理想主义的色彩。在美国学者尤柯（James Yunker）看来，在"二战"后提出的林林总总的关于世界政府的设想中，有三种最具代表性。第一种是贝佳斯（Giuseppe Borgese）在著作《世界共和体制的基础》中提出的②，第二种是克拉克（Grenville Clark）和索恩（Louis Sohn）在著作《通过世界法实现世界和平》中提出的③，第三种是卫斯理（Philip Isely）提出的地球联邦（Federation of Earth）设想。前两种设想由著名大学出版社出版的专著详细论述，第三种设想则进行了长期的实践，卫斯理曾长期担任世界宪法与议会协会（World Constitution and Parliament Association）秘书长。④ 从第三节可以看出，爱因斯坦关于世界政府的思想可以说主要

---

① 戈纳：《爱因斯坦在柏林》，李中文译，中央编译出版社 2012 年版，第 372 页。

② Borgese, Giuseppe. *Foundations of the World Republic.* Chicago：University of Chicago Press, 1953.

③ Clark, Grenville and Sohn, Louis. *World Peace through World Law：Two Alternative Plans.* Cambridge：Harvard University Press, 1958. 该书此后多次再版。

④ Yunker, James. *Rethinking World Government：A New Approach.* Lanham：University Press of America, Inc. 2005, pp. 173—174.

是一些初步的设想，远远谈不上是一个系统的政治纲领，跟这三种代表性设想还有很大的差距。即使有着比较丰富的理论准备与实践经验，世界政府运动仍然归于沉寂，爱因斯坦的失败也就在所难免了。

爱因斯坦设想的世界政府本质上是一个军事机构，主要负责国际安全。但是，要想让主权国家放弃部分主权，特别是军事方面的权力，谈何容易？当时美国与苏联之间的敌对状态，很难从根本上予以消除。即使赞成爱因斯坦的世界政府思想的人，在参加活动的过程中，很少有人像爱因斯坦那样意志坚定。另外，要想唤起民众的觉悟，也绝非一朝一夕之功。更何况，爱因斯坦对世界政府的设想也缺乏可操作性，比如通过直接选举来产生代表，确实是很难实现的。

爱因斯坦也认识到，单单靠理性的力量还不足以建立一个世界政府。他指出："争取'法治基础上的和平'运动，除非聚集起一种宗教运动的力量和热情，否则就很难有成功的希望。那些对人类的道德教育负有责任的人，面临着一项重大的任务，并且有一个挑战的机会。我认为原子科学家已经相信，他们不能单用逻辑来唤起美国人民认清原子时代的真理。必须加上深挚的感情力量，这也就是宗教的基本成分。"[1]爱因斯坦的见解固然是深刻的，他本人确实也做到了这一点，但要激发起人们热爱世界政府的精神力量，对许多知识分子来说都是不可能的，要普通民众做到这一点就更困难了。有多少人能够达到爱因斯坦那样的思想境界呢？

第六节　分析与评价

一　爱因斯坦世界政府思想的渊源

爱因斯坦在他生命的最后十年中，为世界政府而奔走呼号，主要的目的是为了争取世界和平，防止大规模战争的发生。爱因斯坦担心，在原子时代发生的大规模战争不可避免地会使用原子弹和氢弹，而这些武器威力

---

① 爱因斯坦：《爱因斯坦文集》（第三卷），许良英、赵中立、张宣三编译，商务印书馆2009年版，第276页。

巨大，会导致全人类的毁灭。爱因斯坦对战争的忧虑主要是源于他强烈的社会责任感，但也跟他与原子弹产生过程中所起的作用是分不开的。虽然他从未从事过与制造原子弹有关的研究工作，但他很清楚，他的科学研究为原子弹的研制提供了理论上的依据，他于 1939 年写给罗斯福总统建议研制原子弹的信，更让他内心充满自责。[①]

爱因斯坦对世界政府的偏好与他的政治哲学理念是完全一致的。他热爱和平、民主，希望全世界人民和睦相处，而这些思想主要源于犹太传统和一些哲学家的著作。爱因斯坦对犹太人对社会正义与和平事业的追求给予高度评价，并一直以自己是一位犹太人而自豪，即使在遭受一些迫害之后仍然保持深厚的民族感情。另外，爱因斯坦的政治哲学与康德（Immanuel Kant）的政治哲学有着密切的联系。爱因斯坦 13 岁就开始阅读康德的著作，大学期间专门选修了《康德哲学》课程，康德对爱因斯坦的影响是不言而喻的。比如，康德倡导为了维护和平而建立若干国家的联合体，每一个邻近的民族都可以自由参加，他称之为"各民族的永久性的联合大会"。[②] 这跟爱因斯坦的世界政府的设想是非常类似的。

爱因斯坦之所以热爱和平、坚持自己世界政府的思想，其精神动力还在于他热爱生命的本能感情。1929 年，爱因斯坦在接受《基督教世纪》编辑访谈时说："我的和平主义是一种本能的感情，这种感情支配着我，屠杀另外的人的想法对我来说是令人憎恶的。"[③] 在爱因斯坦看来，"生命是神圣的，也就是说它的价值最高，对于它，其他一切价值都是次一等的。"[④] 确实，爱因斯坦的和平主义并不是一种固执的教条，它是对权力竞争所造成的恶劣后果进行的一种质朴而直接的判断。[⑤]

---

① 虽然爱因斯坦没有直接参与原子弹的研制，但他对研制过程是相当了解的。参见 Schweber, Silvan. Einstein and Nuclear Weapons. In Peter Galison et al. *Einstein for the 21st Century*. Princeton：Princeton Press，2008，pp. 72—97.

② 康德：《论永久和平》，李鹏程等，《政治哲学经典》，人民出版社 2008 年版，第 350 页。

③ 内森、诺登：《爱因斯坦论和平》（上），李醒民译，湖南出版社 1992 年版，第 139 页。

④ 爱因斯坦：《爱因斯坦文集》（第三卷），许良英、赵中立、张宣三编译，商务印书馆 2009 年版，第 120 页。

⑤ Weizsacker, Carl Friedrichv. Einstein's Importance to Physics, Philosophy, and Politics. In Aichelburg, Peter and Sexl, Roman edited. *Albert Einstein：His Influence on Physics，Philosophy and Politics*. Braunschweig：Friedr. Vieweg & Sohn，1979，pp. 159—168.

二　爱因斯坦的统一性思想

　　虽然爱因斯坦热心社会活动，关心人类的命运，但他主要是一位科学家，而不是一位政治家，他在科学研究中形成的一些信念极有可能会影响到他的社会哲学思想。对于爱因斯坦的科学哲学思想，许多科学家、哲学家与科学史家从不同的角度进行了完全不同的解读，得出了许多大相径庭的结论。尽管如此，爱因斯坦科学哲学思想中的统一性思想是许多学者公认的。从狭义相对论到广义相对论，再到后来的统一场论研究，统一性思想对爱因斯坦科学研究的指导作用是清晰可见的。虽然爱因斯坦的统一性思想存在一定的缺陷，但它指导爱因斯坦取得了巨大的成功，也深刻地影响着 20 世纪的科学发展。可能正是由于在科学上的成功，特别是从狭义相对论到广义相对论的成功，爱因斯坦对统一性思想深信不疑，这种坚定的信念甚至影响了爱因斯坦的社会哲学思想。

　　从某种程度上说，统一性思想在爱因斯坦的社会哲学思想中的表现就是国际主义、世界主义。在爱因斯坦看来，国际主义意味着国家之间的合理性的关系、民族之间的健全联合和理解、在不干涉任何民族特殊习俗的情况下为相互推进而彼此合作。[1] 爱因斯坦用自己的言行表明，他总是站在全世界和全人类的立场来观察问题和处理问题，处处为人类的长远利益、根本福祉和终极价值着想，憧憬建立一个和平、民主、自由、幸福的世界秩序和美好社会。[2] 作为一位科学家，拥有这样的胸怀是伟大的。然而，科学研究方面的合作与知识分子之间的联合是相对容易的，但是要让各国政治家在一定程度上放弃本国的利益，像爱因斯坦那样去追求世界政府，显然并不容易做到。

　　爱因斯坦的世界政府思想与他的社会主义理想有着内在的一致性。在后文《社会主义思想》一章中我们将看到，爱因斯坦信仰社会主义，而且他的社会主义思想也产生了一定的影响。在马克思看来，社会主义可以发展到共产主义，国家作为阶段压迫的工具，在共产主义阶段会走向消亡。

---

① 内森、诺登：《爱因斯坦论和平》（上），李醒民译，湖南出版社 1992 年版，第 72 页。
② 李醒民：《爱因斯坦》，商务印书馆 2005 年版，第 228 页。

爱因斯坦的统一性、和平主义、社会主义、国际主义思想都使得他觉得世界政府是很自然的，很容易接受的，但在其他人那里，就没有这么理所当然了。

三　爱因斯坦世界政府思想的历史地位

虽然爱因斯坦不是世界政府思想的首创者和系统阐述者，但他注定要作为世界政府的积极倡导者与宣传者而名垂青史。在爱因斯坦生命最后的未完成手稿中，最末几句话仍然在为没有实现世界政府的理想而叹息："没有一个处于负责地位的政治家敢于采取超国家安全这条唯一能提供一点和平希望的路线，因为对于一个政治家来说，遵循这样一条路线，就等于政治上的自杀。政治激情一旦被煽动了起来，就会逼着它的受骗者……"①

虽然爱因斯坦没有实现他的世界政府的愿望，不过，数十年过去了，他担心的原子战争至今没有爆发，也可以说爱因斯坦等人对原子战争危害性的宣传起到了一定的效果。凭借他巨大的声望，爱因斯坦生前对世界政府的宣传毕竟还是影响了一些人，他的思想已经在众多人的心里扎下了根。在爱因斯坦逝世之后，他签署的《罗素—爱因斯坦宣言》引起很大反响，后来罗素（Bertrand Russell）等人发起的帕格沃什运动为世界核裁军与和平做出了巨大的贡献，也足以告慰爱因斯坦的在天之灵了。时至今日，在许多论述世界政府与 20 世纪和平运动的论著中，经常出现爱因斯坦的名字，也足以说明他在学术界的影响之大。比如，在一本关于美国和平运动的著作当中，作者声称"只选择真正倡导和平，而不仅仅是反对某次特定冲突的个人和组织"，其中专门列出了"爱因斯坦"、"爱因斯坦—罗素宣言"以及 ECAS 的词条。②

四　爱因斯坦幼稚吗？

除了美国政府的一些政治家认为爱因斯坦关于世界政府的思想是幼稚

---

① 爱因斯坦：《爱因斯坦文集》（第三卷），许良英、赵中立、张宣三编译，商务印书馆 2009 年版，第 389 页。

② Lunardini, Christine. *The American Peace Movement in the Twentieth Century.* Santa Barbara：Abc-Clio, Inc. , 1994, pp. 77—80. 作者连获得 1973 年诺贝尔和平奖的美国前国务卿基辛格（Henry Kissinger）都未选入，因为基辛格不符合选择标准，可见作者之严谨。

的之外，还有一些学者也持类似看法。比如，德国著名戏剧家与诗人布莱希特（Bertolt Brecht）在 1945 年 10 月 28 日写道:"爱因斯坦呼吁原子弹不应该移交给其他国家，特别是俄国……他倡导的'世界政府'似乎在标准石油（Standard Oil）[1] 的意象中被创造出来了。爱因斯坦在他的专业上有着一个聪慧的头脑，但里面住着一个不太好的小提琴手，而且永远像个学童一样，具有将政治整齐划一的倾向。"[2] 但是，更多的学者并不这么看。物理学家兼作家伯恩斯坦（Bernstein）认为，爱因斯坦的政治思想坚强、明晰、极富有远见卓识，爱因斯坦绝不是像许多人有时认为的那样，是一个不明事理的理想主义者。[3] 派斯（Abraham Pais）也指出:"他的建议，有的也许不实际，有的也许不成熟，然而，可以肯定的是，它们都来自一个清晰的头脑和强烈的道德信念。"[4] 派斯记得爱因斯坦曾说过，政治问题的重要特征是:没有答案，只有妥协。不过，"通过妥协来解决问题，却是与爱因斯坦的生活和科学最不能调和的。他常对政治问题发表看法，总想解决它们，而他的那些看法总被人说成是天真幼稚。在我看来，爱因斯坦不但不幼稚，而且深深地知道人类愁苦和愚昧的天性。他对政治问题的见解并不是立刻可行的，并且我认为它们在总体上也没有产生很大的影响，然而他情愿并且高兴为此付出明智的代价（price of sanity）。"[5]

对于爱因斯坦的和平主义立场，著名学者斯诺（Charles P. Snow）指出，在爱因斯坦的晚年，一些美国人常常说他幼稚，但斯诺强烈反对这种看法。在他看来，爱因斯坦一点也不幼稚。他们的意思应该是，爱因斯坦并不认为美国总是百分之百正确，而苏联则是百分之百错误。[6]

---

① 标准石油是美国历史上一个强大的，综合石油生产、提炼、运输与营销的公司，1870 年成立，在 1911 年被美国最高法院拆解前，是世界上最大的石油公司和主要的托拉斯，也是世界上最早出现的、规模最大的跨国公司之一。根据维基百科"标准石油"词条。参见 http: // zh. wikipedia. org/wiki/标准石油。引用日期: 2013 - 8 - 3。

② Balibar, Françoise. *Einstein*: *Decoding the Universe*. New York: Harry N. Abrams, Inc. , Publishers, 2001, p. 87.

③ 罗宾逊:《爱因斯坦: 相对论一百年》，张卜天译，湖南科学技术出版社 2006 年版，第 202 页。

④ 派斯:《爱因斯坦传》，方在庆、李勇等译，商务印书馆 2003 年版，第 682 页。

⑤ 同上书，第 15 页。

⑥ Snow, C. P. Albert Einstein 1879—1955. In A. P. French edited. *Einstein*: *A Century Volume*. Cambridge University Press, 1979, p. 5.

诺贝尔物理学奖获得者拉比（Isidor Rabi）的说法更令我们深思："他给人一种在政治上非常天真幼稚、在科学问题上又非常固执的印象。不过我不认为他真的如此天真，他是个非常高明非常复杂的人。他只是看上去比较单纯，因为他直截了当地深入问题的本质。如果你没有接受这种从本质上探讨问题的方式，你就会觉得他太单纯。"① 无论如何，爱因斯坦思考的问题是严峻的，思维是极其理性的。正如布劳恩（Reiner Braun）和克里格（David Krieger）所说的那样，爱因斯坦的立场可以称为"理性的和平主义"。他不只是从伦理道德的角度反对战争，他的态度建立在科学论证的基础之上，并在政治上采用务实的方式解决和平问题。② 从理论上讲，在原子时代刚刚到来之际，如何实现原子武器的国际控制，世界政府可能是人们能够想到的最好的办法。时至今日，世界和平的问题并没有从根本上得到解决，核武器也逐渐扩散开来，维护世界和平仍然任重道远。如果世界人民都能够学习一点爱因斯坦的"幼稚"精神的话，世界和平的道路可能会好走得多。或许我们都应该思考一下，我们能为控制与管理核武器想到更好的办法吗？

五 从世界政府到全球治理

冷战结束之后，伴随着形形色色的全球性问题的涌现，世界政府的思想又重新活跃起来，许多学者围绕这个话题发表了大量的论著。比如，气候变化问题、移民问题、恐怖主义、大规模杀伤性武器的扩散问题，等等，这些问题的解决都需要全球性的合作，而这些问题在联合国的框架内是无法完成的。有的学者认为世界政府不仅是可能的，而且是可取的；③ 有的学者认为世界政府是不可避免的，④ 还有一些美国学者希望建立一种由美国来领导的世界政府⑤。虽然世界各国的经济、种族、宗教等各

---

① 布莱恩：《鲜为人知的爱因斯坦》，杨宁宁译，金城出版社2006年版，第102—103页。

② Braun, Reiner and Krieger, David. *Einstein—Peace Now*! Weinheim：WILEY-VCH Verlag GmbH & Co. KGaA, 2005, p.2.

③ Tannsjo, Torbjorn. *Global Democracy*：*The Case for a World Government*. Edinburgh：Edinburgh University Press, 2008, p.134.

④ Wendt, Alexander. Why a world state is Inevitable. *European Journal of International Relations*, 2003, Vol.9, No.4, pp.491—542.

⑤ Mandelbaum, Michael. *The Case For Goliath*：*How American Acts As The World's Government in the 21st Century*. New York：Public Affairs, 2005.

方面的差异仍然存在，这些差异又使得走向世界政府之路困难重重，并不比爱因斯坦的时代来得轻松，但人们并没有因此而放弃这一理想。有的学者将爱因斯坦的世界政府思想称之为"全球化时代的诺亚方舟"①，确实是有一定的道理。

　　不过，相对于爱因斯坦主张的世界政府思想而言，现在学者们更多的是主张全球治理（global governance）这一理念。人们对全球治理概念的理解多种多样，总的来说大致是从国际制度、国际组织以及政治力量等三种角度进行阐述。② 我们可以这样来理解全球治理，它指大家一起努力识别、理解、宣传那些超出单个国家的解决能力的国际性问题；在没有世界政府的情况下，全球治理体现了国际组织在任何时候都可以及时提供类似于政府服务的能力。③

　　我国学者对全球治理的理论与实践研究也非常关注，取得了丰富的成果，有的高校还成立了专门的研究机构。但是，相对于如火如荼的全球治理研究而言，爱因斯坦时代的世界政府运动几乎无人问津。其实，从理论渊源来看，世界政府思想是全球治理理论的重要来源之一。深入挖掘爱因斯坦等人倡导的世界政府思想，对于当前我们理解全球治理有着积极的意义。倡导全球治理的学者，还可以从世界政府运动中吸取有益的经验教训。更何况，真正的全球治理应该是全球民主下的"有政府的治理"，④ 这就把全球治理与世界政府联系起来了。美国西伊利诺伊大学教授尤克（James Yunker）认为，政府所做的事就是管理，"没有政府的管理"就像是"没有腿的行走"或者"没有车的驾驶"。⑤ 虽然现在人们普遍反对世界政府的主张，但一个有限的世界政府的存在，才能推进全球治理的稳步

---

　　① 丁长青:《全球化时代的诺亚方舟——爱因斯坦的世界政府》,《自然辩证法研究》2010年第7期。

　　② Hewson, Martin and Sinclair, Timothy. The Emergence of Global Governance Theory. In Hewson, Martin and Sinclair, Timothy edited. *Approaches to Global Governance Theory*. New York: State University of New York Press, 1999, pp. 3—22.

　　③ Weiss, Thomas. What Happened to the Idea of World Government. *International Studies Quarterly*, 2009, Vol. 53, No. 2, pp. 253—271.

　　④ 庞中英:《"全球政府":一种根本而有效的全球治理手段?》,《国际观察》2011年第6期。

　　⑤ Yunker, James. *Rethinking World Government: A New Approach*. Lanham: University Press of America, Inc. 2005, p. 265.

发展，否则全球治理就是纸上谈兵。①

当然，爱因斯坦主张世界政府的出发点主要是世界和平与人类生存，当时有许多著名的科学家参与了这场运动，而当前倡导全球治理的主要是社会科学家，他们从经济发展、国际关系与全球性问题等角度进行论证。尽管存在一定的差异，但深入探讨爱因斯坦的世界政府思想，进而全面回顾这场世界政府运动，仍然有着积极的理论与现实意义。

小　结

20世纪40年代，美国许多知识分子参与了世界政府运动，爱因斯坦是其中比较著名的一位。而且，世界政府运动是爱因斯坦参与政治活动的高潮，此后，他参与政治的热情明显降低了。虽然爱因斯坦为此付出了很大的努力，但这场运动由于种种原因仍然失败了。不过，正如李醒民评价爱因斯坦的世界政府思想时所说的那样，"爱因斯坦的意愿是善良的，态度是诚恳的，构想是理性的，行动是切实的"。② 爱因斯坦在参与世界政府运动的过程中，表现出来一种强烈的社会责任感，令人肃然起敬，值得所有人深思。正如美国著名的废奴运动领袖道格拉斯（Frederick Douglass）说："没有斗争，就没有进步。"爱因斯坦长期的斗争，为世界和平运动做出的贡献与他的科学成就一样影响深远。正如爱因斯坦1931年所说的那样："我能作的或能说的事情都不会改变宇宙的结构。但是，通过我的大声疾呼，也许我能够有助于一切事业中最伟大的事业——人与人之间的善良意愿和地球上的和平。"③ 任何热爱和平的人士，都可以从爱因斯坦身上汲取到斗争的力量，这也是作为"和平斗士"的爱因斯坦魅力之所在。

---

① Yunker, James. *Rethinking World Government*: *A New Approach*. Lanham: University Press of America, Inc. 2005, p. 235.

② 李醒民：《爱因斯坦》，商务印书馆2005年版，第232页。

③ 内森、诺登：《爱因斯坦论和平》（上），李醒民译，湖南出版社1992年版，第176页。

第六章 自由观:麦卡锡时期的自由斗士

自 20 世纪 50 年代以来，随着麦卡锡主义（McCarthyism）影响的增大，美国掀起了一股声势浩大的反共浪潮。爱因斯坦痛恨麦卡锡（Joseph McCarthy）等人打着国家安全的旗号，肆意破坏与干扰学术自由和思想自由。由于爱因斯坦的巨大声望，他对学术自由与思想自由的号召与支持，产生了广泛而深远的影响。1955 年 4 月 18 日，也就是爱因斯坦逝世的这一天，《普林斯顿日报》出版号外，报道了他的去世。除了许多同事和朋友的怀念与称颂的内容之外，另外专门有一栏讲述爱因斯坦对学术自由的关注。① 由此可见，爱因斯坦的学术自由思想的确产生了一定的影响。本章就几个代表性的事件及其影响进行简要论述。

第一节 历史背景

一 麦卡锡主义的兴起与影响

一般认为，麦卡锡主义是"二战"后冷战大环境的产物。"二战"结束后，随着苏联成功爆炸第一颗原子弹（1949 年 8 月 29 日）、中华人民共和国的成立以及朝鲜战争的爆发等，这些事件导致美国上上下下都感到一种真实的共产主义的威胁。再加上美国长期以来的反共传统，以及国内复杂的政治斗争，使得以美国共和党参议员麦卡锡为代表的政府官员在美国

---

① Einstein Dies! Academic Freedom Was A Concern of Physicist. *The Daily Princetonian*, 1955 – 4 – 18, Vol. LXXIX, No. 51, extra.

掀起了一波又一波的清查美国政府中的共产党活动的浪潮。①

许多人在这场运动中受到迫害，最为著名的是罗森堡夫妇（Julius and Ethel Rosenberg）被判处死刑；大约有 150 人被捕入狱，不过大多数人一两年之后被释放。其实，惩罚更主要来自于经济方面——许多人为此失业。如果没有用人单位的配合，麦卡锡主义的正式表现——公开审讯、FBI 调查以及刑事起诉——也许不会产生如此巨大的影响。在麦卡锡时期究竟有多少人因为政治原因被开除，很难精确地进行统计，这是因为雇主和被开除的雇员都试图隐瞒曾经发生的事——前者是为了保护自己不受侵犯公民自由的指控，而后者则为了获得新的工作机会。不过，耶鲁大学法学院布朗（Ralph Brown）教授对麦卡锡时期的经济损失进行了最为全面的研究，他估计大约有一万人左右失去工作。但是，布朗也承认，这个数字可能被低估了，因为它没有包括那些被拒绝的求职者、在压力下辞职的人，以及谎称因为其他原因被开除的人，等等。②

大多数美国人出于恐惧而保持沉默，他们甚至被称之为"沉默的一代"。1952 年 1 月 13 日，美国最高法院法官道格拉斯（William O. Douglas）在《纽约时报杂志》上撰文指出，恐惧使得越来越多的男男女女要么保持沉默，要么委曲求全。他们担心失去工作，担心被调查，担心被逮捕。这种恐惧僵化了人们的思维，限制了公众的自由讨论，使得许许多多的有识之士感到绝望。而且，这种恐惧已经影响到了青年人。道格拉斯希望人们能够发出声音，他强调人的思想必须是自由的，强大的社会就是支持并鼓励思想与言论自由的社会。③

爱因斯坦对美国民众对麦卡锡主义的不抵抗深感失望。1951 年 1 月 6 日，他在给老朋友比利时王后的信中说："在以极其沉重的代价最终击败德

---

① 王希：《麦卡锡主义的闹剧与悲剧》，《世界知识》2001 年第 18 期。国内学界对麦卡锡主义研究较为薄弱，关于美国历史学界的研究现状，可参见孙超《美国史学界关于麦卡锡主义的争论》，《山西师大学报》（社会科学版）2008 年第 3 期。

② Schrecker, Ellen. *The Age of McCarthyism: A Brief History with Documents*. New York: Bedford Books of St. Martin's Press, 1994, p.76. 四年后，施克雷（Ellen Schrecker）在另一本著作中指出，大约有一万至一万二千人失去工作。Schrecker, Ellen. *Many are the Crimes: McCarthyism in America*. Boston: Little, Brown and Company, 1998, p. xiii.

③ Douglas, William. The Black Silence of Fear. *New York Times*, 1952-1-13, pp. SM7, 37—38.

国后，这些可爱的美国人竟神气十足地取而代之。有谁能让他们恢复理智呢？几年前发生在德国的巨大灾难正在重演，人们毫不抵抗地予以默认，或与这些邪恶势力为伍。我们对此是无能为力的，只能冷眼旁观而已。"①

美国学者发表了大量关于麦卡锡主义的研究论著。其中，有人试图为麦卡锡本人开脱罪责。赫尔曼（Arthur Herman）认为，在失业人员中，政府工作人员有两千人，但只有四十个案件麦卡锡本人应该负直接或间接责任。② 他甚至认为，麦卡锡的行为总的来说是正确多于错误，益处多于坏处。③ 但更多的学者对麦卡锡与麦卡锡主义持批判与否定的态度。摩根（Ted Morgan）认为，很多人为着政治利益而利用共产主义的话题，不顾一切地用莫须有的罪名诽谤他们的反对者，麦卡锡就是他们当中最为著名的一位。④ 斯通（Geoffrey R. Stone）认为，麦卡锡采用欺骗的方式以及残忍的手段获取他的政治利益，麦卡锡主义则使得如此多无辜的人失去荣誉，丢掉工作，个人生活也遭到破坏。这段历史对人们应该具有警示作用。⑤ 弗里德（Albert Fried）指出，让麦卡锡这样的人物为美国人民代言，在他们精神脆弱的时候被麦卡锡抓住了软肋，美国人民似乎已经为此感到羞愧。⑥ 当然，美国反对共产主义的潮流早在麦卡锡登上历史舞台之前就开始出现了，但麦卡锡对这股潮流所起的推波助澜的作用，却是毋庸置疑的。

二　重视学术与思想自由的爱因斯坦

爱因斯坦一贯重视学术自由与思想自由。1931 年，爱因斯坦在为贡贝耳（Emil Gumbel）事件准备的发言稿中，就试图为学术自由大声疾呼。⑦

---

① 内森、诺登：《爱因斯坦论和平》（下），刘新民译，湖南出版社 1992 年版，第 252 页。

② Herman, Arthur. *Joseph McCarthy*：*Reexamining the Life and Legacy of America's Most Hated Senator*. New York：The Free Press, 2000, p. 4.

③ Ibid., p. 139.

④ Morgan, Ted. *Reds*：*McCarthyism in Twentieth-Century America*. New York：Random House, 2003, preamble.

⑤ Stone, Geoffrey. Free Speech in the Age of McCarthy：A Cautionary Tale. *California Law Review*, 2005, Vol. 93, No. 5, pp. 1387—1412.

⑥ Fried, Albert. *McCarthyism*：*The Great American Red Scare, A Documentary History*. New York：Oxford University Press, 1997, p. 2.

⑦ 爱因斯坦：《爱因斯坦文集》（第三卷），许良英、赵中立、张宣三编译，商务印书馆 2009 年版，第 92—93 页。

在《教育观》一章中我们已经看到，爱因斯坦经常把教育自由与学术自由、思想自由放在一起论述，在他看来这两者是密切相关的。学术自由、思想自由的重要性对爱因斯坦来说是不言而喻的，他认为教育者应当承担起相应的责任。1939 年 2 月，爱因斯坦指出，"学术自由和保护种族上与宗教上的少数，构成民主的基础。使这条真理有充沛的生命力，并且认清个人权利不可侵犯的重大意义，是教育的最重要的任务。教师负有很大的责任，因为他有很多可以作出有效行动的机会。"①

同时，爱因斯坦认为，为了保卫学术自由，知识分子应该在政治上积极行动起来。他说："研究自由和研究结果在社会上能否有益地应用，要取决于政治因素。这就解释了为什么科学家不能以专家的身份，而只能以公民的身份来发挥他们的影响。这也进一步解释了为什么科学家为了自由地进行科学研究，有义务在政治上积极起来。"那么，科学家应该怎么行动呢？爱因斯坦说："他们应当有勇气同时作为教育者和政论家，明确地表明他们那些来之不易的政治和经济方面的信念。通过组织和集体的行动，他们应当尽力保护他们自己和社会，不使言论自由和教学自由受到任何侵犯，并且他们应当在这方面永远保持警惕。"②

1944 年，爱因斯坦在为"全国战时会议"而准备的书面意见中指出，知识分子缺乏组织，大家应该为自己的和全社会的利益团结起来。而且，能通过宣传和教育影响舆论的脑力劳动者组织，对于整个社会具有极大的意义。这种组织应有的任务是保卫学术自由，因为没有学术自由，民主社会的健康发展是不可能的。③ 爱因斯坦不但是这样讲，而且也是这样做的。1932 年 12 月 5 日，当爱因斯坦与夫人艾尔莎（Elsa Einstein）去美国领事馆进行签证面谈时，他与签证官的对话就充分表现出了他鲜明的个性。

"你的政治信条是什么？"

爱因斯坦："噢，我不知道。这问题我无法回答。"

---

① 爱因斯坦：《爱因斯坦文集》（第三卷），许良英、赵中立、张宣三编译，商务印书馆 2009 年版，第 202 页。

② 同上书，第 201—202 页。

③ 同上书，第 227 页。

"你有没有加入任何组织？"

爱因斯坦："噢，有的，我是反战联盟的会员。"

……

"你是否属于或同情哪个政党？比如说，你是不是共产党员或无政府主义者？"

爱因斯坦终于爆发了，他大吼："这是什么，宗教法庭吗？你是不是打算要什么诡计？我不想回答这些蠢问题……"①

第二天，美国领事馆给爱因斯坦发出了签证。

1952 年，爱因斯坦在发表于《原子能科学家公报》的文章写道："思想和科学发现的自由交流对任何文化生活领域都是必不可少的，对科学的健康发展也是必不可少的。我认为，毫无疑问，美国政府当局的干预已给知识的自由交流造成相当大的损害。迄今为止，这一损害主要影响到科学工作，但不久就会在所有工业部门感觉到。"②

当面对美国的麦卡锡主义狂潮时，爱因斯坦同样坚决地予以批判与还击。这些体现了他对自由的坚定信念。在他与麦卡锡主义斗争的过程中，有几件事产生了重大的影响，以下就简要叙述这些事件的过程与影响。

第二节　"弗劳恩格拉斯"事件

一　爱因斯坦对弗劳恩格拉斯的支持

麦卡锡通过参议院的调查小组委员会，把许许多多他们怀疑的对象叫去，盘问他们的政治信仰和社会、政治关系。那些认为这些调查是对受宪法第一修正案保护的自由权利的侵犯，从而因此拒绝作答的人，将会因蔑视国会罪而被判处监禁；如果以宪法第五修正案为理由拒绝作答，则会被处于罚款（按照宪法第五修正案，如果证人的证言于己不利，他可拒绝作证）。③

---

① 杰罗姆：《爱因斯坦档案》，席玉苹译，广西师范大学出版社 2011 年版，第 11—12 页。
② 内森、诺登：《爱因斯坦论和平》（下），刘新民译，湖南出版社 1992 年版，第 269 页。
③ 同上书，第 244 页。

在纽约教师团体中，这种清查活动从 20 世纪 50 年代初就开始了。1950 年 3 月 16 日，纽约教育委员会投票开除了一名已经在纽约布鲁克林工作了三十年的小学教师施奈德曼夫人（Mrs. Sylvia Schneiderman），原因是她在政治信仰方面撒了谎。六周之后，又有 8 名教师被停职，其中不乏有数十年教龄的老教师。而且，这 8 名教师全是犹太人。1951 年 2 月，这些教师被开除，由此揭开了大规模清查教师的序幕。后来的调查越来越可耻，许多教师被叫去询问他们看了些什么书，认识哪些人，他们的政治立场与观点，调查者甚至打电话给一些教师的家人去获取信息。之后，越来越多的教师被开除。① 1953 年 6 月 19 日，《纽约时报》报道称，18 日，接受爱因斯坦建议的教师被教育局开除了，这名教师叫弗劳恩格拉斯（William Frauenglass），同时还有另外 5 名教师被开除。② 这是怎么回事？他是怎么想起跟爱因斯坦联系的呢？

1953 年，爱因斯坦获得了洛德与泰勒（Lord & Taylor）百货公司颁发的独立思考奖，以表彰他在科学研究方面的标新立异。5 月 4 日，爱因斯坦在获奖广播讲话中说：

> 我很高兴把这个奖作为一种友好感情的表达而接受它。看到一个不可救药的标新立异者的顽固不化受到大家热情的称赞，我由衷地感到高兴。诚然，我们关注的是一个偏僻领域中的标新立异，在该领域中，参议院委员会目前尚未感觉到有必要去进行一种重要的攻击任务，以防止威胁到缺乏批判能力或胆小的市民的内在安全的那种危险。
>
> 至于那些热情赞扬我的话，我慎于对之进行评论。对于仍然相信存在诸如真诚的谦逊的人来说会怎么样？我可能会冒着被认为是一个老伪君子的风险。相信大家能够理解，我找不到勇敢面对这一风险的勇气。

① Caute, David. *The Great Fear: The Anti-Communist Purge Under Truman and Eisenhower*. New York: Simon and Schuster, 1978, pp. 434—439.

② Teacher Advised by Einstein is Out, Brooklyn Man Instructed Not to Testify by Scientist and Five Others Ousted Here. *New York Times*, 1953 - 6 - 19, p. 9.

因此，毫无疑问，我对大家充满感激之情。①

很明显，爱因斯坦在这里讽刺了麦卡锡主义无孔不入的调查。

弗劳恩格拉斯是纽约布鲁克林的麦迪逊（James Madison）中学的英文教师，他已经从教 23 年了。弗劳恩格拉斯听到了爱因斯坦的讲话，从他的讲话中听出了他对麦卡锡主义的讽刺与批评。4 月 24 日，弗劳恩格拉斯被国家安全小组委员会传唤，因为他在六年前在一个由教育局举办的研讨会上作了关于"跨文化教学的技巧"的演讲，被委员认定为"违背了美国的利益"的证据。在听了爱因斯坦的广播讲话之后，5 月 9 日，他给爱因斯坦写信说："根据宪法的基本原则，我拒绝回答关于政治归属的问题"。弗劳恩格拉斯也提到，根据城市宪章第 903 款，他现在面临着被开除的危险。这一条款规定，对于采用宪法第五修正案而拒绝回答官方问题的雇员将被开除。他在信中写道："要想联合教育工作者和社会大众抵挡这股新兴蒙昧主义的攻击，您发表一份声明将是最有帮助的。"②

1953 年 5 月 16 日，爱因斯坦在给弗劳恩格拉斯的回信中写道：③

亲爱的弗劳恩格拉斯先生：

感谢您的来信。我说的'偏僻领域'是指物理学的理论基础。

我国知识分子所面临的问题是非常严重的。反动政客在公众眼

---

①　Einstein, Albert. Address on Receiving Lord & Taylor Award. In Seelig, Carl edited. *Ideas and Opinions*, New York：Crown Publishers, Inc. , 1982, p. 33. 爱因斯坦把一千美元的奖金捐给了美国流亡学者委员会。

②　Buder, Leonard. "Refuse to Testify," Einstein Advises Intellectuals Call In by Congress. *New York Times*, 1953 - 6 - 12, p. 1 and p. 9.

③　爱因斯坦：《爱因斯坦文集》（第三卷），许良英、赵中立、张宣三编译，商务印书馆 2009 年版，第 365—366 页。此为完整的版本，虽然删掉那一句话是弗劳恩格拉斯经爱因斯坦允许而做出的，不过爱因斯坦后来后悔这样做。参见 Sayen, Jamie. *Einstein in America*. New York：Crown Publishers, Inc. , 1985, p. 271. 1953 年 7 月 1 日的《原子能科学家公报》也发表了此信，不过是与《纽约时报》一样的不完整的版本。参见 Congressional Investigations. *Bulletin of Atomic Scientist*, 1953, Vol. 9, No. 6, pp. 229—230.《爱因斯坦论政治》收入的也是《纽约时报》的版本。参见 Rowe, David and Schulmann, Robert. *Einstein on Politics*. Princeton：Princeton University Press, 2007, pp. 494—495.

前虚晃着一种外来的危险，借此来引起他们怀疑一切理智的努力。到目前为止，这伙人是得逞了，现在开始来禁止教学自由，对于一切不肯证明自己是顺从的人，就剥夺他们的职位，也就是说要饿死他们。

为了反对这种罪恶，只居少数的知识分子应当怎么办呢？老实说，我看只有照甘地（Gandhi）所主张的那种不合作的革命方法去办。每一个受到委员会传讯的知识分子都应当拒绝作证，也就是说，他必须准备坐牢和准备经济破产，总之，他必须准备为他的祖国的文明幸福的利益而牺牲他的个人幸福。

但这种拒绝作证的依据，不应当是大家所熟知的那种遁词，即援引《第五条修正案》以免自己可能受到牵连；而所依据的应当是这样的主张：无辜的公民屈服于这种审问是可耻的，而这种审问是违反《宪法》精神的。

如果有足够多的人下决心采取这种严肃的步骤，他们就会得到胜利。否则，我国知识分子所应当得到的，绝不会比那个为他们准备着的奴役好多少。

您的真诚的

爱因斯坦

1953 年 5 月 16 日

1953 年 6 月 12 日，《纽约时报》发表了这封信。这篇报道由布德尔（Leonard Buder）撰写，题目是《拒绝作证：爱因斯坦给被国会传唤的知识分子的建议》，布德尔介绍了此信的由来，并指出，在发表之前，曾通过电话把这封信读给爱因斯坦听，爱因斯坦确认信是他写的。爱因斯坦还说，如果他收到传票，也会拒绝作证。在报道的最后，布德尔指出，弗劳恩格拉斯于前一日说，爱因斯坦在信中提到知识分子在拒绝作证时，不应该根据第五修正案来寻求保护。然而，他同意将"但这种拒绝作证的依据……即援引《第五条修正案》以免自己可能受到牵连"这一句删掉。弗劳恩格拉斯还告诉布德尔，他周一上午没有预约就去见了爱因斯坦，告诉爱因斯坦他要公开此信的打算，并做好去坐牢的准备。①

6 月 13 日，《纽约时报》以"七名教师面临解职"为题发表了一篇报道称，七名公立学校教师在面对国会委员会询问时，拒绝回答被指控是共产党员的相关问题，因而面临被开除的危险。报道中专门提到这些教师当中包括弗劳恩格拉斯，他曾经公开了爱因斯坦鼓励知识分子在国会"审讯"时拒绝作证的信件。②

事实上，在发表该信之前，爱因斯坦还有些心存疑虑。他问内森（Otto Nathan）："你认为我会被送入大牢吗？"两人细致地讨论要不要从《纽约时报》把这封信撤回来。内森对此信也非常焦虑，不但因为它有可能使健康状况堪忧的爱因斯坦遭受牢狱之灾，而且还因为内森觉得第五修正案是许多麦卡锡主义受害者的最后一根救命稻草。当信件发表时，爱因斯坦其实并不乐观，但后来他拿此事与朋友开玩笑，假装失望地说，麦卡锡已经选择不回应他的挑战。爱因斯坦的朋友凯勒（Erich Kahler）③ 后来写道："在那段时间，我从未见过他如此开心，对自己的目标如此坚定。他的目的是激发公众的良知。"④

二　批判与支持

爱因斯坦的信发表后，第二天以及之后的一段时间，《纽约时报》等许多报纸就发表相关报道以及评论爱因斯坦言论的文章。

> 《纽约时报》（6 月 13 日）："在这种情况下，爱因斯坦教授建议运用公民不服从这一人为的不合法力量无异于以毒攻毒。爱因斯坦教授所反抗的情形固然需要纠正，但出路并不在于违反法律。"

---

① Buder, Leonard. 'Refuse to Testify,' Einstein Advises Intellectuals Call In by Congress. *New York Times*, 1953 - 6 - 12, p. 1 and p. 9.

② 7 Teachers Face Ouster. *New York Times*, 1953 - 6 - 13, p. 8.

③ 凯勒是美国文学家，出生于布拉格的犹太家庭，1933 年被纳粹剥夺德国国籍，之后移居英国，1938 年移民美国，1944 年加入美国国籍，曾在康奈尔大学、普林斯顿大学任教。与爱因斯坦一样，凯勒也在普林斯顿高等研究院工作。参见 http://en.wikipedia.org/wiki/Erich_Kahler。引用日期：2013 - 11 - 8。

④ Sayen, Jamie. *Einstein in America*. New York: Crown Publishers, Inc., 1985, p. 272.

《华盛顿邮报》（6 月 13 日）："他不负责任的建议，已经将他归入了极端主义者的行列。这又一次证明，科学上的天才绝不能保证政治上的睿智。"①

《费城问讯者报》（6 月 13 日）："看到一个颇有成就、获得无数荣誉的学者竟然被为他提供避难所的国家的敌人用作宣传工具，真是特别可悲……爱因斯坦博士从星空中下来染指意识形态的政治，结果令人悲叹。"

《普韦布洛星报》（6 月 13 日）："在所有人当中，他最应该知道，是这个国家保护他没有落入希特勒的魔掌。"

《芝加哥论坛报》（6 月 15 日）："发现一个人在某些方面智力超群，在另一些方面却是愚不可及，总是令人感到惊讶。"②

《纽华克明星纪事报》（6 月 12 日）：标题《爱因斯坦谴责忠诚查核》。[在他写给弗劳恩格拉斯的信中]爱因斯坦谴责"大开倒车的保守政客得寸进尺开始打压教学自由，夺走所有不肯屈膝的人的职位"……爱因斯坦力劝那些被传唤到国会"宗教法官"之前的人拒绝作证，即使他们可能因为保持缄默而下狱。

《纽约美国日报》（6 月 15 日）：爱因斯坦博士写信给一名因拒绝在国家安全小组委员会面前作证而面对解职命运的高中教师弗劳恩格拉斯……他在信上写道，"每一位被传唤到[国会]委员会跟前的知识分子都应该拒绝作证"，而且"要有吃牢饭和经济无着的准备"作为代价。③

《纽约时报》（6 月 18 日）：耶鲁大学的兰波特（Harold Lamport）给《纽约时报》的编辑写信说："我非常钦佩作为一个人以及作为一名科学家的爱因斯坦教授，但是，有的人不同意爱因斯坦给知识分子提出的在国会委员会面前拒绝作证的建议，我必须对此表示赞同。我

---

① 完整的报道译文参见派斯《一个时代的神话——爱因斯坦的一生》，戈革、乐光尧、黄敏南译，东方出版中心 1998 年版，第 334—335 页。

② 艾萨克森：《爱因斯坦：生活和宇宙》，张卜天译，湖南科学技术出版社 2009 年版，第 380 页。

③ 杰罗姆：《爱因斯坦档案》，席玉苹译，广西师范大学出版社 2011 年版，第 323 页。

担心爱因斯坦博士产生误导。"①

《时代周刊》（6月22日）：爱因斯坦给知识分子的意见立即引起了争议。"美国人民的敌人！"麦卡锡参议员怒道。负责参议院教育领域调查工作的印第安纳参议员詹纳（Jenner）则温和地指出，已有85位教育工作者拒绝否认在"共产主义组织"内的身份。②

……

面对爱因斯坦的严厉批判，麦卡锡也不示弱。6月14日，《纽约时报》发表了麦卡锡的回应言论。他说，今天如果任何人给出像爱因斯坦博士本周所给的这种建议，"他本身就是美国人民的敌人"。"任何人建议美国人民保守他们可能知道的关于间谍以及从事破坏活动者的秘密，他本身就是美国人民的敌人。"麦卡锡还进一步评论道，爱因斯坦的信件"毫无新意。曾经在我们的委员会面前出现过的每一个共产主义律师，都给出了同样的建议"③。

6月22日，《纽约时报》报道，麦卡锡于21日说，现在，任何人只要求助于宪法权力而拒绝告诉国会委员会他是否是赤色分子，那么"他显然就是共产主义者。"麦卡锡又一次批判了爱因斯坦。他说："那种建议毫无新意。共产主义律师日复一日地出现在我们的委员会面前，其建议总是雷同：不要告诉委员会你所知道的间谍和破坏活动情况。"他还指出："我想说，任何美国人，我不管他们的名字是爱因斯坦，还是琼斯（John Jones），只要他建议美国公民保守他们知道的关于间谍和破坏活动的秘密，那他就是不忠诚的美国人，也不是一个好的美国人。现在我想说，证人有权利在我们的宪法保护下拒绝作证，如果他的证词会使他有罪的话。如果他的证词会使一些其他的间谍和破坏分子归罪的话，那么他无权拒绝作证。"④

前参议员奥康纳（Herbert O'Conner）严厉批判了爱因斯坦的言论，

① Lamport, Harold. Einstein Stand Criticized. *New York Times*, 1953-6-18, p. 28.

② Letter From an Old Sweetheart. *Time*, 1953-6-22, Vol. 61, No. 25, p. 23.

③ Einstein Criticized, M'Carthy Says Giver of Such Advice Is 'Enemy of America'. *New York Times*, 1953-6-14, p. 30.

④ M'Carthy Asserts Silence Convicts: Senator Says in TV Debate if Witness Invokes Constitution He Proves He is a Red. *New York Times*, 1953-6-22, p. 9.

称爱因斯坦的劝告为引起美国人注意的三种"扰乱性发展"之一。奥康纳认为，爱因斯坦的行动是一次"无可辩护的事件"，他的这个建议很无礼；爱因斯坦不应被准许阻挠美国官员根除任何颠覆活动的努力，如果这种活动存在于美国的大学和学院中的话。①

除了报纸上公开的批判之外，还有一些普通人写信给爱因斯坦进行批评，有的言辞颇为激烈。比如，艾普金（Sam Epkin）写道："好好照照镜子，看看你疯子一般的发型，你是多么丑陋，像布尔什维克那样戴一顶俄国羊毛帽子吧。"反共专栏作家拉斯基（Victor Lasky）在信中说："你最近对这个伟大国家的制度的攻击最终使我确信，尽管你有许多科学知识，但却是个傻瓜，是对这个国家的威胁。"②

但是，也有人勇敢地站出来支持爱因斯坦。6月13日，奥斯丁（E. O. Austin）给《纽约时报》编辑写信，反对该报对爱因斯坦的批评，信件发表于6月17日的《纽约时报》。在反驳了相关观点之后，他说："如果需要的话，聪明人会使用公民不服从这种温和的武器进行抗议，这样可以避免使用武力和暴力。从古至今，历史和血的教训告诉我们，对于自由被随意践踏的人民而言，暴力是最终的但也是必然的武器。……很高兴看到爱因斯坦教授不但是世界上最伟大的科学家之一，还是一位颇有远见的政治哲学家。"③ 7月9日，穆思特（A. J. Muste）给《纽约时报》写信说："……应该注意，爱因斯坦建议人们不要利用第五修正案来寻求法律保护，而且在某些国会委员会面前拒绝作证。由此，就把公民不服从直接置于道德的基础之上。理应如此，甘地也是这样做的。"④

1953年6月26日，罗素（Bertrand Russell）在《纽约时报》上撰文支持爱因斯坦。罗素写道："在你们6月13日的一期报纸上，有一篇重要文章，表示不同意爱因斯坦的如下观点：受到（参议员）麦卡锡小组调查的教

---

① 派斯：《一个时代的神话——爱因斯坦的一生》，戈革等译，东方出版中心1998年版，第335—336页。

② 艾萨克森：《爱因斯坦：生活和宇宙》，张卜天译，湖南科学技术出版社2009年版，第380页。

③ Austin, E. O. Einstein's Stand Supported, Danger to Constitutional Safeguards Seen in Investigative Methods. *New York Times*, 1953 – 6 – 17, p. 26.

④ Muste, A. J. Testifying Before Congress. *New York Times*, 1953 – 7 – 14, p. 26.

师应拒绝作证。你们看来坚持认为:法律不管多么错误,人们必须服从。我认为你们没能认识到这种立场的含义。你们会谴责拒绝为皇帝献祭的基督教烈士吗?你们会谴责约翰·布朗(John Brown)吗?决不会。我倒是不得不设想,你们会谴责乔治·华盛顿(George Washington),并认为你们的国家应倒退到对伊莉莎白(Elizabeth)二世陛下的忠诚上去。作为一个忠诚的英国人,我当然要为此喝彩;但我怕这不会在你们的国家赢得多少支持。"①

1951年12月12日,爱因斯坦在给贝索(Michele Besso)的信中说:罗素的"风格令人赞叹,一直到高龄他依然像某一类型的调皮少年"②。显然,罗素的这一次"调皮"肯定令爱因斯坦开心不已,因为当天看到报纸后,他马上就给罗素回了信。爱因斯坦说:"您给《纽约时报》那封义正词严的信,是对高尚事业的一个伟大贡献。这个国家的一切知识分子,以至最年轻的学生,全都受到威胁。事实上,除了您,还没有一位'名人'出来,向政客们正在卖力干的这些荒唐事作实际的挑战。由于他们已成功地使群众相信俄国人和美国共产党人危及国家的安全,这些政客就以为自己是非常有权力的了。他们所散布的谎言愈露骨,他们觉得要那些被引到错误方向上去的居民来重选他们也就愈有把握了。这也解释了为什么艾森豪威尔(Dwight Eisenhower)不敢减免罗森堡夫妇的死刑,尽管他完全知道判处他们死刑会多么损害美国在国外的声誉。"③

从这封信也折射出,当时美国社会还很少有著名人士站出来公开反对政府的反共政策,因此爱因斯坦对罗素的支持自然也心怀感激。不过,也有人私下写信支持爱因斯坦。比如,曾担任普林斯顿高等研究院首任院长、当时已退休的弗莱克斯纳(Abraham Flexner)写信说:"作为一个土生土长的美国人,我感谢你写给弗劳恩格拉斯的出色的信,如果在被问到个人观点和信仰时绝对缄口不言,一般美国公民的地位将会更为高贵。"④

---

① 内森、诺登:《爱因斯坦论和平》(下),刘新民译,湖南出版社1992年版,第247页。罗素的信写于6月15日。

② 爱因斯坦:《爱因斯坦文集》(第一卷),许良英等编译,商务印书馆2009年版,第707页。

③ 爱因斯坦:《爱因斯坦文集》(第三卷),许良英、赵中立、张宣三编译,商务印书馆2009年版,第367页。

④ 艾萨克森:《爱因斯坦:生活和宇宙》,张卜天译,湖南科学技术出版社2009年版,第381页。

6月30日，爱因斯坦在给塞利希（Carl Seelig）的信中说："所有重要的报纸都以多少带一点礼貌的否定语调来评论我的那封信，这是意料中的事，因为它们全都是主要依靠广告过日子的。我接到了大量信件，其中多数表示热烈赞成，少数提出了严厉批评。只有几封信试图对论据作谨慎的估量。总的说来，我还是得到了这样的印象：我的那封信对澄清政治空气多少有点帮助，而且我希望它会如此继续下去。"①

正如爱因斯坦所言，他鼓励公众积极斗争的精神激起了不少人的斗志。1953年12月18日，当曼哈顿的一位高中数学教师阿德勒（Irving Adler）面对参议院的质询时，他也引用爱因斯坦给弗劳恩格拉斯的信，拒绝回答他是否为共产党员的问题。② 1954年初，纽约的反战同盟（The War Resisters' League）因为爱因斯坦给弗劳恩格拉斯的信而向他表示敬意，并告之说，约有100名和平主义者已表态，倘若被传唤到国会各委员会前，他们将按照爱因斯坦的话去做。③ 著名的民权运动领袖马丁·路德·金（Martin Luther King）也曾引证爱因斯坦的话："相对于那些实际犯罪的人导致的危险而言，容忍罪恶的人使这个世界处于更大的危险之中。"④

第三节　"夏多维茨"事件

一　事件经过

爱因斯坦给弗劳恩格拉斯的信发表之后，许多麦卡锡主义的受害者都

① 爱因斯坦：《爱因斯坦文集》（第三卷），许良英、赵中立、张宣三编译，商务印书馆2009年版，第368页。

② Balky Teacher Cites Dr. Einstein's Advice. *New York Times*, 1953 - 12 - 19, p. 8.

③ 内森、诺登：《爱因斯坦论和平》（下），刘新民译，湖南出版社1992年版，第303页。

④ Ansbro, John. *Martin Luther King, Jr. Nonviolent Strategies and Tactics for Social Change*. Lanham: Madison Books, 2000, p. 227. 这句话的原文出自于爱因斯坦对音乐家卡萨尔斯（Pablo Casals）的称赞，他说："我禁不住要赞美卡萨尔斯是一位非常伟大的艺术家，因为所有有资格发言的人都会异口同声地这样做。我特别钦佩的是他坚定不移的立场，他不但与他的国家的压迫者作斗争，而且还与那些总是试图与这种罪行相妥协的机会主义者作斗争。他非常清楚地认识到，相对于那些实际犯罪的人导致的危险而言，容忍罪恶的人使这个世界处于更大的危险之中。"参见 Corredor, Ma. *Conversations with Casals*. Translated from the French by Andre Mangeot. New York: E. P. Dutton & Co., Inc., 1958, p. 11.

写信给爱因斯坦，试图寻求他的支持与帮助。不过，由于爱因斯坦的健康状况不好，而且他也不想过多地在媒体上曝光，因此对于绝大多数的要求爱因斯坦都不得不委拒了。不过，夏多维茨（Albert Shadowitz）却成功了。

1953 年 12 月 8 日傍晚，夏多维茨从新泽西开车来到普林斯顿。他刚收到传票，即将出席麦卡锡的参议院调查委员会。夏多维茨知道，他不可能回答委员会的问题，但这张传票依然让他感觉异常害怕。他想起几个月前的新闻，说爱因斯坦曾鼓励过一位教师不要回答委员会的问题，于是他试图从爱因斯坦这里得到类似的支持和帮助。由于在电话簿上找不到爱因斯坦的电话，于是他驱车来到普林斯顿。

说明来意之后，爱因斯坦的秘书杜卡斯（Helen Dukas）让他进了家。夏多维茨跟爱因斯坦说，他决定拒绝回答麦卡锡的问题，爱因斯坦明确给予支持，还告诉他尽管利用自己的名字。夏多维茨说，他打算援引宪法第一修正案（而不是第五修正案），指委员会此举是侵犯言论自由和结社自由。爱因斯坦相信，"援用第五修正案"会让证人看来像是有罪——像在隐瞒某件会"自陷于罪"的事。夏多维茨同意爱因斯坦的意见。①

1953 年 12 月 16 日，夏多维茨出席了参议院的听证会，听证会由麦卡锡主持。以下是两人的对话（麦卡锡简称"麦"，夏多维茨简称"夏"）：

麦：你是共产党党员吗？

夏：对这个问题的回答，我打算完全遵循阿尔伯特·爱因斯坦博士给我的建议，这也是对所有人的建议，我只是单独向他进行了咨询。我拒绝回答这个问题，因为它违背了第一修正案。我也将拒绝回答所有侵犯我思想自由的问题，以及侵犯我的言论自由和结社自由的问题。另外，我尤其对委员会的审判权表示反对，认为委员会不具备这种权利来向我询问关于政治结社的任何问题。

麦：我认为你不是在援引第五修正案。

夏：我拒绝回答……基于……第一修正案。

麦：除你的律师之外，还有谁建议你如何回答吗？

---

①　杰罗姆：《爱因斯坦档案》，席玉苹译，广西师范大学出版社 2011 年版，第 321 页。

夏：我与阿尔伯特·爱因斯坦博士在普林斯顿单独进行了讨论，他建议我就像我现在做的这样做。

麦：也就是说，你去找爱因斯坦博士，他建议你不回答这些问题？

夏：他建议我不与今天这个委员会以及任何其他类似性质的委员会合作。他说，任何关于我的个人信仰、原则、与其他人结社、阅读与写作等任何问题，我都可以认为它违背了第一修正案而拒绝回答；我不援引第五修正案；我也不会回答关于间谍活动的问题，我之所以拒绝回答今天的委员会，是因为他们没有向我询问这些问题的审判权，除非我自愿对这些被询问的每一个问题做出陈述。这就是我打算采取的计划。

麦：你的意思是，爱因斯坦博士建议你保持沉默，无论你是否为共产党员，还是你在做秘密工作。对吗？

夏：爱因斯坦博士没有问我是否是共产党员，也没有问我是否是间谍。他所知道的，就是我被今天的委员会传唤。

麦：好吧，我只是想知道是谁给你的建议。爱因斯坦博士建议你不要告诉我们，当你从事保密的政府工作时，你是否是共产党员，对吗？

夏：没有这么复杂。他只是说了我刚才已经陈述过的内容。

（下略）

爱因斯坦对夏多维茨的证词颇为满意，因为他在一个月之后给夏多维茨写信道："这件事的影响非常有效，不论是对你还是对公众而言都是如此。"爱因斯坦在信中还强调，他想"极力避免这样的印象，即我在发挥着某种政治组织者的功能。必须澄清的是，我本人仅限于公开、清楚地陈述我的信条"。夏多维茨回信说："……我不但完全理解你的想法，而且还完全赞同。请相信，将来我不会以任何方式把你卷入我的事务之中……"①

---

① Fox, Kenneth. Einstein and McCarthy. *Physics Today*, 1980, Vol. 33, No. 5, pp. 90—92. 发表此文的缘由是因为凯恩伯格（Lawrence Cranberg）在1979年发表了一篇文章，讲述了爱因斯坦与麦卡锡主义做斗争的事件及影响，文章提到了弗劳恩格拉斯，但没有提夏多维茨。于是，福克斯（Kenneth Fox）发表了此文，展示了夏多维茨在爱因斯坦的支持下，在参议院与麦卡锡做斗争的经过。凯恩伯格的文章参见 Cranberg, Lawrence. Einstein: Amateur Scientist. *Physics Today*, 1979, Vol. 32, No. 12, pp. 9—11.

12 月 17 日，也就是夏多维茨出席听证会的第二天，《纽约时报》在头版报道了此事，还比较详细地介绍了夏多维茨与麦卡锡交锋的过程。报道开头就提到了爱因斯坦："根据爱因斯坦博士的建议，当参议员麦卡锡问一位 38 岁的工程师，自 1941 年以来在为军队和政府合同工作期间，他是否是共产主义者的问题，他拒绝回答。这位工程师还否认任何间谍行为。"①

1953 年 12 月 28 日的《时代周刊》报道："夏多维茨，从 1943 年至 1951 年在一家公司里做通讯工作的员工，拒绝回答问题。他说，在收到要出席麦卡锡的听证会的传票之后，他开车去普林斯顿，与爱因斯坦博士谈了一个小时，之前两人从未谋面。……"②

夏多维茨真的是共产党员吗？他真的威胁到美国政府的安全了吗？我们来简单看看他的生平。1915 年 5 月 5 日，夏多维茨出生于美国纽约的布鲁克林，2004 年 3 月 26 日以 88 岁高龄在加拿大多伦多去世。他是家中唯一的儿子，父亲是犹太移民，希望他能够继承家里颇为成功的玻璃批发生意，或者当一个犹太牧师，但夏多维茨却成了一名知识分子和共产党员。他在布鲁克林理工学院（Brooklyn Polytechnic Institute）攻读工程学。夏多维茨十多岁就加入了共产党，因为在 20 世纪 30 年代中期，只有共产党才认真地对待希特勒（Adolf Hitler）的威胁，而希特勒对犹太人的迫害是众所周知的。

夏多维茨希望能够成为一名物理学家，于是他来到斯坦福大学攻读博士学位，师从著名的原子物理学家奥本海默（Robert Oppenheimer）。但是，他在博士资格考试③中失利，于是只好回到纽约。夏多维茨在纽约做电气工程师，1943 年至 1951 年在联邦电信传播实验室（Federal Telecommunications Laboratory）里工作，在这里他帮助建立了一个工会。因为当时已有的工会不允许黑人和犹太人加入，于是他就参与组建了一个任何人都可以加入的工会，而

---

① Kihss, Peter. Witness, on Einstein Advice, Refuses to Say if He Was Red. *New York Times*, 1953 – 12 – 17, p. 1 and p. 25.

② Toward a McCarthaginian Peace. *Time*, 1953 – 12 – 28, Vol. 62, No. 26, pp. 10—11.

③ 美国大学一般在博士学习的第二年末或第三年初进行资格考试，通过之后才能进入博士论文的写作阶段，未通过资格考试的学生就被淘汰。

麦卡锡认为这个工会与莫斯科有联系。因此，他收到了麦卡锡的传票。

根据夏多维茨的回忆录，由于反对苏联领导人的某些过分行为，他于1950年退出了共产党。但是，在听证会上，他拒绝回答相关的问题。之后，夏多维茨失去了工作，而他家里还有三个未成年的女儿。由于找不到工作，他又去继续攻读博士学位，最终完成了学业，于1958年在弗尔雷迪可森大学（Fairleigh Dickinson University）找到一份教授物理学的工作，之后一直从事物理学教学与研究工作。他还把爱因斯坦写来的四封信用相框装好，挂在家里的墙上。[①] 夏多维茨写了好几本物理学的教材，至今仍在出版和销售。[②]

可见，麦卡锡等人完全是在捕风捉影，夏多维茨虽然曾经是共产党员，但他的所作所为根本就没有与美国政府作对，更谈不上威胁。跟许多人一样，他是麦卡锡主义的受害者。不过，爱因斯坦的支持与鼓励影响了他的一生。虽然曾经受到过威胁，也遭受过失业的痛苦，但夏多维茨的行为却显示了一名知识分子的气节。

二　余波

与夏多维茨一样，有的收到参议院传票的人也援引宪法第一修正案，而不是第五修正案，比如拉蒙特（Corliss Lamont）以及安格（Abraham Unger）等人就是如此。[③] 当时拉蒙特是哥伦比亚大学的哲学讲师，他专门出版了一个小册子，对麦卡锡委员会的权力提出挑战。他认为麦卡锡的委员会无权刺探他的政治信念、结社自由以及个人隐私。他强调，所有美国人与生俱来就拥有思想自由和不受审讯威胁的权利。在他的小册子中，拉蒙特还收入了爱因斯坦给弗劳恩格拉斯的信。小册子一份售价5美分。[④]

---

① 关于夏多维茨的生平，参见 Shadowitz, Sarah. *Albert Shadowitz*, see: http://groups.yahoo. com/neo/groups/ParanormalGhostSociety/conversations/topics/9541. Sarah 是夏多维茨的二女儿。以及，Miller, Stephen. *Albert Shadowitz, 88, McCarthy Hearings Holdout*. See: https://groups.google. com/forum/#! topic/alt. obituaries/puWnGy8262s。引用日期：2013 - 11 - 1。

② 比如：Shadowitz, Albert. *The Electromagnetic Field*. New York: Dover Publications, 2012. 以及，Shadowitz, Albert. *Special Relativity*. New York: Dover Publications, 1988.

③ M'Carthy Tests Einstein Advice. *New York Times*, 1954 - 1 - 8, p. 7.

④ Challenge to McCarthy. *New York Times*, 1954 - 5 - 7, p. BR27.

　　受夏多维茨案件的激励，更多的人求助于爱因斯坦的支持。弗里德（Emanuel Fried）——独立的联合电工工会的国际代表，被指控为共产主义者，他拒绝回答国会委员会的相关问题。他说他收到了爱因斯坦的信，爱因斯坦在信中写道："我相信你做对了，而且履行了作为一位处于困境中的公民的责任。顺致敬意，爱因斯坦。"据报道，爱因斯坦确认说："当然，我写了这封信。不过它是一封私人信件——并未授权公开使用。"《纽约时报》声称，这是继弗劳恩格拉斯、夏多维茨之后，爱因斯坦第三次公开建议个人不要与国会关于共产主义的审讯进行合作。[①] 另外，夏多维茨案件被媒体大量报道之后，他的名字也广为人知，在爱因斯坦逝世后，有的收到参议院传票的人干脆直接向夏多维茨咨询。[②]

　　当然，仍然有人对爱因斯坦不满。1954 年 4 月 11 日，《纽约时报》转述《新闻快报》（News Bulletin）的批判文章说："爱因斯坦，这位著名的从欧洲的仇恨与专制中逃离出来的流亡者，反复建议'知识分子'对有关他们的共产主义关系问题拒绝作证。此人从美国得到的远远多于他所给予的，还以为自己有权指导他的同道关于他们对国家的义务范围的问题。他以为自己以及与他想法一样的人高于国家的法律，认为他们对那些使这个国家成为避难所的概念和原则没有任何责任与忠诚。即使有人轻视大多数美国人充满敬意地拥有的那些思想，这个避难所仍然对他们敞开大门。对他来说，科学就是上帝，民主与自由仅仅意味着他这样的人可以随心所欲地赞同与反对国家的利益。"[③]

　　1954 年 3 月 13 日，为了庆祝爱因斯坦的生日，"保卫公民自由非常委员会"（the Emergency Civil Liberties Committee）在普林斯顿举行了关于"学术自由的意义"的会议，有两百人出席会议。[④] 爱因斯坦没有出席，但回答了委员会提出的五个问题。他说："我所理解的学术自由是，一个人有探求真理以及发表和讲授他认为正确的东西的权利。这种权利也包含着

　　① Einstein Again Praises A Witness for Balking. *New York Times*, 1954 - 4 - 20, p. 24.

　　② Bracker, Milton. Seven More Balk in Camps Inquiry. *New York Times*, 1955 - 8 - 26, p. 1 and p. 10.

　　③ Coast G. O. P. Paper Assails Einstein. *New York Times*, 1954 - 4 - 11, p. 35.

　　④ Laurence, William. Einstein Rallies Defense of Rights, in Replies on Eve of His 75th Birthday He Advocates Resistance to "Inquisition". *New York Times*, 1954 - 3 - 14, p. 69.

一种义务；一个人不应当隐瞒他已认识到是正确的东西的任何部分。"在问及"您看现在威胁着学术自由的是什么？"这一问题时，爱因斯坦指出："借口我们的国家遭到所谓外来的危险，教学和相互交换意见的自由、出版和使用其他传播工具的自由，都受到侵犯或阻挠。而这是靠着制造出使人们觉得自己的经济受到威胁的一些条件来实现的。结果，愈来愈多的人避免自由发表意见，甚至在他们私人社交活动中都是如此。"

爱因斯坦呼吁知识分子承担起应有的保护自由权利的责任。他说："在原则上，每个公民对于保卫本国宪法上的自由都应当有同等的责任。但是就'知识分子'这个词的最广泛意义来说，他则负有更大的责任，因为，由于他受过特殊的训练，他对舆论的形成能够发挥特别强大的影响。这就可以解释为什么那些力求把我们引向独裁政治的人们特别热衷于要恫吓知识分子，并封住他的嘴。因此，在当前这样的环境下，知识分子认识到自己对社会所负的特殊责任，也就更加重要了。"

对于"您认为帮助政治审讯的受难者最好的办法是什么"这一问题，爱因斯坦说："为了保卫公民权利，最主要的是给在这种审讯中拒绝作证的一切受难者，以及一切因这种审讯而遭到破产或者损害的人以援助。尤其是必须为他们提供辩护律师，并且替他们寻找工作。"[①] 爱因斯坦接着说："这需要资金，而且资金的征募和使用都应该交给一个由大家都认为值得信赖的人领导的小型组织来运作。该组织应该与所有关心保护公民权利的团体保持联系。由此，就有可能解决这个重要问题，而不需要设立另一个开销较大的资金征募机构。"[②] 由此可见，爱因斯坦不但

---

① 爱因斯坦：《爱因斯坦文集》（第三卷），许良英、赵中立、张宣三编译，商务印书馆2009年版，第372—374页。

② 这段话在《爱因斯坦论和平》以及《爱因斯坦文集》（第三卷）中没有收入，在此完整译出。参见 Fox, Kenneth. Einstein's Views on Academic Freedom. In Ryan, Dennis. *Einstein and the Humanities.* New York：Greenwood Press，1987，pp. 165—166. 福克斯在注释中指出，《爱因斯坦论和平》的编者内森写信告诉他："即使爱因斯坦在给'保卫公民自由非常委员会'的陈述中没有提到'美国公民自由联盟'（American Civil Liberties Union，简称 ACLU），但毫无疑问他是知道这个组织的。" ACLU 具有接受募捐并使用相关资金的功能，但爱因斯坦可能认为其运作得并不理想，所以在此提出建立一个小型组织的建议。比如，ACLU 曾拒绝给罗森堡夫妇提供帮助，这也是"保卫公民自由非常委员会"成立的原因之一。参见 Sayen, Jamie. *Einstein in America：the Scientist's Conscience in the Age of Hitler and Hiroshima.* New York：Crown Publishers, Inc.，1985，p. 277。

从道义上支持麦卡锡主义的受害者，还希望在经济方面能够给他们以实际的帮助。

面对麦卡锡主义的肆虐，美国学界也在积极思考如何进行应对，有的学者很自然会想到梭罗（Henry D. Thoreau）提出的那种不服从的方式。1953 年 9 月，在华盛顿举行的美国政治学会（American Political Science Association）年会上，施皮茨（David Spitz）发表了题为《民主与公民不服从的问题》的演讲。1954 年 6 月，施皮茨的发言以论文的形式发表，文章第一段就引证了梭罗的思想。施皮茨指出，政府与人民仍然就政治责任这一古老而基本的问题在进行斗争。跟以前一样，有人认为公民应该服从法律，也有人认为公民应该首先遵从他自己的良心。施皮次认为，如果人们是根据他坚信的道德原则诚实地做出的决定，而且，如果他的不服从的行为有可能——考虑到整个情形——相比他顺从可能产生的好处而言，会获得更大的益处，他可以遵从自己的良心行事。[1]

论文发表后，施皮茨给爱因斯坦寄去了一份。看了施皮茨的论文后，爱因斯坦于 1954 年 10 月 2 日回信说："感谢您寄给我您的论述深刻的文章；我完全赞同它的结论。国家也许不得不惩罚不服从法律的人，但当良心与法律发生冲突时，个人仍应服从良心。个人倘若不这样做，那么不仅是国家，连国家制定的法律也将蜕化变质。"[2]

第四节　"管子工"事件

一　起因与经过

1953 年 12 月，美国总统艾森豪威尔发出了中止奥本海默安全特许的命令。这位曾经为美国原子弹的研制立下汗马功劳的著名科学家，如今却面临着政府的审判。1954 年 4 月，对待奥本海默的秘密听证会开始进行，最终的结果是认为他的忠诚没有问题，但存在安全危险。此事对奥本海默

---

[1]　Spitz, David. Democracy and the Problem of Civil Disobedience. *The American Political Science Review*, 1954, Vol. 48, No. 2, pp. 386—403.

[2]　内森、诺登：《爱因斯坦论和平》（下），刘新民译，湖南出版社 1992 年版，第 250 页。

打击非常大，之后他的安全特许权也一直没有得到恢复。自然，爱因斯坦对美国政府对待奥本海默事件的态度非常生气。①

1954 年 9 月，怀特（Theodore H. White）在《记者》（The Reporter）杂志撰文分析了美国科学家的处境，并专门提到了奥本海默事件。他指出，美国科学家的独立性在减弱，对政府的依赖性在增强。这也使得科学家感到不安，因为越来越多的科研资金来源于政府，使得科学家不得不考虑他们与政府之间的关系问题，但科学家认为如果个人要忠诚于国家的话，如果科学受到威胁，科学家也会面临同样的威胁。另外，有限的科研资源被大量地服务于所谓的国家安全，只有极少数的科学家在从事着最高水平的科学研究。年轻的科学家受到政府资助的研究课题的影响，这会对纯科学研究造成危害。而且，政府对非机密研究的资助的选择标准，不纯粹是基于研究者的特长与能力，谁也不清楚政府官员在做出决定时考虑了哪些政治因素。许多科学家认为，为了安全保障，必须设立一些规则和程序，只要不破坏科学内在的创造本质。但是，科学家又说，这不是科学可以解决的任务，而是政治家的任务。②

1954 年，爱因斯坦在回答对怀特的文章有什么意见时指出：“我不想去分析这个问题，而只想用一句简短的话来表达我的心情：如果我重新是个青年人，并且要决定怎样去谋生，那么，我绝不想做什么科学家、学者或教师。为了希望求得在目前环境下还可得到的那一点独立性，我宁愿做一个管子工（plumber），或者做一个沿街叫卖的小贩（peddler）。”③

该文以通信的形式发表在 11 月 18 日出版的《记者》杂志上。编辑对爱因斯坦的回信评论道：

　　　　我们很荣幸，但实际上并不情愿发表爱因斯坦的来信。我们完全

① 方在庆：《重审“奥本海默事件”》，《科学文化评论》2006 年第 6 期。

② White, Theodore. U. S. Science: The Troubled Quest. *The Reporter*, 1954 - 9 - 14, Vol. 11, No. 4, pp. 12—18. And White, Theodore. U. S. Science: The Troubled Quest—Ⅱ. *The Reporter*, 1954 - 9 - 23, Vol. 11, No. 5, pp. 26—34. 该文章的标题被放在 9 月 14 日这一期的封面最上端，而且每一期只有一篇文章享受如此待遇。

③ 爱因斯坦：《爱因斯坦文集》（第三卷），许良英、赵中立、张宣三编译，商务印书馆 2009 年版，第 375 页。

意识到，那些极左以及极右的人都会欢欣鼓舞地引用这封信——爱因斯坦和我们自己都反感这些人。

然而，我们希望我们只需要担心一件事，那就是莫斯科和布宜诺斯艾利斯不可避免地会引用爱因斯坦的论述。在一个极权主义的国家里，一个像爱因斯坦这样的人，难道可以用如此简明扼要而激烈的语言，去抨击与他同道的科学家的处境，却仍然没有坐牢? 专制国家里的公民必定会为我们这里仍然能够享有的出版自由感到惊讶。但是，尽管抗议的自由足以使我们的敌人感到困惑，但却不能够让我们的朋友，以及我们的良心感到安稳。不用说，相比任何极权主义的政体而言，我们这里拥有不可比拟的更大的思想自由。我们国家在这方面的情况不能仅仅说比马林科夫（Malenkov）① 领导下的俄国和庇隆（Peron）② 领导下的阿根廷要好。它肯定会是好的——没有限制，也不管会付出什么代价。

爱因斯坦的陈述是有点偏激，但是，如果我们想要停止在美国大学校园内，以及其他各种知识分子生活的中心类似于爱因斯坦所说的那种状态，那么我们考虑一下爱因斯坦所说的那种处境，要比米考伯（Micawber）③ 式的观点更有效得多。从长远的角度来看，情况会好起来的，事实上，某些方面已经好转了。邪恶的力量在他们被广告粉饰的领导人的保护伞下，勉强找到栖身之所——至少暂时如此。如果事情都一帆风顺的话，有人会问，如果国家一定要免去奥本海默和康顿（Edward Condon） 的职务，又有什么关系呢?

如果有足够多的公民致力于去查明是什么问题使我们的国家出了状况，并尽全力进行纠正的话，这样的时刻很快就会来到，到时没有人愿意建议聪明的青年人去当小贩而不是学者——毫无疑问的是，至少没有像爱因斯坦这种把所有的智慧都用于探究真理的人会如此建议。如果状况仍然没有改变，负责任的思想家可以使用像爱因斯坦的信这样的苦口

---

① 马林科夫是苏联领导人，1953 年至 1955 年担任苏联部长会议主席，相当于总理。
② 庇隆是阿根廷领导人，1946 年至 1955 年以及 1973 年至 1974 年担任阿根廷总统。
③ 米考伯是英国作家狄更斯的小说《大卫·科波菲尔》中的人物，借指总是幻想走运的乐天派。

良药。这就是我们感谢爱因斯坦给我们带来震动的原因，我们相信，读者也会像我们一样震动与感激。我们需要这种震动。

发表这封信——事实是上我们的杂志——是美国处于清醒之中的信念之表现。①

从编辑的评论我们可以看到，《记者》杂志对发表这封信是有一定的顾虑的。另外，评论中对美国所谓的自由的标榜，也掩盖不了他们对当时美国社会状况的不满。正如《记者》杂志预料的那样，爱因斯坦的这篇短文确实产生了很大的影响。

在此之前，也就是 1954 年 11 月 10 日，《纽约时报》头版就发表了爱因斯坦给《记者》杂志的信，还提到了该杂志编辑阿斯科利（Max Ascoli）即将作出的评论。② 第二天，《纽约时报》报道，爱因斯坦将获得管子业工会的会员卡，虽然现在开始学习这个行业是有点晚了。管子业工会主席德金（Martin P. Durkin）承诺授予爱因斯坦荣誉会员称号。③ 12 日，芝加哥管子业工会声称，如果爱因斯坦博士是认真的，那现在开始还不算太晚，并给他寄了一张管子工工作证。④ 在收到贝利（Stephen M. Bailey）寄来的工作证后，爱因斯坦回信说，他很高兴收到工作证，还说这种姿态"表明您并不介意我的尖刻的评论，甚至您也可能赞同我这样做的目的。"⑤ 纽约的管子业工会还送给爱因斯坦一套镀金的管子工工具，据说爱因斯坦非常高兴收到这样的礼物。⑥

---

① The Editor Comments. *The Reporter*, 1954 - 11 - 18, Vol. 11, No. 9, pp. 8—9.

② If Einstein Were Young Again, He Says, He'd Become a Plumber. *New York Times*, 1954 - 11 - 10, p. 1 and p. 37. 不过，该篇报道称爱因斯坦的信将于第二天（也就是 11 月 11 日）在《记者》杂志发表，事实上是到 18 日才发表。

③ Union Card for Einstein, Plumbers' Chief Promises him Honorary Membership. *New York Times*, 1954 - 11 - 11, p. 33.

④ The World. *New York Times*, 1954 - 11 - 14, p. E1.

⑤ Plumber Einstein Happy, Scientist is Glad Chicago Local Didn't Mind His 'Sharp Remark'. *New York Times*, 1954 - 11 - 20, p. 31.

⑥ 有一天，爱因斯坦的邻居——一位年轻的物理学家，他家的厨房水槽漏水，于是来向爱因斯坦借管子扳手。爱因斯坦说："没问题，如果你要我帮忙的话。你不知道我等着用这套工具等了多长时间！"参见 Smoot, George. My Einstein Suspenders. In Brockman, John edited. *My Einstein*. New York: Pantheon Books, 2006, pp. 39—49.

二　误解与反响

值得注意的是，我们不能光从字面上来理解爱因斯坦所说的话，因为这样可能会产生误解。11月11日，也就是爱因斯坦的"管子工"言论发表的第二天，《纽约时报》发表评论说：

> 对于许多敬佩爱因斯坦获得如此丰硕成果的美国人来说，他最近的非科学的论述将是一个巨大的冲击。当《记者》杂志征求他对新近描述美国科学界紧张形势（比如最近的奥本海默事件）的文章的评论意见时，爱因斯坦博士回应说，如果他的生活重新过一次的话，他"宁愿选择做一名管子工或小贩"，而不是一名"科学家、学者或教师"。
>
> 作为一名比其他任何人都更深入地探索了宇宙奥秘的人物，居然有如此感受，并在一定程度上是我们所生活的时代的真实写照。我们能够理解并同情像爱因斯坦博士这样的科学家，在自由地进行国际合作以探索自然奥秘的传统发生深刻变化之际，打着安全的旗号而时不时进行过分的盘问，使他们感觉很不愉快。
>
> 但是，爱因斯坦博士实际上是在鼓励年轻人因为这种不愉快而放弃科学与学术，这是一个严重的错误，至少有三个方面的原因。第一，爱因斯坦博士含糊地夸大了安全措施对当今美国科学与学术的影响。第二，如果我们的年轻人遵循他的建议，那么苏联很快就会战胜自由世界，取得科学上的领导地位，到那时也许真的会终结整个世界的科学自由的时代，而不会像目前这样，仅仅出现在共产主义的国度里。第三，爱因斯坦的论述将人类精神中最荣耀的探索弃之不顾，这种探索试图去理解这个奇妙的甚至是不可思议的复杂世界，在这个世界中，我们人类只是匆匆的过客。政治潮流将会衰退并流逝，但人类理解宇宙的内在需要则是人类并不完美的天性中最为高尚的一面，也是人类历史中某些最灿烂的篇章的源泉。①

---

① Dr. Einstein's Counsel. *New York Times*. 1954 - 11 - 11, p. 30.

虽然评论者用心良苦、言辞恳切，但却是误解了爱因斯坦。无独有偶，一位名叫陶博（Arthur Taub）的年轻学生写信给爱因斯坦，责备他似乎要放弃科学事业。陶博说，爱因斯坦的答案"具有特别重要的意义，因为这个世界失去了一位伟大人物的活生生的智慧。我希望此信对于思考科学与人生的学生来说都是有价值的"。爱因斯坦在回信中说："你完全误解了我的言论的目的。我是想指出，那些不学无术的人，凭着他们公开的权力地位欺压专业知识分子的种种行为，不能被我们没有反抗地逆来顺受。当斯宾诺莎（Baruch Spinoza）拒绝海德堡大学的工作邀请时，他遵循了这条原则，决定以一种不丧失自由的方式谋求生计。[1] 对少数派来说，唯一的反抗手段就是消极的抵抗。"[2]

佩雷西（Janos Plesch）也认为，爱因斯坦从未想过为任何其他可能的职业而放弃他的科学研究。爱因斯坦的"管子工"言论的意思是，如果他需要以做管子工来谋生，他可能会这样做，但在业余时间他也会思考科学问题。[3]

另外，爱因斯坦后来与朋友的通信有助于我们更清楚地理解他的想法。

> 1954年11月15日："我对科学的热爱与尊崇没有丝毫减少。我的目的只是提醒人们去捍卫他们的政治权利和宪法。"

> 1954年11月15日："我真诚而愉快地感谢你棒极了的来信。这是目前我收到的关于我小小的恶作剧（escapade）最清楚明了的解释。"

---

[1] 1673年2月，斯宾诺莎曾被邀请担任海德堡大学（University of Heidelberg）哲学教授，这是一份非常好的工作，斯宾诺莎也很高兴得到这样的机会，但他反复思考了一个月之后，婉拒了这个邀请。之所以做出这样的决定，主要有两个原因：第一，他不愿意把宝贵的时间用于教学；第二，也是更重要的原因，斯宾诺莎担心在邀请信中提到的那种情况，因为邀请信中说：他不会"滥用"他的哲学自由"去触犯大家已经信奉的宗教"。参见 Nadler, Steven. *Spinoza: A life*. Cambridge: Cambridge University Press, 1999, pp. 311—313. 我们在本书第一章中也看到，爱因斯坦受斯宾诺莎的影响很大，而斯宾诺莎的宗教思想跟世俗的宗教思想是格格不入的。

[2] Cranberg, Lawrence. Einstein: Amateur Scientist. *Physics Today*, 1979, Vol. 32, No. 12, pp. 9—11.

[3] Plesch, Janos. My Last Encounter with Einstein on 13th and 14th April 1955. *Notes and Records of the Royal Society of London*, 1995, Vol. 49, No. 2, pp. 303—322. 杰诺斯·佩雷西（Janos Plesch）是匈牙利医生与生理学家，当爱因斯坦在柏林生活期间，他是爱因斯坦的医生，并且与爱因斯坦保持着终生的友情。该文是他的儿子彼得·佩雷西（Peter Plesch）在父亲的回忆文章的基础上翻译而成。

1955 年 3 月 26 日："我想说的是：在当前的环境中，我不愿意在一种宪法赋予我的公民权利不受到尊重的职业里谋生。"①

可见，爱因斯坦的本意并不是说他会因为科学家的自由受到限制而放弃科学事业，而是希望在职业生涯中获得更多的思想自由；并希望公众能够积极行动起来，为争取思想自由而进行斗争。另一方面，如果我们回想一下爱因斯坦在伯尔尼专利局的生活，我们也能更好地理解爱因斯坦的"管子工"思想。当时，爱因斯坦的本职工作是专利审查员，而他在做好本职工作的同时，用大量的时间来进行科学研究，并取得了伟大的成就。我们可以假想，如果正当盛年的爱因斯坦因为自由问题愤而离职，真的去做了管子工，他仍然会像当年在伯尔尼一样，利用"业余"时间从事科学研究，说不定还会创造另一个"奇迹年"。

另外，需要指出的是，事实上管子工并没有爱因斯坦想象的那种自由。要是他真的去做了管子工，他必须签署一份声明自己并非共产党员的忠诚宣誓书，否则就没有工作可做。管子工工会的领导阶层跟多数工会一样，跟着麦卡锡的脚步亦步亦趋，他们要求会员甚至学徒都要签署这样的忠诚誓言。②

在爱因斯坦的"管子工"言论发表之后不久，《纽约时报》发表了一篇描述管子工的工作状况的文章。虽然文章承认管子工的工作具有一定的独立性，但却是一项颇为繁忙和肮脏的工作。文章说，对大多数人来说，管子工是这样的一种人，他在某个角落开个小店，但店门总是关着，上面总是贴着一个手写的卡片："半小时之后回来"。电话簿上有他的电话号码，但从来不会有人接。如果你家里的灯坏了，还可以点蜡烛凑合一下，但如果你家里的水槽堵了，你只能求助于管子工。你可以用以下的两种方式当中的一种找到他：（1）在他的店门前挖一个捕熊的陷阱；（2）给他的妻子打电话，她会告诉你，她从昨天到现在就没见过他，不过她可以捎个信。第一种方式通常会逮住其他的顾客，但逮不到一个管子工。第二种方

① Fox, Kenneth. Einstein and McCarthy. *Physics Today*, 1980, Vol. 33, No. 5, pp. 90—92.
② 杰罗姆：《爱因斯坦档案》，席玉苹译，广西师范大学出版社 2011 年版，第 335 页。

式会奏效，一天之后他会回电话，询问哪里出了问题，然后约好上门时间。管子工会拖着足以分解帝国大厦（至少是辆克莱斯勒）的工具，准时上门服务。一阵嘀咕和叮当之后，工作做完，离开时说他会寄账单来。他可能会寄，也可能不寄。这就是他的工作拥有的独立性。① 显然，作者是在用夸张的语气揶揄爱因斯坦不太了解普通民众的生活。

虽然爱因斯坦并不愿意过多在媒体上曝光，但他的言论常常显得深刻而幽默，有时还有点恶作剧的味道，很投合媒体的胃口，"管子工"言论就是其中的典型之一。内森认为："由于爱因斯坦的独特的社会地位，这篇简短而又带有几分嘲讽的声明（要是出于其他任何人之手，也许会遭到忽视）使得一个根本的社会—政治问题成了公众注意的中心。"②

由于爱因斯坦的"管子工"言论产生了很大的影响，有的科学家为了避免公众产生误会，也发表文章参与讨论。比如，美国航空科学家，后来担作国家航空咨询委员会（National Advisory Committee for Aeronautics）副主席的德莱顿（Hugh Dryden）在《科学》杂志上撰文分析了当代科学家的生活状况，试图纠正公众的误解。他一开篇就引用了爱因斯坦的"管子工"言论，并认为科学家对其工作的政治与社会环境做出了许多引人注目的反应，爱因斯坦的言论只是众多反应中的一个而已。他指出，科学家的研究成果在社会上产生了深刻的影响，但是，科学只是人类生活的一部分，而且科学与道德无关；越来越多的科学家意识到他们应负有的道德和精神责任，不过科学家走出实验室就跟普通人并无二致，虽然他们有着崇高的理想和抱负；科学家对于正确应用科学知识的道德责任也与普通人没有区别。德莱顿相信，尽管许多科学家对政府行为和公众的态度感到担忧，但大多数科学家都知道这些行为和态度来源于冷战的压力与应力。大多数科学家并不希望成为管子工，他们同意在某些科学领域中采取必要的保密与安全措施。科学家希望摆脱影响科学进步的障碍，由此也需要大家相互理解和帮助。③ 德莱顿其实是在粉饰政府对学术自由与思想自由的破

---

① Palmer, C. B. Lead-Pipe Cinch. *New York Times*, 1954 - 11 - 21, p. SM20.

② 内森、诺登：《爱因斯坦论和平》（下），刘新民译，湖南出版社 1992 年版，第 321 页。

③ Dryden, Hugh. The Scientist in Contemporary Life. *Science*, 1954, Vol. 120, No. 3130, pp. 1052—1055.

坏，希望科学家和公众把注意力转移到冷战方面，而不是去找美国政府自身存在的问题。

1979 年，一本在欧洲、美国多地发行的通俗杂志发表了一篇文章，题目就是《爱因斯坦：管子工》，但内容却是对爱因斯坦曾经的合作者兰佐斯（Cornelius Lanczos）的访谈。兰佐斯谈及了他对爱因斯坦的科学成就及其意义的看法，以及爱因斯坦对他个人的影响。在文章的最后，兰佐斯提到了爱因斯坦的管子工言论，并指出爱因斯坦的说法是由于当时美国的政治氛围造成的，那时有许多著名人士被怀疑是共产主义者，并且丢了工作。①

第五节　简评:独立道德判断力

爱因斯坦写给弗劳恩格拉斯的信以及其他反对麦卡锡主义的言行，很容易使人们想到梭罗最初发表于 1849 年的著名文章《论公民不服从的责任》。梭罗在文章一开篇就指出，"管得最少的政府就是最好的政府"。梭罗认为："我应该承担的唯一义务就是在任何时候都做我认为正确的事。"事情的正确判断标准在于个人的良心，良心甚至高于法律。个人不应该被动地去适应政府，如果政府的行为违背了个人的良心，那就应该遵从自己的良心行事，反抗政府的不良行为，而不去做连自己都要谴责的错事。②据说这篇文章对甘地产生过深刻影响。梭罗学会的一名会员请爱因斯坦谈谈对这篇文章的看法，爱因斯坦于 1953 年 8 月 19 日回信说：

> 我从未看过梭罗写的任何东西，对他的一生也不了解。世界上确实有不少（尽管还不够多）具有独立道德判断力的个人，他们把抵制恶行（有的恶行甚至受到国家法律的鼓励）视作己任。

① Einstein：The Plumber, A Conversation with Professor Cornelius Lanczos. *Hungarian Review*, 1979, No. 9, pp. 24—25. 这篇文章的标题被放在该期杂志的封面。

② Thoreau, Henry. *On the Duty of Civil Disobedience*. London：The Simple Life Press, 1903. Also see：http：//www.feedbooks.com/book/219/.

也许梭罗确以某种方式影响了甘地的思想。但是不应忘记，甘地是非凡的智力和道德力量与政治独创性和独特形势相结合的产物。我认为，即使没有梭罗和托尔斯泰（Tolstoi），甘地仍会成为甘地。①

爱因斯坦一直坚持这种思想，直到逝世。比如，1955 年 2 月 21 日，爱因斯坦在一封信中表达了同样的思想，他说："我认为，一个人应按照他的良心行事，即使会触犯国家法律。我认为，即使他明明知道会遭到国家当局的惩罚，他也应当这样做。这种态度最符合我的道德观，但是，在一定程度上，我的态度也有客观依据，即盲目服从那些我们认为是不道德的国家法律，只会阻碍人们为改善这些不道德的法律而进行的斗争。"② 我们看到，爱因斯坦与梭罗的思想的确有类似之处，正所谓"英雄所见略同"。

在包括世界政府运动、犹太复国主义等在内的各种政治活动中，虽然爱因斯坦立场坚定而鲜明，但他始终保持一种有限参与的态度，与麦卡锡主义的斗争更是如此。弗劳恩格拉斯事件产生很大影响之后，纽约的反战同盟问爱因斯坦是否能向讨论麦卡锡主义的一个会议致函。爱因斯坦于 1954 年 1 月 29 日回信说："……就我而言，我感到最好是坚守我一再申明的信念。我确信，为了这项事业，我不便直接参与政治活动，比方说，在集会上发表演说，或向这类会议致函。倘若我这样做，我会被更多地看成是一个政治党徒，而不仅仅是一个具有社会道德心、对社会问题具有某些见解的个人。因此我确信，我最好还是不参加各种会议，而且我的身体状况也不允许我接受所有值得接受的邀请，或从中合理地选择一部分去参加。"③

我们可以看到，爱因斯坦在与麦卡锡主义的斗争中表现出来的态度，与他在世界政府运动中表现出来的态度相比发生了明显的变化。在世界政府运动中，他公开发表演讲、应邀向各种会议致函，表现出非常积极而活跃的政治姿态。但是，这种积极的态度在与麦卡锡主义作斗争的时期冷淡

---

① 内森、诺登：《爱因斯坦论和平》（下），刘新民译，湖南出版社 1992 年版，第 297 页。
② 同上书，第 326 页。
③ 同上书，第 303—304 页。

了下来。可能正是因为世界政府运动使得爱因斯坦对政治感到了很大的失望,再加上他的健康状况也不好,因此参与的热情也就一落千丈了。爱因斯坦已经认识到,"不管说得多么令人信服、委婉动听,光靠理性的声音是起不了作用的"。①

1953 年 12 月 5 日,爱因斯坦在写给芝加哥律师"十诫会"的信中说:"在长期生活中,我把我的全部精力都用在追求对物理实在的结构稍微深入一点的了解。我从来没有做过系统的努力去改善人类的命运,去同不义和暴政作斗争,或者去改进人类关系的传统形式。我所做的仅仅是:在长时期内,我对社会上那些我认为是非常恶劣的和不幸的情况公开发表了意见,对它们沉默就会使我觉得是在犯同谋罪。"② 接着,爱因斯坦还明确指出了他所理解的"人权"的内涵。他说:"今天当我们讲到人权时,我们实质上是指:保护个人,反对别人或政府对他的任意侵犯;要求工作并要求从工作中取得适当报酬的权利;讨论和教学的自由;个人适当参与组织政府的权利。尽管这些权利现今在理论上已得到了承认,但事实上,它们却比过去任何时候都受到更大的摧残。这是由合法的奸诈策略而造成的。可是有一种人权,尽管它不常被提到,却似乎注定要成为非常重要的,那就是:个人有权利和义务不参与他认为是错误的或者有害的活动。……在我们的时代,斗争主要是为了争取政治信仰和讨论的自由,以及研究和教学的自由。对共产主义的恐惧所导致的政策,已使我国受到其余文明人类的嘲笑。"③

在爱因斯坦看来,某些美国的政治家们主要是从自己的利益考虑,寻找借口非法干涉公民的自由与权利,他甚至把当下的状况与曾经遭遇的德

---

① 内森、诺登:《爱因斯坦论和平》(下),刘新民译,湖南出版社 1992 年版,第 310 页。

② 值得指出的是,爱因斯坦长期坚持这种立场。比如,1933 年 5 月 26 日,爱因斯坦在给劳厄(Max von Laue)的信中说:"我不同意您的看法,以为科学家对政治问题——在较广泛的意义上来说就是人类事务——应当默不作声。德国的情况表明,这种克制会导致:不作任何抵抗就把领导权拱手让给那些盲目的和不负责任的人。这种克制岂不是缺乏责任心的表现?试问,要是乔尔达诺·布鲁诺、斯宾诺莎、伏尔泰和洪堡也都是这样想,这样行事,那么我们的处境会怎样呢?我对我所说过的话,没有一个字感到后悔,而且相信我的行动是在为人类服务。"参见爱因斯坦《爱因斯坦文集》(第三卷),许良英、赵中立、张宣三编译,商务印书馆 2009 年版,第 133 页。

③ 爱因斯坦:《爱因斯坦文集》(第三卷),许良英、赵中立、张宣三编译,商务印书馆 2009 年版,第 370—371 页。

国法西斯主义进行类比。1954 年 1 月 14 日，爱因斯坦在给一位纽约的来信者的回信中说："……所有这一切并不能用来为我国在'同共产主义作战'口号下所做的一切进行辩论。'共产主义威胁'在这里被反动政客用作了掩盖他们侵犯公民权利的借口。人们被引入歧途，知识分子被吓破了胆，以至他们不能有效地捍卫宪法赋予他们的权利。而且，这些政客主要受他们所谋求的直接个人利益的驱使；他们明明知道他们应该怎样做，但他们根本不（或者只在很小程度上）考虑这些。我们已在建立法西斯政权的路上走得很远。我们这里的总的状况与 1932 年的德国何其相似。此外，倘若可怕的经济萧条当真发生，又会出现什么样的情况！人们不禁要问，为什么英国不害怕他们的共产主义者？"[1]

约两个月后，1954 年 3 月 10 日，爱因斯坦在给托马斯（Norman Thomas）的回信中提出了同样的观点。他说："我非常不安地看到，1932 年的德国和 1954 年的美国之间有着广泛的类似。……我认为，把我们的讨论限定在以下这个问题可能更为有用：美国面临着国内共产主义者的危险如何？就此问题你我之间的观点有着原则上的分歧。简言之，我相信：美国受到的国内共产主义者的威胁，相对于这种到处歇斯底里地搜索少数共产主义者而导致的危险，简直就不值一提。为什么美国受到共产主义者的威胁，要比英格兰受到英国共产主义者的威胁要多得多？难道会有人相信，英国人在政治上比美国人幼稚得多，甚至于他们都没有意识到自己身处的危险？……"[2] 正是基于这样的判断，爱因斯坦坚决反对麦卡锡主义。

总之，在本章中，我们看到一个不畏强权，敢于伸张正义的爱因斯坦，他的道德品行与科学成就相得益彰，因为"他把他的科学声望用来为道德正义服务"[3]。我们甚至可以说，在这方面，爱因斯坦是每一位知识分子学习的楷模。

斯宾诺莎在《神学政治论》第二十章中明确指出："在一个自由的国

---

① 内森、诺登：《爱因斯坦论和平》（下），刘新民译，湖南出版社 1992 年版，第 307 页。

② Rowe, David and Schulmann, Robert. *Einstein on Politics.* Princeton：Princeton University Press, 2007, pp. 500—501.

③ Stern, Fritz. *Dreams and Delusions.* New York：Alfred A. Knopf, Inc., 1987, p. 27.

家每人都可以自由思想，自由发表意见"，并认为"心不受政权的支配"，"言论不应受政权的支配"。① 如同斯宾诺莎的宗教思想对爱因斯坦产生了重要影响一样，他的政治哲学思想对爱因斯坦的影响也是不言而喻的。正如李醒民指出的那样，爱因斯坦像斯宾诺莎一样是一个自由人，他这个自由人为"自由上帝"效劳。② 我们已经看到，在与麦卡锡主义作斗争的历史进程中，爱因斯坦的"自由思想与行动"做出了重要而独特的贡献。

有趣的是，爱因斯坦从这场斗争当中也吸取到一股强大的精神力量。在与朋友的通信中，他表现出了明显的情绪变化。比如，1952 年 12 月，爱因斯坦在给朋友的信中写道："与以往一样，我的工作不断把我搞得精疲力尽，即使我放松了我的紧张思考和工作。这样做可使一个人忘掉个人的烦恼和对政治的失望之情。"③ 到 1954 年 3 月 28 日，也就是爱因斯坦对弗劳恩格拉斯和夏多维茨的支持产生广泛影响之后，爱因斯坦在给比利时王后的信中说："……在我这个新祖国里，由于我无法保持沉默，无法忍受在这里发生的一切，于是就成了一个'专爱捣乱的人'。而且，我认为已没有什么可失去的。上了年纪的人，为了受到种种限制的年轻人的利益，应当站出来讲话。我想，这也许对他们有帮助。"④ 从爱因斯坦的话语中可以看出，他对自己的言论产生的影响颇有几分自得。

---

① 斯宾诺莎：《神学政治论》，温锡增译，商务印书馆 2009 年版，第 274—275 页。
② 李醒民：《爱因斯坦：自由人为"自由上帝"效劳》，《科技导报》2003 年第 3 期。
③ 内森、诺登：《爱因斯坦论和平》（下），刘新民译，湖南出版社 1992 年版，第 276 页。
④ 同上书，第 309 页。

第七章　社会主义思想:来源与影响

早在 1918 年，爱因斯坦在给好友贝索（Michele Besso）的信中说："我享有一个无可责备的社会主义者的盛名。"① 爱因斯坦对资本主义的弊端有着清醒而深刻的认识，他对社会主义充满期待，希望在社会主义制度里能够实现人人平等、人民生活幸福。不过，可能主要是由于意识形态方面的原因，西方学者研究爱因斯坦社会主义思想的论著寥若晨星。本章主要讨论爱因斯坦社会主义思想的来源及其影响，以及爱因斯坦与苏联的关系等三个问题。

第一节　社会主义思想的来源

爱因斯坦本人没有直接论述他社会主义思想的来源，不过我们可以在他的论著与信件当中找到一些蛛丝马迹。总的来看，爱因斯坦的社会主义思想至少有以下三个方面的源头。

一　哲学与传统

在本书《民族观》一章中我们已经看到，爱因斯坦的父母虽然是犹太人，但他们并不严格遵守犹太教规，也不去犹太教堂。当爱因斯坦上小学时，他是班里唯一的一位犹太人。虽然他跟大家一起认真学习天主教的课

---

① 爱因斯坦：《爱因斯坦文集》（第三卷），许良英、赵中立、张宣三编译，商务印书馆2009 年版，第 15 页。

程，但同学们还是经常嘲笑他是犹太人。这些经历使得爱因斯坦在少年时期就意识到了自己的犹太身份，了解了一些犹太传统。在后来的学习和工作经历中，爱因斯坦的犹太身份使得他遭受了一些曲折甚至是痛苦的经历，包括年轻时求职的坎坷以及成名之后在德国受到的迫害。

尽管如此，爱因斯坦并没有试图淡化自己的犹太身份，反而为自己是一位犹太人而自豪。爱因斯坦高度评价犹太人的优良传统和品格，对马克思也给予支持与肯定，他说："几千年来使犹太人联结在一起，而且今天还在联结着他们的纽带，首先是社会正义的民主理想，以及一切人中间的互助和宽容的理想。……像摩西、斯宾诺莎（Spinoza）和卡尔·马克思（Karl Marx）这样一些人物，尽管他们并不一样，但他们都为社会正义的理想而生活、而自我牺牲；而引导他们走上这条荆棘丛生的道路的，正是他们祖先的传统。"① 爱因斯坦认为，在犹太人的传统中包含着全人类大团结的社会主义思想成分。他说："……至于坚持全人类的团结则表现得更加强烈了；社会主义的要求多半首先由犹太人提出来，这绝不是偶然的。"②

爱因斯坦的哲学修养是举世公认的，许多学者甚至认为爱因斯坦也是一位哲学家。③ 他很早就开始阅读休谟（David Hume）、斯宾诺莎与康德（Kant）等人的哲学著作。比如，爱因斯坦早在 13 岁时就津津有味地阅读康德的哲学著作，16 岁时就已经读过了康德的三部主要著作《纯粹理性批判》、《实践理性批判》和《判断力批判》，在大学第一学年的第二学期专门选修了《康德哲学》课程。④ 康德哲学对爱因斯坦的思想影响应该是很大的，而马克思哲学正是在对包括康德哲学在内的西方哲学传统的继承与超越中发展起来的。⑤ 另外，康德的一些思想，特别是他关于道德与政治

---

① 爱因斯坦：《爱因斯坦文集》（第三卷），许良英、赵中立、张宣三编译，商务印书馆2009 年版，第 196 页。

② 同上书，第 122 页。

③ 希尔普（Paul Schilpp）为庆祝爱因斯坦 70 岁生日而主编的一本著作，就明确地以《阿尔伯特·爱因斯坦：哲学家—科学家》为题。参见 Schilpp, Paul Arthur. *Albert Einstein: Philosopher-Scientist.* New York: Tudor Publishing Company, 1949.

④ 爱因斯坦：《爱因斯坦全集》（第一卷），吴忠超主译，湖南科学技术出版社 2009 年版，第 50 页。

⑤ 俞吾金：《论马克思对西方哲学传统的扬弃——兼论马克思的实践、自由概念与康德的关系》，《中国社会科学》2001 年第 3 期。

之关系的论述，后来成为新康德主义所提倡的伦理社会主义的主要论据。可能主要是由于爱因斯坦的社会主义思想中包含较多的道德论证，所以甚至有西方学者称其为伦理社会主义。①

在康德的政治哲学中，国家的存在是为了保证个人能够公正地追求他们自己的利益。尽管国家确实是至关重要的，因为它可以维护社会的和平与和谐，但这并不意味着国家在伦理上代表了一种超出公民社会的更高的善。在康德看来，国家的存在是为了保障个人的自由，他反对国家干预个人行为的动机，主张尽可能地允许公民自由选择，等等。② 这些都与爱因斯坦的政治思想有明显的类似之处。比如，爱因斯坦强调精神与思想自由的重要性，因而反对苏联政府在知识问题和艺术问题上采取的直接和间接的干预政策，认为这种干预是有害的，甚至是荒谬的。

总之，犹太民族的传统和康德、斯宾诺莎等人的政治哲学思想构成了爱因斯坦社会主义思想的重要来源。

二　阅读与交流

在爱因斯坦社会主义思想的形成过程中，一些具有社会主义思想的思想家对他的影响是至关重要的。③ 爱因斯坦参加过一些具有社会主义色彩的社会团体，跟一些有社会主义理想的人关系密切，很自然会受到一些影响。比如，爱因斯坦在德国工作期间加入的新祖国联盟，其纲领之一就是"协助实现社会主义"。④

在爱因斯坦的朋友当中，阿德勒（Friedrich Adler）的社会主义思想对爱因斯坦可能产生了较大的影响。1909 年秋，当爱因斯坦回到苏黎世时，⑤

---

① Bender, Frederick. Einstein's Ethical Socialism. Barker, Peter and Shugart, Cecil edited. *After Einstein.* Memphis State University Press, 1981, pp. 187—202.

② 李梅：《权利与正义——康德政治哲学研究》，社会科学文献出版社 2000 年版，第 245—247 页。

③ 李醒民：《爱因斯坦》，商务印书馆 2005 年版，第 300 页。

④ 戈纳：《爱因斯坦在柏林》，李中文译，中央编译出版社 2012 年版，第 139 页。

⑤ 1909 年，爱因斯坦从伯尔尼专利局来到苏黎世大学担任理论物理学副教授。当时阿德勒也想得到这个职位，但他还是极力推荐爱因斯坦，认为爱因斯坦是最合适的人选。此事成为科学史上的一段佳话。另外，爱因斯坦还在跟阿德勒的讨论中了解到了迪昂（Pierre Duhem）的约定论。参见 Howard, Don. Einstein and Duhem. *Synthese*, 1990, Vol. 83, pp. 363—384.

正好与学生时代的好朋友——阿德勒成为邻居，一直到 1911 年 4 月爱因斯坦一家搬到布拉格。在大学时代，他们就一起讨论物理学问题，一起参加苏黎世联邦技术大学的讲座。由于二人有着共同的科学哲学爱好，都对马赫等人的思想特别感兴趣，于是经常在一起讨论哲学问题。为了避开孩子们的吵闹，二人甚至跑到阁楼上去进行讨论。阿德勒的父亲维克多·阿德勒（Victor Adler）是奥地利社会民主党的领导人，后来阿德勒子承父业，也成为奥地利社会民主党领袖。1911 年，他放弃了科学事业，到维也纳担任了社会民主党的总书记，后来担任社会主义国际（Socialist International）总书记达 16 年之久。在爱因斯坦与阿德勒相处的大约一年半的时间里，阿德勒显然会跟他讨论关于社会主义的问题，更何况爱因斯坦本人对这个话题也颇为感兴趣。所以，爱因斯坦极有可能从阿德勒那里比较全面地了解了关于社会主义的理论。而且，爱因斯坦对阿德勒评价甚高。1917 年 4 月，爱因斯坦在给贝索的信中认为阿德勒"是一个严肃的思想家，他始终在试图开辟通向光明的道路"。[①]

爱因斯坦具体读过哪些跟社会主义有关的文献，目前还无法详细统计。不过，我们可以从他与朋友的通信中发现一些线索。比如，1920 年 1 月 27 日，爱因斯坦在给玻恩（Max Born）的信中写道："我最近读了拉狄克（Karl Radek）的小册子——人们必须承认他的长处，这个人了解他的事业。"[②] 爱因斯坦读的小册子可能是拉狄克写于 1918 年的《社会主义从科学到行动的发展》。[③] 拉狄克是共产主义宣传家，撰写了大量关于国际工人运动、宣传社会主义的文章，是共产国际的早期领导人，曾担任过共产国际执行委员会书记。俄国十月革命胜利后，他前往彼得格勒，正式加入

---

① 1916 年 12 月 21 日，阿德勒枪杀了奥地利首相，1917 年 5 月被判死刑，后减刑为 18 个月，1918 年获得赦免。爱因斯坦写这封信，就是与贝索商量如何营救阿德勒一事，参见《爱因斯坦文集》（第三卷），第 7—9 页。关于阿德勒的经历与思想演变，参见 Alder, Douglas. Friedrich Adler: Evolution of a Revolutionary. *German Studies Review*, 1978, Vol. 1, No. 3, pp. 260—284.

② 玻恩、爱因斯坦：《玻恩—爱因斯坦书信集》，范岱年译，上海科技教育出版社 2010 年版，第 26 页。

③ 爱因斯坦读的小册子的英文名为《The Development of Socialism from Science to Action》，但是，罗和舒尔曼编写的《爱因斯坦论政治》却把这本书误写为《The Development of Socialism from Utopia to Science》，而《社会主义从乌托邦到科学的发展》是恩格斯写的。参见 Rowe, David and Schulmann, Robert. *Einstein on Politics*. Princeton：Princeton University Press, 2007, p. 410.

了布尔什维克党，后来成为"左派共产主义者"集团的代表人物之一。

1929 年，爱因斯坦在给贝索的信中写道："我怀着愉快的心情，专心致志地读了萧伯纳（Bernard Shaw）的一本论社会主义的书，他是一个聪明能干的人，对于人类活动颇有真知灼见。我想设法替这本书宣传宣传。"① 爱因斯坦提到的书是萧伯纳的《知识女性的社会主义和资本主义指南》②。萧伯纳是著名文学家，诺贝尔文学奖获得者。他在 1882 年阅读了马克思的《资本论》之后，开始信仰社会主义，宣称自己是社会主义者，并撰文积极宣传社会主义，长达十余年之久。不过，萧伯纳反对暴力革命，主张通过改良和渐进的方式从资本主义过渡到社会主义。

另外，爱因斯坦在不同场合对一些社会主义思想家给予很高评价。比如，1921 年，爱因斯坦在悼念波普 - 林卡乌斯（Joseph Popper-Lynkaeus）的文章中写道："波普 - 林卡乌斯不仅是一位有才华的工程师和作家。他还是少数体现时代良心的出色人物之一。他孜孜不倦地向我们宣传社会要对每个人的命运负责，并且为我们指出了一条把社会应尽的义务变成事实的道路。社会或者国家不是他盲目崇拜的对象；他把社会要求个人作出牺牲的权力，完全建立在社会应当给个人的个性以和谐发展机会这一责任之上。"③ 波普 - 林卡乌斯写过很多尖锐批判国家和社会制度的著作，有些书被当时的奥匈帝国列为禁书，他的社会理想接近于社会主义。又如，爱因斯坦在列维（Paul Levi）逝世时表示："他是我在人生道路上所见，最富正义感、最有才智，且最勇敢的人，其天性之一，便是不断追求，实践正义公理。"爱因斯坦参加了列维的追悼会，并流下了热泪。列维是德国共产主义政治领袖，他在 1919 年担任了德国共产党领导人，在 1920 年 12 月独立社民党左翼和共产党结成联合共产党后，成为两位主席之一。④

众所周知，爱因斯坦与维也纳学派的许多代表人物关系密切，相互之间也有影响。维也纳学派，特别是它的左翼如汉恩（H. Hahn）、纽拉特（O.

---

① 爱因斯坦：《爱因斯坦文集》（第一卷），许良英等编译，商务印书馆 2009 年版，第 360 页。

② 萧伯纳的这本书是一本通俗著作，内容丰富、可读性强。参见 Shaw, Bernard. *The Intelligent Woman's Guide to Socialism and Capitalism.* New York: Brentano's Publishers, 1928.

③ 爱因斯坦：《爱因斯坦文集》（第三卷），许良英、赵中立、张宣三编译，商务印书馆 2009 年版，第 25 页。

④ 戈纳：《爱因斯坦在柏林》，李中文译，中央编译出版社 2012 年版，第 378—379 页。

Neurath）以及弗兰克（Philipp Frank）等人，在政治取向上带有明显的乃至强烈的社会主义倾向。他们从马赫、波普－林卡乌斯和马克思的著作中汲取了社会主义思想的营养，这一点在维也纳学派的宣言中清楚地显示出来。[①]

　　可见，爱因斯坦跟具有社会主义思想的学者有着密切的联系，他们在交往过程中，很自然会讨论一些关于社会主义的话题，爱因斯坦也会受到这些学者的社会主义思想的影响。

三　批判与反思

　　爱因斯坦的社会主义思想也是他对社会现实进行认真观察与思考的结果。《爱因斯坦论和平》的编者之一内森（Otto Nathan）指出："爱因斯坦是一位社会主义者。他之所以相信社会主义，是因为他作为一位令人信服的平等主义者，反对资本主义的阶级分化和人对人的剥削，他觉得资本主义制度比先前的任何经济组织更能巧妙地为这一切大开方便之门。他之所以是一位社会主义者，是因为他确信，资本主义经济不能充分地改善全体人民的福利，资本主义经济的无政府状态是当代社会许多罪恶的渊薮。最后，他之所以是一位社会主义者，是因为他深信不疑：在社会主义制度下，比在人们已知的任何其他制度下，更有可能达到与公共福利相一致的、最大程度的个人自由。"[②]

　　1931年前后，爱因斯坦在《对世界经济危机的看法》一文中对1929—1933年的资本主义世界经济危机提出了自己的看法。他认为，生产过剩、赔款、新关税壁垒的设立等原因都不是导致危机的根本原因，他指出了技术的发展与完全放任主义的经济制度在导致危机当中的作用，并大胆肯定计划经济的必要性："……要做到这一点，逻辑上最简单但也是最大胆的方法是完全的计划经济，在这种经济中，消费品由社会来生产和分配。今天俄国正在试行的〔办法〕本质上就是如此。"[③]

---

　　① 李醒民：《爱因斯坦》，商务印书馆2005年版，第301页。

　　② Nathan, Otto and Norden, Heinz. *Einstein on Peace.* New York：Schocken Books, 1968, introduction viii. 中译见内森、诺登《爱因斯坦论和平》（上），李醒民译，湖南出版社1992年版，第2—3页。

　　③ 爱因斯坦：《爱因斯坦文集》（第三卷），许良英、赵中立、张宣三编译，商务印书馆2009年版，第106—109页。

在爱因斯坦看来，失业是资本主义国家的必然现象。他指出，"事实将会证明，资本主义（也许我们应当说是私营企业制度）是没有能力制止失业的，由于技术的进步，失业问题还会日益严重起来；它也没有能力使生产同人民的购买力保持健康的平衡。"①

1931 年 11 月 7 日，爱因斯坦在写给《柏林日报》（Berliner Tageblatt）编辑的信中，认为关于生产能力和消费的理论不能解决经济危机，并提出自己的解决方案。② 我们可以看到，爱因斯坦的解决方法主要限制在货币政策的范围之内。比如，他指出了金本位制的弊端，提出要控制流通中的货币总量和信贷总量，限制商品价格，等等。在 1932 年 9 月 22 日写的一篇回应文章中，爱因斯坦提出了更加保守的货币政策。③

爱因斯坦发现，资本主义国家也在向社会主义制度学习。1936 年 2 月，爱因斯坦在给贝索的信中写道："……此间〔指美国〕虽然有着丰富的天然财富，情况并不是那么美好。不过，我相信，在不至太晚以前，美国人会找到保障个人经济的道路。"此处爱因斯坦加了一个注："'社会主义'这个词在这里是一种禁忌，但思想和改良的尝试都是朝着这个方向"。④

爱因斯坦对资本主义的批判集中表现在 1949 年 5 月发表的《为什么要社会主义》一文中。他指出，"照我的见解，今天存在着的资本主义社会里经济的无政府状态是这种祸害的真正根源。……经营生产是为了利润，而不是为了使用。……这种对个人的摧残，我认为是资本主义的最大祸害。我们整个教育制度都蒙受其害。"在爱因斯坦看来，只有建立社会主义经济，同时配上一套以社会目标为方向的教育制度才能消灭这些严重祸害。爱因斯坦做出了这样的设想："计划经济按社会的需要而调节生产，它应当把工作分配给一切能工作的人，并且应当保障每一个人，无论男女

---

① 爱因斯坦：《爱因斯坦文集》（第三卷），许良英、赵中立、张宣三编译，商务印书馆 2009 年版，第 283 页。

② 同上书，第 110 页。

③ Rowe, David and Schulmann, Robert. *Einstein on Politics*. Princeton: Princeton University Press, 2007, p.419.

④ 爱因斯坦：《爱因斯坦文集》（第三卷），许良英、赵中立、张宣三编译，商务印书馆 2009 年版，第 163—164 页。

老幼，都能生活。对个人的教育，除了要发挥他本人天赋的才能，还应当努力发展他对整个人类的责任感，以代替我们目前这个社会中对权力和名利的赞扬。"①

可见，长期在欧洲和美国的生活，使得爱因斯坦对资本主义社会的弊端有着深刻的认识，并给予了无情的批判。而且，爱因斯坦的见解已经触及到了资本主义社会制度的本质，的确是难能可贵的。同时，对于社会主义苏联的成功，他在看到不足之处的同时，给予了充分的肯定和赞扬。对两种制度的现实对比与反思，是爱因斯坦社会主义思想形成的一个重要因素。

另外，爱因斯坦还用辩证的眼光看待社会主义。他指出，"我们不应当错误地把一切现存的社会和政治的祸害都归咎于资本主义，也不应当错误地假定，只要建立起社会主义就足以医治人类的一切社会和政治的痼疾。"② 在他看来，"社会主义的建成，需要解决这样一些极端困难的社会—政治问题：鉴于政治权力和经济权力的高度集中，怎样才有可能防止行政人员变成权力无限和傲慢自负呢？怎么能够使个人的权利得到保障，同时对于行政权力能够确保有一种民主的平衡力量呢？"③ 时至今日，爱因斯坦提出的这些问题仍然值得我们深入思考。

综上可见，爱因斯坦的社会主义思想主要源于犹太传统与康德等人的哲学思想、与具有社会主义思想的学者的交流及其对相关著作的阅读，以及他对社会现实的批判与反思。爱因斯坦可能没有直接阅读多少马克思的著作，他的社会主义思想主要源于他自己的阅读与理性思考。

第二节　爱因斯坦与苏联

一　对苏联的关注

爱因斯坦对苏联的社会主义事业颇为关注，对俄国革命持认同态度。

① 爱因斯坦：《爱因斯坦文集》（第三卷），许良英、赵中立、张宣三编译，商务印书馆2009年版，第311—318页。
② 同上书，第283—284页。
③ 同上书，第318页。

1920 年 1 月 27 日，爱因斯坦在写给玻恩的信中说："政治形势的发展一贯有利于布尔什维克。似乎俄国人的相当多的对外成就，相对于西方日益站不住的立场，特别是我们的立场，正聚集着不可抗拒的力量。……我必须向你承认，布尔什维克在我看来，并不那么坏，不管他们的理论是多么可笑。如果能在近处看看实况会是很有趣的。"①

1924 年，德国电机工程师阿尔科（Georg Arco）邀请爱因斯坦加入德苏友好团体"文化技术东方协会"，请他担任该团体的理事，并邀请他一同访苏。爱因斯坦回信说因为科学研究工作太忙，不能外出旅行而谢绝访苏邀请，不过他同意担任理事。他说："你们不顾当前的政治斗争，重建横跨国界的广泛文化纽带。我为自己成为你们理事会的一员而感到荣幸，我祝愿你们这个团体取得最大的成功。"②

布基（Gustav Bucky）是爱因斯坦一生的好友，在布基一家与爱因斯坦长期交往的过程中，布基的儿子彼得（Peter Bucky）记下了与爱因斯坦的一些对话，后来彼得整理出版了他们之间的对话。有一次爱因斯坦对彼得说："……如果领导人刚正不阿，只关注集体的利益，如此甚好。但是，如果领导人背离了这种理想，甚至转变为独裁者，就危险了，正如俄国、德国和意大利发生过的那样。并不总是由于哲学出了毛病，而是领导人因手握权力而腐败。比如，共产主义背后的哲学有很多优点，诸如它关注不再剥削老百姓的问题，根据需求和能力共享物质与劳务。作为一种政治理论，共产主义是一种伟大的实验，但不幸的是，在俄国，这个实验是在一个装备很差的实验室进行的。"③ 从爱因斯坦的这段话我们也可以看出，虽然爱因斯坦对苏联的发展状况并不非常满意，但至少是颇为关注的。

类似的，在 1950 年 3 月写给胡克（Sidney Hook）的信中，爱因斯坦说："我曾努力去了解俄国革命为什么会成为一件必然的事。在当时俄国的一般情况下，我相信只有坚定的少数人承担的革命才能够取得胜利。一

---

① 玻恩、爱因斯坦：《玻恩—爱因斯坦书信集》，范岱年译，上海科技教育出版社 2010 年版，第 25—26 页。

② 爱因斯坦：《爱因斯坦文集》（第三卷），许良英、赵中立、张宣三编译，商务印书馆 2009 年版，第 36 页。

③ Bucky, Peter. *The Private Albert Einstein*. Kansas City：A University Press Syndicate Company, 1992, p. 64. 在《科技观》一章中可以看到，爱因斯坦与布基还共同申请过一项关于相机的专利。

个关心人民幸福的俄国人，在当时存在着的条件下，自然会同这些少数人合作，并且顺从他们，因为要不然，就不能达到这次革命的直接目标。"①

二　肯定苏联取得的成就

1942年10月，爱因斯坦向美国"犹太人支援俄国战争公会"通过电话作了一篇讲话。在讲话中，爱因斯坦对苏联的进步与成就给予了充分肯定。首先，爱因斯坦肯定了苏联在科技方面取得的巨大成就。他说："俄国以像我们自己国家一样的热情，推动了并且还继续在推动着科学的进步。而且，它在战争中的行动已显示出它在一切工业和技术领域里的伟大成就。从不发达的基础开始，过去二十五年中它那非常惊人的发展速度，实在是史无前例的。"其次，爱因斯坦强调了苏联在国际事务中的重要作用。他指出："我们必须特别强调这样的事实：俄国政府曾经比任何其他大国更加真诚而不含糊地努力促进国际安全。"最后，爱因斯坦高度赞扬了苏联在文化生活方面取得的成绩。他说："最好的书被大量发行，并且被热情地阅读着和学习着；可是这个国家直到二十五年以前，文化教育还是只限于极少数特权者手里。……在俄国，一切民族和文化团体的平等不仅是名义上的，而且实际上已付诸实践。"他号召大家马上行动起来，以最大限度的物质资源来援助俄国。②爱因斯坦的这个讲话可能是他一生中做出的对苏联最为全面而又积极的评价。

又如，1950年，爱因斯坦说："苏维埃制度在教育、公共卫生、社会福利和经济领域里的成就无疑都是伟大的，而全体人民已从这些成就里得到了很大益处。"③

对于苏联曾经给过犹太人的帮助，爱因斯坦一直铭记于心。1945年12月，爱因斯坦在纽约诺贝尔纪念宴会上说："我们忘记不了苏联的人道的态度，当纳粹向波兰进军的时候，苏联是唯一向几十万犹太人敞开大门的大国。"④

---

① 爱因斯坦：《爱因斯坦文集》（第三卷），许良英、赵中立、张宣三编译，商务印书馆2009年版，第330页。
② 同上书，第221—223页。
③ 同上书，第330—331页。
④ 同上书，第242页。

三　对苏联持谨慎态度

虽然接到过多次苏联学者的邀请，但爱因斯坦从未到过苏联。要知道爱因斯坦一生中访问过许多国家和地区，包括中国、日本和南美洲等。[①]尽管他支持社会主义，但爱因斯坦对苏联一直保持一种比较谨慎的态度。其中的一个重要原因，可能是因为苏联的反犹主义。虽然苏联宣称所有民族和种族一律平等，但苏联的反犹政策大约从 1924 年列宁（Lenin）去世和斯大林（Joseph Stalin）上台开始，此后几乎贯穿苏联历史的全过程。[②]在本书《世界政府》一章中我们也看到，爱因斯坦与苏联科学家在是否应该建立世界政府的问题上还进行过一场公开的争论。

爱因斯坦的女婿凯泽尔（Rudolph Kayser）认为，对爱因斯坦来说，社会主义表现出最高的伦理愿望，它试图消除阶级之间的巨大差别，建立更为公正的经济体制。确实，社会的发展趋势是朝向一种新的非资本主义的经济体制。组织与集体主义越来越多地调控我们的生活，个人的命运逐渐服从于社会的发展。工业生产不会处于一种无政府状态，它将被组织起来；曼彻斯特的资本主义模式毫无前途可言。不过，爱因斯坦似乎不接受当时的社会主义纲领。他如此评价列宁："我尊敬列宁，因为他是一位有完全自我牺牲精神、全心全意为实现社会正义而献身的人。我并不认为他的方法是切合实际的。但有一点可以肯定：像他这种类型的人，是人类良心的维护者和再造者。"爱因斯坦为何会认为列宁的方法不切合实际呢？可能是因为他很喜欢个人孤独的冒险和自由的快乐，以至于不太欢迎一种可能会彻底消解个体的体制。[③]

对苏联的关注使得爱因斯坦认识到苏联的一些问题。1932 年 5 月，爱

---

① 关于爱因斯坦的旅行情况，参见 Eisinger, Josef. *Einstein on the Road.* New York：Prometheus Books, 2011.

② 宋永成：《冷战时期苏联反犹政策举隅：以犹太人反法西斯委员会案为中心》，《世界民族》2012 年第 3 期。

③ Reiser, Anton. *Albert Einstein：A Biographical Portrait.* New York：Albert & Charles Boni, Inc.，1930, pp. 140—141. Anton Reiser 是凯泽尔的笔名。爱因斯坦在这本传记的前言中说，书中所讲的事实是很准确的。关于列宁的评价译文参见爱因斯坦《爱因斯坦文集》（第三卷），许良英、赵中立、张宣三编译，商务印书馆 2009 年版，第 14 页。

因斯坦收到一份呼吁信,需要由所有发起人签名。呼吁信中对苏联给予了高度评价:"……15 年间,苏联努力建设新的世界秩序,这种新世界秩序的基础是:工人协作共同体,国民收入的合理分配,公共福利的追求以及消除人对人的剥削和压迫;简而言之,其基础在于径直反对资本主义制度的无政府状态的原则。献身于它的社会主义的伟大任务的人塑造的苏联,数月来已经英勇地反击了日本的挑衅。……"6 月初,爱因斯坦回复道:"……因为信中包含着对苏维埃俄国的颂扬,所以我不能签署它。近来,我十分艰难地尝试对那里正在发生的情况形成一种判断,我得到了一些相当阴郁的结论。在顶端出现的是个人斗争,在这一斗争中,从利己动机出发而行动的、渴望权力的个人利用最肮脏的手段;在底部似乎是对个人和言论自由的十足压制。人们感到惊奇:在这样的条件下,生活有什么价值。……如果你沿着比较客观的路线,对你的呼吁的第一段重新措辞,删去对苏联状况的任何赞颂,那么我肯定会在它上面签名的。"①

爱因斯坦对苏联的知识和文艺政策直接提出了批评。1950 年,爱因斯坦在给胡克的信中指出:"……可是这不应当理解为我赞成苏联政府在知识问题和艺术问题上所采取的直接和间接的干预政策。我认为这种干预是应该反对的,是有害的,甚至是荒谬的。我也相信政治权力的集中和个人自由的限制不应当超过一定的界限,这界限是根据外部安全、国内稳定和计划经济的需要所作的考虑而定出来的。"②

虽然爱因斯坦相信他看到的关于苏联的报道肯定是不全面的,但他仍然对苏联的政治制度不甚满意。1952 年 10 月 9 日,爱因斯坦在给英国人奈通(T. Naiton)的回信中说:"……我和你的共同之处是对报刊、电台等等报道的一切怀着很深的怀疑,美国的报刊和电台比英国的更不堪信赖。……我们听到的关于苏联的报道当然是片面的、夸张的。但是,似乎可以肯定,尽管它取得了一定的社会和经济成就,但它的政治制度要比我们野蛮残暴得多。不过,我清楚看到,由于战后发生的各国力量的消长,

---

① 内森、诺登:《爱因斯坦论和平》(上),李醒民译,湖南出版社 1992 年版,第 241—242 页。

② 爱因斯坦:《爱因斯坦文集》(第三卷),许良英、赵中立、张宣三编译,商务印书馆 2009 年版,第 330 页。

西方现在要比共产党世界更具侵略性。每一个有识之士都必须努力促进缓和，作出更为客观的判断。"①

可能正是因为对苏联社会主义的谨慎态度，1948 年 3 月，爱因斯坦在给一位记者的回信中说："……你说到社会主义，但实际上就我所理解的社会主义而言，今天哪儿也不存在社会主义。"②

四　苏联对爱因斯坦的批判与接受

1919 年爱丁顿（A. Eddington）的日食观测实验之后，爱因斯坦的接受相对论在世界各地引起了广泛的讨论，苏联自然也不例外。一位苏联哲学家认为，由于相对论的出现，需要对一些基本的物理学范畴，比如空间、时间、运动、物质等重新进行研究，并作认真的哲学分析。苏联的机械论者声称爱因斯坦的相对论会导致哲学相对主义，因而由于哲学方面的原因拒绝接受相对论。有的学者如季米里亚捷夫（A. K. Timiri-azev）还企图证明爱因斯坦的理论是唯心主义和哲学相对主义。③ 由于当时苏联哲学界倾向于把世界分为唯物和唯心两大阵营，这两大阵营之间的斗争反映的是阶级斗争，所以给爱因斯坦戴上唯心主义的帽子是贬低他的最简单、最直接的方式。

当然，苏联在不同的时期，对爱因斯坦及其理论的态度也不相同。西尼奇（Alexander Vucinich）详细考察了爱因斯坦及其理论在苏联的接受、批判与影响，并将其划分为四个阶段。

第一阶段是前斯大林时期，这段时期的特点是科学共同体的理论研究很少受到意识形态的干扰。因为政府忙于恢复被第一次世界大战和国内战争破坏的国民经济，更重要的是，苏联政府的哲学理论基础太过薄弱，还不足以对科学共同体实现意识形态方面的控制。由此，对于爱因斯坦的相对论及认识论思想，出现了各种各样不同的观点，从全面接受到全盘否定

① 内森、诺登：《爱因斯坦论和平》（下），刘新民译，湖南出版社 1992 年版，第 270—271 页。
② 同上书，第 153 页。
③ Josephson, Paul. *Physics and Politics in Revolutionary Russia*. Berkeley：University of California Press, 1991, p. 228.

的都有。不过,对物理学家来说,他们更倾向于欢迎爱因斯坦的思想,而不是马克思主义哲学家的思想。

第二阶段是斯大林统治时期,其特点是通过大规模的运动,创立与巩固统一的苏联意识形态,扩大马克思主义哲学的影响,给科学建立了统一的意识形态——哲学基础。在这一时期,苏联官方鼓励马克思主义理论家向爱因斯坦思想中的"唯心主义"成分开战。在斯大林时期快结束时,要求彻底拒绝广义相对论,认为它是20世纪最大的骗局,这样的声音仍然时常出现。但是,即使是斯大林统治最为残酷的时期,仍然有一小部分杰出的物理学家坚定地强调爱因斯坦对现代科学的贡献。

第三阶段是后斯大林解冻期,政府开始十分谨慎地努力消除斯大林意识形态对科学共同体职业权力的限制所表现出来的简单粗暴。政府把哲学的权力限制为在科学领域进行意识形态控制的一种工具,给科学研究机构更多的自主权,终止了过分强调俄国科学思想的民族根源的政策。此前,爱因斯坦的许多思想由于意识形态的原因被拒绝,现在则被接受了,甚至被融合成马克思主义思想的一部分。甚至于,最流行的研究取向是把爱因斯坦所有的科学原理与哲学思想都融入相对论之中。爱因斯坦的人文思想,包括科学与艺术、宗教、伦理、哲学之关系的思想,都引起了人们很大的兴趣。

第四阶段是改革时期,这一时期使第三时期的各种趋势加速发展。科学领域努力消除意识形态的影响,辩证唯物主义也失去了主流哲学思想的地位。传统的马克思主义思想家关注于唯物主义与唯心主义的斗争,将其视为现代哲学的基本问题,改革时期抛弃了这种思想。人们普遍接受了爱因斯坦的论断,认为科学家必定是哲学上的机会主义者,他们选择最适合自己特定需要的思想,并认为哲学只有在百家争鸣的时候才对科学有帮助。[1]

维希金(V. Vizgin)等人考察了相对论在俄国与苏联的接受情况后认为,国内战争与外国干预等原因导致的困难的社会状况,并没有阻碍广义相对论在俄国的广泛影响。与其他国家一样,20世纪20年代的前半叶,

---

[1] Vucinich, Alexander. *Einstein and Soviet Ideology*. Stanford: Stanford University Press, 2001, pp. 1—5.

出现了相对论的兴盛时期：出版了数十本关于相对论的著作，爱因斯坦1922年当选为俄罗斯科学院院士，他的名字也广为人知。[①]

可见，爱因斯坦的理论与思想在苏联经历了一些曲折的过程之后，最终被广泛接受，并产生了应有的影响。从另一个角度看，爱因斯坦的思想在苏联的曲折经历充分说明了科学与政治之间的复杂关系。

第三节　社会主义思想的影响

爱因斯坦专门论述社会主义的文章屈指可数，他关于社会主义的思想主要集中表现在《为什么要社会主义》这篇文章之中。1949年，爱因斯坦的好朋友内森邀请爱因斯坦为《每月评论》的创刊号写一篇文章，因为这个杂志是内森的朋友胡伯曼（Leo Huberman）等人资助创办的。于是，爱因斯坦写了《为什么要社会主义》这篇著名的论文。[②] 每月评论基金会的主任西蒙（John Simon）认为，在当时敌对的政治气氛中，爱因斯坦的文章对于提高该杂志的权威性和发行量都起到了积极作用。[③] 事实上，许多论及爱因斯坦社会主义思想的学者大都围绕这篇文章展开。因此，本节主要以《为什么要社会主义》这篇文章为中心，分析爱因斯坦社会主义思想的影响。

[①]　Vizgin, V. P. and Gorelik, G. E. The Reception of the Theory of Relativity in Russia and the USSR. In Glick, Thomasf edited. *The Comparative Reception of Relativity*. Dordrecht: D. Reidel Publishing Company, 1987, p. 303.

[②]　爱因斯坦这篇文章1949年5月发表在美国的《每月评论》杂志上，参见 Einstein, Albert. Why Socialism. *Monthly Review*, 1949, Vol. 1, No. 1, pp. 9—15. 以后该杂志又多次重印这篇文章。中译见《爱因斯坦文集》（第三卷），第311—318页。除了爱因斯坦的《思想和见解》以及《爱因斯坦晚年文集》等个人文集收入这篇文章之外，还有一些其他人主编的著作也收入此文。比如，1968年，在胡伯曼和斯威齐（Paul Sweezy）主编的《社会主义导论》一书中，收入了爱因斯坦的这篇文章，并放在该书收入的六篇文章之首，其余五篇均为胡伯曼与斯威齐的论文。参见 Huberman, Leo and Sweezy, Paul. *Introduction to Socialism*. New York: Modern Reader Paperbacks, 1968. 1986年，这篇文章收入了另一本文集之中，参见 Levidow, Les. *Radical Science Essays*. London: Free Association Books, 1986. 这本文集的题目也折射出西方学者对爱因斯坦社会主义思想的定位与看法。

[③]　Simon, John. Albert Einstein, Radical: A Political Profile. *Monthly Review*, 2005, Vol. 57, No. 1, pp. 1—12.

一 偏见与批判

1. 部分学者的偏见

有的西方学者可能出于意识形态方面的偏见,在一定程度上对爱因斯坦的社会主义思想持敌对态度,至少表现在以下三个方面。

第一,对爱因斯坦的论文进行删改。《为什么要社会主义》是爱因斯坦全面论述他的社会主义思想的一篇重要文章,关于爱因斯坦的文集自然要收入这篇文章。不过,有的文集却对这篇文章进行了肢解,比如爱因斯坦的两本文集《思想和见解》[①] 以及《爱因斯坦晚年文集》[②] 在收入这篇文章时却把最后一段给删掉了。这也导致我国出版的《爱因斯坦文集》(第三卷) 以及《爱因斯坦晚年文集》都没有这篇文章的最后一段。

这篇文章的最后一段内容为:"澄清社会主义的目标与问题,在我们这个过渡时代里具有至关重要的意义。在当前的环境下,不受限制地自由讨论这些问题已经受到强大的压制,因此我认为该杂志的创办是一件重要的公共事务。"爱因斯坦在这里显然是在批评美国政府实行的"麦卡锡主义",鼓励大家深入研究社会主义,而爱因斯坦文集《思想和见解》以及《爱因斯坦晚年文集》的编者可能不愿意看到爱因斯坦对美国政府直言不讳的批评,故而将此段删掉。不过,在 2007 年出版的《爱因斯坦论政治》中,编者收录了完整版本的《为什么要社会主义》,并明确指出了这一现象。[③]

第二,对爱因斯坦的社会主义思想视而不见。1999 年年底,爱因斯坦被美国《时代》周刊评为"世纪伟人"(Person of the Century)。资深科学作家戈登 (Frederic Golden) 发表了题为《爱因斯坦》的文章,除了简要介绍爱因斯坦的生平之外,文章还比较全面地描绘了爱因斯坦的政治肖像,包括爱因斯坦反对战争、支持和平,反对反犹主义、支持犹太复国运

---

① Einstein, Albert. *Ideas and Opinions*. New York: Crown Publishers, Inc, 1982. pp. 151—158. 该文集最早的版本出版于 1954 年。

② Einstein, Albert. *Out of My Later Years*. Secaucus: The Citadel Press, 1956, pp. 123—131. 该文集最早的版本出版于 1950 年。

③ Rowe, David and Schulmann, Robert. *Einstein on Politics*. Princeton: Princeton University Press, 2007, pp. 438—446.

动，谴责麦卡锡主义，反对种族歧视，等等，但对爱因斯坦的社会主义信念只字不提。① 正如杰罗姆（Fred Jerome）所指出的那样，"看来《时代》的主管人员虽决定深入，却还是不愿越雷池一步。"更有趣的是，《时代》周刊把爱因斯坦评选为"世纪伟人"之后，美国各大主流媒体皆以头版报道，但对他的政治立场却略而不提。美国媒体似乎努力将爱因斯坦激进的政治立场从他的公众形象中抹去，只是把他描绘成一位慈眉善目的科学家。②

第三，否认爱因斯坦是一位社会主义者。2009 年，著名的爱因斯坦研究专家舒尔曼（Robert Schulmann）在对施韦伯（Silvan Schweber）的著作《爱因斯坦与奥本海默》的书评中，批评作者把晚年的爱因斯坦误读为社会主义者。③ 对此，索尔金（Rafael Sorkin）在当年《今日物理学》第 10 期上批评了舒尔曼，认为如果他否认爱因斯坦是社会主义者或者他在晚年是社会主义者的话，那舒尔曼就令人惊讶地提供了错误消息。索尔金提出的证据就是爱因斯坦在 1949 年发表的著名论文《为什么要社会主义》，他认为爱因斯坦在这篇文章中明白无误地表明了他的政治立场。

对于索尔金的说法，舒尔曼回应说，不应该做出"爱因斯坦是社会主义者"这种模糊不清的陈述。在他看来，爱因斯坦的论文《为什么要社会主义》充满了意识形态的矛盾。④ 爱因斯坦仔细权衡计划经济，他担心过分集中的政治、经济权力会侵害个人权利。虽然他在哲学上赞同人道的社会主义（socialism with a human face），包括它的许多经济原则，但他并不认同欧洲工人运动的思想传统，以及马克思主义思想。对爱因斯坦来说，这个关键问题仍然是一种自由游戏（free play），这种游戏对于试图开发创造潜能的每个人都是可以玩玩的。⑤

不过，更多的学者都认为爱因斯坦是一位社会主义者。比如，内森在

---

① Golden, Frederic. Albert Einstein. *Time*, 1999 – 12 – 31, Vol. 154, No. 27, pp. 62—65.

② 杰罗姆：《爱因斯坦档案》，席玉苹译，广西师范大学出版社 2011 年版，第 7—8 页。

③ Schulmann, Rebort. Einstein and Oppenheimer: The Meaning of Genius Book Review. *Physics Today*, 2009, Vol. 62, No. 4, p. 60.

④ 舒尔曼所谓的矛盾可能是指爱因斯坦肯定计划经济的优越性，但又认为计划经济还不就是社会主义之类的话。在笔者看来，这充分体现了爱因斯坦的辩证思维，这种思维方式使得爱因斯坦的社会哲学思想充满活力。

⑤ Sorkin, Rafael and Schulmann, Robert. Einstein and Socialism. *Physics Today*, 2009, Vol. 62, No. 10, p. 12.

他和诺顿（Heinz Norden）主编的《爱因斯坦论和平》一书的"导论"中明确指出，"爱因斯坦是一位社会主义者"。他还详细列举了爱因斯坦之所以相信社会主义和他是社会主义者的三大理由。[①] 堪沙（Sachi sri Kantha）也认为，爱因斯坦本质上是一位社会主义者。[②]

2. 对爱因斯坦的批判

有的西方政治家和学者更是直接批判爱因斯坦的社会主义思想。1949年12月，曾经是美国社会工党（Socialist Labor Party）的副总统候选人的埃默瑞（Stephen Emery）发表了一封致爱因斯坦的公开信，批判爱因斯坦的社会主义思想。埃默瑞认为，爱因斯坦没能摆脱广为流传的关于社会主义的错误思想中最为严重的一个概念，那就是认为社会主义社会的管理机构的特征在于政治方面，这必然会导致认为管理社会主义工业的是一种官僚机构。因此，爱因斯坦虽然支持社会主义，但也担心社会主义的官僚主义。在埃默瑞看来，计划经济会束缚国家的发展，社会主义经济则要确保每个人的自由与幸福，这两者之间的关键区别在于管理范围。对于社会主义的政府模式，埃默瑞认为德里昂（Daniel De Leon）的社会主义理论给予了很好的回答，所以他强烈建议爱因斯坦去研究德里昂的著作，以及影响德里昂及其他著名社会主义思想家的摩根（Lewis Morgan）的著作。[③]

西方社会主义思潮有很多流派，不同派别之间相互批评也属正常现象。埃默瑞对爱因斯坦的批评很可能与爱因斯坦对华莱士（Henry Wallace）的支持有关。华莱士在1941年至1945年担任美国副总统，并在1948年作为进步党总统候选人参与大选。虽然社会工党与进步党在大选中都获得很少的票数，但政治立场上的差异使得埃默瑞对爱因斯坦的社会主义思想并无好感，更何况两人对社会主义的理解还相去甚远。

时至今日，还有少数美国学者在批判爱因斯坦的社会主义思想。2010年，美国纽约大学的麦敏（Phil Maymin）撰文认为，当爱因斯坦论及政治时，爱因斯坦不再是爱因斯坦。在他看来，虽然爱因斯坦是世界上最聪明

① 内森、诺登：《爱因斯坦论和平》（上），李醒民译，湖南出版社1992年版，第2—3页。
② Kantha, Sachi Sri. *An Einstein Dictionary*. Westport：Greenwood Press，1996，p. 200.
③ Emery, Stephen. Scientist Einstein Goes Unscientific on Socialism. *Weekly People*，1949－12－31. Also see http：//www. deleonism. org/text/ae000004. htm.

的科学家之一，但当他试图说服别人接受他的社会主义思想时，他基本上抛弃了所有的科学基础。科学建立在事实、模型和实验的基础之上，但爱因斯坦论述社会主义时却放弃了所有的知识与真理的基础。比如，爱因斯坦指出，在涉及人类的问题时，我们就应当注意不要过高地估计科学和科学方法。麦敏对爱因斯坦认为"人只有献身于社会，才能找到人生的意义"的思想也进行了批判，他认为爱因斯坦完全搞错了，我们不用服务社会也能找到人生的意义，这不是一个模型，也毫无逻辑可言。① 麦敏的批判是典型的科学主义，用自然科学的标准来分析社会科学；他的批判也颇为肤浅，充满了意识形态的偏见，没有任何理论与事实依据。

二 赞成与支持

爱因斯坦的《为什么要社会主义》一文发表后，得到了较为广泛的引证，许多不同领域的学者把爱因斯坦的论述作为重要的论据加以采用。总的来说，对爱因斯坦思想的赞成与支持可以概括为以下几个方面。

第一，《每月评论》杂志的大力推荐。在爱因斯坦的论文发表的第二年，也就是 1950 年，该杂志把爱因斯坦的论文单独印成小册子进行出售，每份十美分，购买量大还有较大幅度的优惠。虽然我们不清楚这个小册子究竟印刷并销售了多少份，但此举已经充分说明，有很多人对爱因斯坦的文章非常感兴趣。

1955 年，爱因斯坦逝世后，《每月评论》在当年 6 月重印了爱因斯坦的这篇论文。编委会在按语中指出："《每月评论》对爱因斯坦博士深怀感激之情。1949 年 5 月，他为我们杂志的创刊号写了一篇文章，我们知道，早期的定购者之所以支持我们，是因为他们希望对爱因斯坦博士表现出高度信心的事业给予支持。现在他去世了，我们想不出比重印他的这篇文章更合适的表达敬意的方式……对于以前读过这篇文章的读者来说，一次、两次甚至多次阅读，都将再次从中获益。对于从未读过的读者而言——在过去六年成千上万的新订户中肯定有许多人——将会拥有一种从未有过的

---

① Maymin, Phil. Einstein was Wrong When it Came to Socialism. *Fairfield Weekly*, 2010－10－7. Also see：http：//www.lewrockwell.com/maymin/maymin15.1.html. 引用日期：2013－7－15。

难以忘怀之经历。"① 该杂志的编委会对爱因斯坦的论文之推崇溢于言表。

此后,《每月评论》又多次重印这篇文章,比如在 1992 年、1994 年、1998 年、2000 年、2002 年、2004 年以及 2009 年的 5 月均如此。我们猜想这种现象可能还会延续较长的一段时间。

2009 年,牛津大学教授科恩（Gerald Cohen）在去世之前几个月出版了一本只有八十多页、名为《为什么不要社会主义》的小册子,为社会主义进行辩护。从这本书的题目上看,它显然是参考了爱因斯坦的《为什么要社会主义》这篇著名文章。科恩在该著作中的最后一段话,明确表示了对爱因斯坦社会主义思想的支持。他说:"我同意爱因斯坦的观点,即社会主义是人类克服并超越人类发展的掠夺阶段的尝试。"②

第二,赞同爱因斯坦对资本主义制度的分析与批判。爱因斯坦对社会主义的支持建立在他对资本主义社会的批判性认识的基础之上,他在这方面的论述很容易引起学者的共鸣,也是《为什么要社会主义》这篇文章中得到最为广泛赞同的部分。比如,舒茨（Eric Schutz）引用爱因斯坦对资本主义的分析,来论证资本家的竞争以及对媒体的控制。③

有的心理学家利用爱因斯坦的论述来分析资本主义可能导致的心理健康问题。比如,2005 年,美国心理学家、曾经担任美国心理学会主席的艾碧（George Albee）教授撰文指出,各种各样的压力可能会影响心理健康,而贫困、严重的性别歧视以及其他形式的社会不公等因素是形成这些压力的源头。在艾碧看来,社会主义的平均主义为消除各种社会不公提供了可能。他推崇爱因斯坦在《为什么要社会主义》一文中提出的观点。爱因斯坦在文章中指出,现今存在着的资本主义社会里经济的无政府状态,是导致这种祸害的真正根源。爱因斯坦所说的祸害,是指人类关系的恶化以及对个人的摧残。爱因斯坦相信,要消灭这些严重祸害,只有一条道路,那就是建立社会主义经济,同时配上一套以社会目标为方向的教育制度。艾碧坚持认为,即使苏联的社会主义失败了,但爱因斯坦所讨论的民主社会

---

① The Editors. Einstein, Albert. Why Socialism? *Monthly Review*, 1955, Vol. 7, No. 2, p. 44.

② Cohen, Gerald. *Why not Socialism*? Princeton: Princeton University Press, 2009. p. 82.

③ Schutz, Eric. *Markets and Power: the 21st Century Command Economy*. Now York: M. E. Sharpe, Inc. , 2001, pp. 68—69.

主义在斯堪的纳维亚（Scandinavia）、冰岛以及芬兰等地或多或少还是有所体现。①

有的学者利用爱因斯坦的思想来总结资本主义的经济危机。2008 年，美国发生了严重的信用危机。惠特尼（Mike Whitney）分析了这场危机的种种表现及原因，认为资本主义的面貌虽然发生了变化，但无限的个人财富积累的信条并未改变，这必然导致掠夺和自我毁灭。就像爱因斯坦在《为什么要社会主义》指出的那样，"我们无论在哪里，都没有真正克服人类发展的掠夺阶段……"②

有的学者运用爱因斯坦对资本主义的批判方法与思想，分析当前的社会现实问题。俄亥俄州立大学的地理学家温赖特（Joel Wainwright）在 2010 年发表的一篇文章中认为，爱因斯坦对资本主义的批判对于认识当前人们关于气候变化的争论很有指导意义。爱因斯坦指出，私人资本趋向集中到少数人的手里，从而导致形成寡头政治，它的巨大权力甚至连民主组织起来的国家也无法有效地加以控制。温赖特认为，资本主义不断加深在财富与权力方面的不平等与气候变化面临的挑战密切相关，因为对气候变化做出有意义的回应将要求有人做出牺牲，需要跨国联盟以及跨阶级的合作。在资本主义经济体制内部，财富与权力的不平等使得围绕共同牺牲而建立起的合作变得颇为困难。另外，在资本主义经济体制之间，世界范围内财富与权力分配的不平等阻碍了全球范围的协作，而这种协作对于解决气候变化是必需的。在温赖特看来，爱因斯坦所指出的建立社会主义经济以及相应的教育制度才可能很好地解决这些问题。③

2011 年，美国俄勒冈大学社会学教授、《每月评论》的编辑福斯特（John Foster）在《每月评论》上发表论文认为，美国公共教育危机及其改革的需要并不源于教育本身内在的不足，而是源于外在强加的矛盾，这种矛盾内在于资本主义社会的学校教育，并且由于当前经济停滞的状态而得

---

① Albee, George. Call to Revolution in the Prevention of Emotional Disorders. *Ethical Human Psychology and Psychiatry*, 2005, Vol. 7, No. 1, pp. 37—44.

② Whitney, Mike. Global Train-Wreck: The Great Credit Bust of 2008. *Socialism and Democracy*, 2008, Vol. 22, No. 2, pp. 193—206.

③ Wainwright, Joel. Climate Change, Capitalism, and the Challenge of Transdisciplinarity. *Annals of the Association of American Geographers*, 2010, Vol. 100, No. 4, pp. 983—991.

到加强。当前美国处于垄断资本主义时期，金融界逐渐向公共教育领域进行渗透，以获取利润。在福斯特看来，社会制度与教育密不可分，因此他赞同爱因斯坦认为教育与社会主义是密切地、辩证地联系在一起的观点。爱因斯坦在《为什么要社会主义》一文的最后讨论了社会主义的教育，认为社会主义的个人教育除了要发挥受教育者本人天赋的才能之外，还应努力发展他对整个人类的责任感，以代替资本主义社会中对权力和名利的颂扬。也就是说，教育不仅仅局限于学校的范围，而是我们整个生活的一部分。福斯特呼吁美国进行一场长期的教育革命，以创建一种新型的联系社会的教育，一种发展人们真正需求的教育。①

第三，肯定爱因斯坦对个人与社会之关系的论证。在《为什么要社会主义》中，除了对资本主义的社会制度与现象的批判之外，对个人与社会之关系的论证是引导爱因斯坦走向社会主义的另一个重要理论依据。爱因斯坦在这方面的论证也得到一些学者的认同。

比如，有的学者利用爱因斯坦对个人与社会的分析来讨论社会发展研究的方法论问题。爱因斯坦指出，"人既是孤独的人，同时却又是社会的人。作为孤独的人……作为社会的人……"在发展理论中，个人与社会的关系是一个基本的理论问题。东英格兰大学发展研究学院的科尔（Ken Cole）认为，爱因斯坦关于个人与社会的论述表明，认识论中个人与社会的本体论必须与"社会化个人"的辩证法联系在一起，这也是人类思维的辩证法。② 类似的，有的学者也利用这一点来分析美国的社会状况，认为美国崇尚个人物质消费的风气使得个人的社会感情逐渐萎缩，而唯我倾向在不断加强。如果人们只能通过超越狭隘的个人目的才能获得生命的意义，那么美国那种鼓励无休止的个人财富积累的风气，肯定不能提供这种意义。对财富的追求使得美国人的精神世界更为空虚，除非它能够被更有意义的事情取而代之。③

---

① Foster, John. Education and the Structural Crisis of Capital: the U. S. Case. *Monthly Review*, 2011, Vol. 63, No. 3, pp. 6—37.

② Cole, Ken. The Last Putting Themselves First: Knowledge and Progress. *Progress in Development Studies*, 2005, Vol. 5, No. 1, pp. 45—53.

③ Blumberg, Paul. *Inequality in an Age of Decline*. New York and Oxford: Oxford University Press, 1980, p. 234.

第四，支持爱因斯坦对社会主义制度的目标以及可能产生的不足之分析。爱因斯坦相信社会主义可以使人们的生活更美好，但同时也承认社会主义可能产生一些负面效应，这两方面的论证都有学者予以回应。比如，帕塞克（Alexander Pacek）等人认为，爱因斯坦在《为什么要社会主义》中认为社会主义提供了可供选择的最好的社会结构，尽量使人类对生活感到满意。爱因斯坦的论证遵循的是对资本主义进行传统而经典的分析方法，认为不占有生产资料的工人成为资本家的俘虏，他们的生活毫无安定可言。在帕塞克看来，从某种程度上说，福利国家是现代社会主义事业的典型组织，他们提供的论证似乎表明爱因斯坦的判断是正确的。无论我们如何谈论福利国家，它确实对"尽量使人类对生活感到满意"这个目标做出了重要贡献。因此，他们认为自己对爱因斯坦的思想做出了回应。①

科伯恩（Elaine Coburn）在《什么是社会主义？什么是社会主义研究》一文中指出，任何批判性的、反思的社会主义研究必须正视自称为社会主义的政权主张，并考察社会主义政治斗争的经验教训。正如爱因斯坦在《为什么要社会主义》中所警告的那样。② 我国也有学者认为，在当代社会主义加速发展的同时，我们仍然需要用实际行动来解决爱因斯坦所担忧的问题，实质上也就是社会主义国家对行政权力的监督制约和个人权利的保障问题，这恰恰是几十年来社会主义国家一直没有很好地解决的问题。③

第四节　分析与讨论

一　爱因斯坦社会主义思想之延迟接受与意识形态偏见

从前一部分的论述我们可以看到，一些西方学者对社会主义抱有比较

---

① Pacek, Alexander and Radcliff, Benjamin. Assessing the Welfare State: The Politics of Happiness. *Perspectives on Politics*, 2008, Vol. 6, No. 2, pp. 267—277.

② Coburn, Elaine. What is Socialism? What are Socialist Studies? *Socialist Studies*, 2009, Vol. 5, No. 2, pp. 1—16.

③ 于林平：《论爱因斯坦〈为什么要社会主义〉的当代价值》，《华南师范大学学报》（社会科学版）2010 年第 2 期。

明显的意识形态偏见，对爱因斯坦的社会主义思想要么否定、要么视而不见，甚至还严厉批评。

从爱因斯坦 1949 年在《每月评论》上发表《为什么要社会主义》之后直至今日，美国主流大众媒体普遍视而不见，这跟他们对爱因斯坦其他方面的言论的态度形成强烈反差。我们可以用美国著名报纸《纽约时报》对爱因斯坦的一些言论的反应为例来说明。比如，1936 年 10 月 15 日，爱因斯坦在纽约州立大学举行的"美国高等教育三百周年纪念会"上做了《论教育》的讲话，《纽约时报》第二天就进行了报道。[①] 1940 年 9 月，爱因斯坦在美国"科学、哲学与宗教会议"做了题为《科学和宗教》的发言。在会议举行的前一天，也就是 9 月 8 日《纽约时报》就提前预告，爱因斯坦将在此次会议上发言，9 月 11 日就发表了对爱因斯坦发言的评论。[②] 可见，美国媒体对爱因斯坦的言论是非常关注的，相比之下对他的社会主义思想的视而不见就显得非同寻常了。事实上，早在 1931 年，号称会发表"所有适合刊载的新闻"的《纽约时报》就拒绝发表爱因斯坦关于社会主义的言论。[③] 可见，该报明显是故意无视这位著名科学家的社会主义思想。

那么，爱因斯坦的思想在社会主义国家又是何种境遇呢？爱因斯坦在斯大林时期的苏联遭到严厉批判，苏联的马克思主义者批评爱因斯坦的哲学思想是"物理学唯心主义（physical idealism）"和"数学唯心主义（mathematical idealism）"，对爱因斯坦的社会哲学思想自然也置之不理。正是因为苏联官方对爱因斯坦的批判，使得《为什么要社会主义》这篇文章直到 1989 年才在苏联共产党的机关刊物《共产党人》（Communist）上翻译发表。[④] 因为这时苏联早已不再批判，反而比较全面地接受了爱因斯坦的思想。

由于苏联的影响，我国学者在新中国成立之初对爱因斯坦的思想特别

① Einstein Disputes Survival Battle. *New York Times*, 1936 - 10 - 16, p. 11.

② 具体情况详见本书第一章第二节。

③ The Times Published Einstein on Socialism. *New York Times*, 1931 - 2 - 24, p. 23.

④ Vucinich, Alexander. *Einstein and Soviet Ideology*. Stanford：Stanford University Press, 2001, p. 206.

是他的哲学思想基本上持批判态度，"文革"期间爱因斯坦更是遭到了有组织的批判。① "文革"结束后（1979年），许良英等人编译的《爱因斯坦文集》（第三卷）收入了这篇文章，这应该是此文在中国大陆的首次翻译发表。此后，我国学者董光璧②、李恩波③等人发表了讨论爱因斯坦社会主义思想的论文，还有研究生把爱因斯坦的社会主义思想作为毕业论文选题。④

另外，我们注意到，西方学者对爱因斯坦社会主义思想的关注主要是近二十多年来的事，这与近二十年来西方学界马克思主义研究的复兴在时间上是同步的，这不能说仅仅是一种巧合。有学者指出，"1995年以来，西方马克思主义研究者和左翼思想家联系实际和现实问题对马克思主义在西方进行了深入研究，出版了大量有影响的专著。法国、英国、德国、美国等资本主义国家召开了一系列颇具影响的国际马克思主义研讨会，表明马克思主义和社会主义研究高潮的到来。"⑤ 在这样的背景下，自称是"独立的社会主义杂志"的《每月评论》近些年来更为频繁地重印爱因斯坦《为什么要社会主义》这篇文章。因此，学界对爱因斯坦社会主义思想的关注也是情理之中的事了。

虽然爱因斯坦的社会主义思想不能说很系统、全面，但毕竟是他的社会哲学思想中极为重要的一部分，不同国家在不同时期对爱因斯坦的社会主义思想大相径庭的反应，确实是一个有趣的话题，值得我们深入探讨。

二　资本主义的社会矛盾与社会发展的必然规律

派斯（Abraham Pais）认为，"作为一位公众人物的爱因斯坦是传媒的产物"，他用了大量的报纸杂志的文献来证明这一点。⑥ 不过，通过来自不同领域的学者对爱因斯坦社会主义思想的引证，我们可以看到，学术界对

---

① 胡大年：《爱因斯坦在中国》，上海科技教育出版社2006年版。

② 董光璧：《爱因斯坦的社会主义理想》，《史学理论研究》2005年第4期。

③ 李恩波：《爱因斯坦对社会主义的见解》，《中州学刊》1990年第3期。

④ 李玲：《爱因斯坦社会主义思想研究》，硕士学位论文，电子科技大学，2008年。

⑤ 刘鹤玲：《21世纪马克思主义与社会主义运动的复兴趋势》，《社会主义研究》2008年第1期。

⑥ 派斯：《一个时代的神话——爱因斯坦的一生》，戈革等译，东方出版中心1998年版，第355页。

爱因斯坦的认同是以爱因斯坦的深刻思想与见解为基础的。爱因斯坦在文章中表现出来的态度是严肃认真的,并不像舒尔曼所说的那样是"自由游戏"。而且,爱因斯坦关于社会主义的论述篇幅不大,简单易懂。但是,就在这短短几页的篇幅中,爱因斯坦的论述涉及了资本主义研究的一些关键性问题,比如生产的社会化与生产资料的私人占有之间的矛盾、个人与社会之关系问题、资本主义生产经营的目的是利润,等等。相对于马克思主义经典作家的著作以及其他相关领域的学者长篇大论的著作而言,爱因斯坦的论文显然有着独特的魅力,因此会引起一些学者的关注。

近年来西方学者对爱因斯坦社会主义思想的关注,从另一个角度说明,虽然当代资本主义发生了许多深刻的变化,但仍然存在许多在资本主义制度内无法解决的问题。我们已经看到,西方学者发表的支持爱因斯坦观点的文章,大多是与对资本主义社会现实的批判联系在一起的。堪沙指出,在20世纪90年代,尽管社会主义作为一种政治信仰已经成为人们嘲笑的对象,[①] 但爱因斯坦数十年前所描述的资本主义弊端仍然折磨着几乎所有的资本主义国家。[②] 这就从另一个角度说明了社会发展的必然规律,使我们更清楚地看到社会主义制度设计内在的优越性,从而增强对中国特色社会主义理论的自觉与自信。

但是,我们也不应该过分夸大爱因斯坦社会主义思想在学术研究领域的影响。笔者查阅了数十本标题中含有"社会主义"以及"美国社会主义"字样的英文著作,几乎都看不到"爱因斯坦"的名字。这很可能是因为在研究社会主义的学者看来,爱因斯坦的思想的确没有多少创新之处。毕竟,爱因斯坦不是研究社会主义的理论家,他的思想没有得到专门研究社会主义问题的学者的关注也是很自然的。

---

① 显然,作者在这里指的是东欧剧变和苏联解体事件,当时包括苏联在内的一些社会主义国家的政治经济制度转变为资本主义制度,使社会主义运动受到重大挫折。

② Kantha, Sachi Sri. *An Einstein Dictionary*. Westport: Greenwood Press, 1996, p. 200.

结 论

一 爱因斯坦社会哲学思想的特点与意义

总的来说，爱因斯坦的社会哲学思想有以下几个显著特点：

第一，爱因斯坦的思想固然会受到别人的影响，但我们完全可以肯定的是，他的思想绝大多数都来自个人独立的思考。虽然爱因斯坦的大多数社会哲学方面的言论都是应邀做出的，很少自己主动写作，但他从不人云亦云，而是独立地提出自己的见解。

第二，爱因斯坦对自己的思想非常坚定，但也不失灵活性。爱因斯坦的社会哲学思想虽然有一个形成、发展的过程，但总的来说没有明显的变化。当社会的反应与他的预期不相符合时，他宁愿选择逃避或放弃，也不愿意改变或调整自己的思想。

第三，爱因斯坦对社会问题的热情很高，但主要限于发表言论，并无打算发动群众运动和充当政治领袖的意图。在科学研究与政治活动两个方面，他更愿意选择前者，他对政治的参与是相当有限的。

第四，爱因斯坦的社会哲学思想独特而深刻，在不同的历史时期、对不同的人群都会有积极的启发意义。但是，如果要做到客观地评价他的思想，必须将其放在特定的历史背景中，而不是单纯地看他的言论。

如果要用一个词来形容爱因斯坦的社会哲学思想，这个词或许是"孤持（apartness）"。杨振宁引用派斯（Abraham Pais）的观点说，孤持是对爱因斯坦研究风格的最好描述。"的确，孤持、距离、自由眼光是互相联系的特征，是所有科学、艺术与文学创造活动中一个必要因素。"[1] 其实，

---

[1] 杨振宁：《爱因斯坦：机遇与眼光》，《物理与工程》2005 年第 6 期。

"孤持"用来形容爱因斯坦的社会哲学思想也是非常恰当的。爱因斯坦在科学研究方面是孤独大侠，在社会行动与思想方面也是如此。

对于自己的个性特点，爱因斯坦很有自知之明。正如他在《我的世界观》一文中写的那样："我对社会正义和社会责任的强烈感觉，同我显然的对别人和社会直接接触的冷漠，两者总是形成古怪的对照。我实在是一个'孤独的旅客'，我未曾全心全意地属于我的国家，我的家庭，我的朋友，甚至我最接近的亲人；在所有这些关系面前，我总是感觉到有一定距离并且需要保持孤独——而这种感受正与年俱增。"① 虽然这篇文章发表于1930 年，但却可以说是爱因斯坦一生的写照。

对爱因斯坦的论著阅读越多，对他的敬佩之情也就越深，笔者相信这是读者阅读爱因斯坦论著的普遍感受。爱因斯坦的社会哲学言论虽然并不全面、系统，但的确是深刻的。只要他的社会哲学思想能够给我们一些启示，这其实就足够了。爱因斯坦毕竟主要是一位科学家，而不是神学家、教育家、政治家。当然，我们可以说爱因斯坦是一位真正的思想家。阅读他的文字，能够给人以启迪，从他的思想中得到精神与心灵上的激励与升华，而不是单纯地获得一些知识，这才是一位思想家真正的魅力所在。

换句话说，爱因斯坦的社会哲学的重要意义，与其说是他具体思想的内容与影响，还不如说是这种思想体现出来的一位杰出科学家的独立性、正义感以及社会责任感。思想可能随着时代的流逝而成为历史的内容，但做一位正直的人的精神，却永远不会褪色。不同时代、不同国家、不同经历与文化程度的人，都可以从阅读爱因斯坦的过程中，感受到这种精神。这可能才是爱因斯坦社会哲学思想的真正意义所在。

"永远没有什么关于爱因斯坦的事是简单的。他的简单性隐藏在一种令人费解的复杂性之中。"② 爱因斯坦的社会哲学思想如同他的科学思想一样，经常会令人迷惑不解。有时感觉自己读懂了，但再仔细一想，似乎又没有完全弄懂。如果本书能够引起更多的关于爱因斯坦的深入思考，则幸甚。

---

① 爱因斯坦：《爱因斯坦文集》（第三卷），许良英、赵中立、张宣三编译，商务印书馆2009 年版，第 56 页。

② Stern, Fritz. *Dreams and Delusions.* New York：Alfred A. Knopf, Inc.，1987, p. 26.

二 爱因斯坦研究的生命力与研究路径

有学者认为，爱因斯坦从事物理学研究的主要指导观念是统一性和对称性，他的概念资源对于20世纪后期的高能物理学来说，已经难以敷用。因此，到2050年，爱因斯坦将不再是理论物理学和物理学前沿上的超级英雄。[1] 诚然，指导爱因斯坦的统一性与对称性思想是有一定缺陷的，但它们毕竟是重要的科学方法论原则，在今后很长的一段时期仍然会发挥一定的作用。当然，随着复杂性科学的兴起与快速发展，复杂性思维方式必须引起我们足够的关注。

更为重要的是，从我们对爱因斯坦社会哲学思想研究的结果来看，爱因斯坦之所以得到人们持续而广泛的关注，并不仅仅在于他在科学上的重要贡献，还在于他独特的人格魅力以及对各种社会问题的热情关注与深刻见解。这些社会问题涉及广泛的领域，正如本书所讨论的宗教、教育、和平、自由、社会主义等内容，这些问题无论对于政府部门、学术团体还是普通民众，都将是需要长期思考和面对的问题。鉴于爱因斯坦的崇高声望，许多人在讨论这些问题时很自然会论及爱因斯坦的思想。

正如刘兵指出的那样，"爱因斯坦确实是一个宝藏，是可以随时代的发展而不断有新发现、新理解、新启发的研究对象，是一个可持续研究并常有新意的话题，问题只是以什么样的态度和方式进行有新意的研究。"[2] 目前，国内关于爱因斯坦的研究大多仍然局限于总结分析他本人的思想与论述，还相对较少地结合时代背景、社会影响等进行考察。前一方面的研究固然是必要的，但要对爱因斯坦的思想做出全面的分析与评价，后一方面的研究才是关键性的，也更有理论与现实意义，本书只是在这方面做出了初步尝试。

三 作为公共知识分子的爱因斯坦

近些年来，公共知识分子（public intellectual）成为中西方学术界讨论

---

① 曹天予：《2050年爱因斯坦还会是物理学的英雄吗?》，《科学文化评论》2005年第6期。

② 杜严勇：《爱因斯坦的理性重建》，同济大学出版社2012年版，序。

的一个热门话题。雅各比（Russell Jacoby）在出版于 1987 年的《最后的知识分子》一书中最早提出了公共知识分子的问题，他把那些为有教养的读者写作的独立的知识分子称为公共知识分子。但是，雅各比认为，公共知识分子在逐渐消失，而学院派的知识分子主要为专业刊物写作，没能拥有为公众熟悉的语言，他们不去面对公众，只是置身于某些学科领域之中。①

波斯纳（Richard Posner）对公共知识分子进行如此界定：知识分子就"公共问题"——即政治问题面向社会公众写作，或者其写作对象至少比仅仅是学术人员或专业读者更为广泛，当然所谓的政治问题是从这一词汇最广阔的含义而言的，倘若从意识形态、道德抑或政治的视角来看的话，也包括文化问题。公共知识分子通过著作、杂志文章、言论作品、公开信、公开演讲以及在电台或电视台出场露面等方式，与社会公众就智识主题进行交流。②

国内学者对公共知识分子的界定各有不同，但内涵与雅各比和波斯纳的界定基本相似。比如，许纪霖认为，公共知识分子中的公共性有三个含义：第一是面向（to）公众发言；第二是为了（for）公众而思考的，即从公共立场和公共利益，而非从私人立场、个人利益出发；第三是所涉及的（about）通常是公共社会中的公共事务或重大问题。③

从中西方学者对公众知识分子的界定来看，爱因斯坦显然可以归为"公共知识分子"。从公共知识分子的专业性来看，爱因斯坦在物理学上的贡献是伟大的；从公共知识分子的公共性来看，爱因斯坦在各种公共问题上都积极通过各种形式发表自己的言论，试图影响公众，从而为实现人类和平、公平与正义而努力。从本书的研究以及大量的爱因斯坦研究论著中我们都可以看到，他的所作所为完全是从社会公众利益的角度出发的，从不计较个人得失。他在各种社会公共事务中表现出来的坚定信念、良好愿望与伟大人格，令人肃然起敬。

---

① 雅各比：《最后的知识分子》，洪洁译，江苏人民出版社 2006 年版，第 4—5 页。
② 波斯纳：《公共知识分子——衰落之研究》，徐昕译，中国政法大学出版社 2002 年版，第 27—29 页。
③ 许纪霖：《公共性与公共知识分子》，江苏人民出版社 2003 年版，第 29 页。

目前，在网络媒体中，公共知识分子在一定程度上被污名化了。但是，我们并不能由此否定公共知识分子的社会意义。不可否认，林林总总的利益诱惑已经使某些所谓的公共知识分子丧失了公共性与自主性。从某种意义上说，公共知识分子污名化正是说明了像爱因斯坦这样的公共知识分子的稀缺与重要意义。另外，公共知识分子和社会大众都不是完美无缺的，双方都应该保持宽容的心态对待对方。在信息技术高度发达的当代社会，公共知识分子可能拥有前所未有的影响力，也面临着巨大的挑战，这显然对公共知识分子提出了更高的要求。

或许，中西方公共知识分子都应该从爱因斯坦身上学习如何做一名真正意义上的公共知识分子。

参考文献

一　中文文献

艾萨克森：《爱因斯坦：生活和宇宙》，张卜天译，湖南科学技术出版社
　　2009 年版。

爱因斯坦：《爱因斯坦全集》（第一卷），赵中立主译，湖南科学技术出版
　　社 2009 年版。

爱因斯坦：《爱因斯坦全集》（第二卷），范岱年主译，湖南科学技术出版
　　社 2009 年版。

爱因斯坦：《爱因斯坦全集》（第五卷），范岱年主译，湖南科学技术出版
　　社 2009 年版。

爱因斯坦：《爱因斯坦全集》（第六卷），吴忠超主译，湖南科学技术出版
　　社 2009 年版。

爱因斯坦：《爱因斯坦全集》（第七卷），邹振隆主译，湖南科学技术出版
　　社 2009 年版。

爱因斯坦：《爱因斯坦全集》（第八卷上、下），杨武能主译，湖南科学技
　　术出版社 2009 年版。

爱因斯坦：《爱因斯坦文集》（第一卷），许良英、李宝恒、赵中立、范岱
　　年编译，商务印书馆 2009 年版。

爱因斯坦：《爱因斯坦文集》（第三卷），许良英、赵中立、张宣三编译，
　　商务印书馆 2009 年版。

爱因斯坦：《我眼中的世界》，杨全红译，安徽科学技术出版社 2012 年版。

鲍尔生：《德国教育史》，滕大春、滕大生译，人民教育出版社 1986 年版。

玻恩、爱因斯坦：《玻恩——爱因斯坦书信集》，范岱年译，上海科技教育
　　出版社 2010 年版。

布莱恩：《爱因斯坦全传》，杨建邺、李香莲译，高等教育出版社 2008 年版。

布莱恩：《鲜为人知的爱因斯坦》，杨宁宁译，金城出版社 2006 年版。

布恩：《爱因斯坦大传》，陕西旅游出版社 1996 年版。

曹天予：《2050 年爱因斯坦还会是物理学的英雄吗?》，《科学文化评论》
　　2005 年第 6 期。

查有梁、查宇：《爱因斯坦与教育》，四川教育出版社 2008 年版。

陈洪捷：《在传统与现代之间：20 世纪德国高等教育》，《高等教育研究》
　　2001 年第 1 期。

陈万求、李丽英：《爱因斯坦科技伦理思想的三个基本命题》，《伦理学研
　　究》2007 年第 4 期。

丁长青：《全球化时代的诺亚方舟——爱因斯坦的世界政府》，《自然辩证
　　法研究》2010 年第 7 期。

董光璧：《爱因斯坦的社会主义理想》，《史学理论研究》2005 年第 4 期。

杜卡斯、霍夫曼：《爱因斯坦的为人处世——爱因斯坦通信选》，唐汝厚
　　译，北京出版社 1985 年版。

杜严勇：《爱因斯坦的理性重建》，同济大学出版社 2012 年版。

方在庆：《重审"奥本海默事件"》，《科学文化评论》2006 年第 6 期。

弗里德曼：《权谋：诺贝尔科学奖的幕后》，杨建军译，上海科技教育出版
　　社 2005 年版。

戈兰：《科学与反科学》，王德禄、王鲁平译，中国国际广播出版社 1988
　　年版。

戈纳：《爱因斯坦在柏林》，李中文译，中央编译出版社 2012 年版。

何大章：《保罗·罗伯逊：中国人民忠实的朋友》，参见 http：//world.
　　people. com. cn/GB/57507/7150547. html。

何光沪：《蒂里希选集》（上卷），上海三联书店 1999 年版。

贺天平、卫江：《量子力学多世界解释的决定论意蕴》，《科学技术哲学研
　　究》2013 年第 1 期。

胡大年：《爱因斯坦在中国》，上海科技教育出版社 2006 年版。

霍尔顿：《爱因斯坦的第三乐园》，刘晓译，《科学文化评论》2004 年第
　　4 期。

加德纳：《创造力 7 次方：世界最伟大的 7 位天才的创造力分析》，洪友、
　　李艳芳译，中国发展出版社 2007 年版。

杰罗姆：《爱因斯坦档案》，席玉苹译，广西师范大学出版社 2011 年版。

卡拉普赖斯：《爱因斯坦年谱》，范岱年译，上海科技教育出版社 2008
　　年版。

雷恩、舒尔曼：《阿尔伯特·爱因斯坦和米列瓦·马里奇情书集》，赵中立
　　译，湖南科学技术出版社 2003 年版。

李恩波：《爱因斯坦对社会主义的见解》，《中州学刊》1990 年第 3 期。

李桂花、张雅琪：《论爱因斯坦的科技伦理思想》，《西南大学学报》（社会
　　科学版）2007 年第 4 期。

李玲：《爱因斯坦社会主义思想研究》，硕士学位论文，电子科技大学，
　　2008 年。

李梅：《权利与正义——康德政治哲学研究》，社会科学文献出版社 2000
　　年版。

李鹏程等：《政治哲学经典》，人民出版社 2008 年版。

李曙华：《科学原创性如何可能？——爱因斯坦的哲学思想与宇宙宗教情
　　感》，《文史哲》2006 年第 2 期。

李醒民：《爱因斯坦：自由人为"自由上帝"效劳》，《科技导报》2003 年
　　第 3 期。

李醒民：《爱因斯坦》，商务印书馆 2005 年版。

李醒民：《爱因斯坦的"宇宙宗教"》，《大自然探索》1993 年第 1 期。

李醒民：《爱因斯坦与他的祖国》，《学术界》2006 年第 3 期。

李醒民：《科学是价值中性的吗?》，《河南大学学报》（自然科学版）2005
　　年第 4 期。

林德宏：《"双刃剑"解读》，《自然辩证法研究》2002 年第 10 期。

刘宝存：《理性主义与功利主义大学理念的冲突与融合》，《北京师范大学
　　学报》（社会科学版）2006 年第 3 期。

刘兵、苏贤贵、田松、刘华杰：《2005 年学术界的一场争论》，《科学对社

会的影响》2005 年第 1 期。

刘鹤玲：《21 世纪马克思主义与社会主义运动的复兴趋势》，《社会主义研究》2008 年第 1 期。

罗宾逊：《爱因斯坦：相对论一百年》，张卜天译，湖南科学技术出版社 2006 年版。

马陆亭、李晓红、刘伯权：《德国高等教育的制度特点》，《教育研究》 2002 年第 10 期。

马廷奇：《教学自由与大学教学管理制度创新》，《现代教育管理》2009 年第 1 期。

麦克格拉思：《科学与宗教引论》，王毅译，上海人民出版社 2008 年版。

冒荣：《创造与自由——谈创新人才的培养》，《中国大学教学》2000 年第 1 期。

内森、诺登：《爱因斯坦论和平》（上），李醒民译，湖南出版社 1992 年版。

内森、诺登：《爱因斯坦论和平》（下），刘新民译，湖南出版社 1992 年版。

钮卫星：《从光线弯曲的验证历史看广义相对论的正确性问题》，《上海交通大学学报》（哲学社会科学版）2003 年第 5 期。

诺格：《民族主义与领土》，徐鹤林、朱伦译，中央民族大学出版社 2009 年版。

派斯：《爱因斯坦传》，方在庆、李勇等译，商务印书馆 2003 年版。

派斯：《一个时代的神话——爱因斯坦的一生》，戈革、乐光尧、黄敏南译，东方出版中心 1998 年版。

庞跃辉、史银：《中国教育怎么了——求解"钱学森之问"》，重庆大学出版社 2010 年版。

庞中英：《"全球政府"：一种根本而有效的全球治理手段?》，《国际观察》 2011 年第 6 期。

彭加勒：《科学的价值》，李醒民译，商务印书馆 2007 年版。

钱时惕：《科学与宗教关系及其历史演变》，人民出版社 2002 年版。

秦武、李志鹏、沈宗沼、靳卫华：《核反应堆冷却剂循环泵的现状及发展》，《水泵技术》2007 年第 3 期。

塞利希：《爱因斯坦》，黑龙江大学俄语系翻译组，黑龙江人民出版社 1979

年版。

施晓光：《美国大学思想论纲》，北京师范大学出版社 2001 版。

斯宾诺莎：《神学政治论》，温锡增译，商务印书馆 2009 年版。

斯特恩：《爱因斯坦恩怨史：德国科学的兴衰》，方在庆、文亚等译，上海
    科技教育出版社 2004 年版。

斯图尔特、郝长墀：《科学与宗教的对话》，北京大学出版社 2007 年版。

宋永成：《冷战时期苏联反犹政策举隅：以犹太人反法西斯委员会案为中
    心》，《世界民族》2012 年第 3 期。

孙超：《美国史学界关于麦卡锡主义的争论》，《山西师大学报》（社会科学
    版）2008 年第 3 期。

王玲玲：《从大学本科毕业生改行率反思本科教育目的》，《高教发展与评
    估》2009 年第 6 期。

王希：《麦卡锡主义的闹剧与悲剧》，《世界知识》2001 年第 18 期。

王增福：《理性的有限性与形而上学的可能性——论迈蒙尼德关于理性与信
    仰关系的思想》，《华中科技大学学报》（社会科学版）2010 年第 5 期。

魏传光：《大学通识教育的异化及其反思》，《教育发展研究》2010 年第
    11 期。

温杰：《自由是创造的前提——对创新教育切入点的思考》，《教育实践与
    研究》2002 年第 5 期。

文辅相：《我国本科教育目标应当作战略性调整——"高等教育培养目标
    系统和规格的研究"课题研究报告摘要》，《高等教育研究》1996 年
    第 6 期。

希顿-沃森：《民族与国家——对民族起源与民族主义政治的探讨》，吴洪
    英、黄群译，中央民族大学出版社 2009 年版。

薛相美、刘道平：《无泵吸收制冷技术》，《制冷》2011 年第 3 期。

燕良轼：《解读后现代主义教育思想》，广东教育出版社 2008 年版。

杨建邺：《窥见上帝秘密的人——爱因斯坦传》，海南出版社 2003 年版。

杨振宁：《爱因斯坦：机遇与眼光》，《物理与工程》2005 年第 6 期。

于林平：《论爱因斯坦〈为什么社会主义〉的当代价值》，《华南师范大学
    学报》（社会科学版）2010 年第 2 期。

俞吾金：《论马克思对西方哲学传统的扬弃——兼论马克思的实践、自由
　　概念与康德的关系》，《中国社会科学》2001 年第 3 期。

赵中立、许良英编译：《纪念爱因斯坦译文集》，上海科学技术出版社 1979
　　年版。

周德海：《爱因斯坦的"宇宙宗教"及其科学价值》，《南京社会科学》
　　1994 年第 7 期。

二　英文文献

600 will Consider Science and Faith, Einstein to Give Paper. *New York Times*,
　　1940 - 9 - 8.

7 Teachers Face Ouster. *New York Times*, 1953 - 6 - 13.

Aichelburg, Peter and Sexl, Roman edited. *Albert Einstein: His Influence on
　　Physics, Philosophy and Politics.* Braunschweig: Friedr. Vieweg & Sohn,
　　1979.

Albee, George. Call to Revolution in the Prevention of Emotional Disorders. *Eth-
　　ical Human Psychology and Psychiatry*, 2005, Vol. 7, No. 1.

Alder, Douglas. Friedrich Adler: Evolution of a Revolutionary. *German Studies
　　Review*, 1978, Vol. 1, No. 3.

Ansbro, John. *Martin Luther King, Jr. Nonviolent Strategies and Tactics for So-
　　cial Change.* Lanham: Madison Books, 2000.

Ashkenazi, Ofer. Zionism and Violence in Albert Einstein's Political Outlook.
　　Journal of Jewish Studies, 2012, Vol. 63, No. 2.

Assails Education Today. *New York Times*, 1949 - 3 - 13.

Assails Einstein's Views on Religion. *New York Times*, 1930 - 11 - 16.

Atomic Education Urged by Einstein, Scientist in Plea for MYM200000 to Pro-
　　mote New Type of Thinking. *New York Times*, 1946 - 5 - 25.

Austin, E. O. Einstein's Stand Supported, Danger to Constitutional Safeguards
　　Seen in Investigative Methods. *New York Times*, 1953 - 6 - 17.

Balashov, Yuri and Vizgin, Vladimir edited. *Einstein Studies in Russia.* Einstein
　　Studies, Vol. 10, Boston: Birkhauser, 2002.

Balibar, Francoise. *Einstein*: *Decoding the Universe*. New York: Harry N. Abrams, Inc. , Publishers, 2001.

Balky Teacher Cites Dr. Einstein's Advice. *New York Times*, 1953 – 12 – 19.

Barker, Peter and Shugart, Cecil edited. *After Einstein*. Memphis State University Press, 1981.

Barr, Stephen M. *Modern Physics and Ancient Faith*. Notre Dame: University of Notre Dame Press, 2003.

Berkowitz, Michael. *Western Jewry and the Zionist Project*, 1914—1933. Cambridge: Cambridge University Press, 1997.

Berlin, George. The Brandeis-Weizmann Dispute. *American Jewish Historical Quarterly*, 1970, Vol. 60, No. 1.

Blumberg, Paul. *Inequality in an Age of Decline*. New York and Oxford: Oxford University Press, 1980.

Borgese, Giuseppe. *Foundations of the World Republic*. Chicago: University of Chicago Press, 1953.

Boyer, Paul. *By the Bomb's Early Light*: *American Thought and Culture at the Dawn of the Atomic Age*. Chapel Hill: The University of North Carolina Press, 1994.

Bracker, Milton. Seven More Balk in Camps Inquiry. *New York Times*, 1955 – 8 – 26.

Braun, Reiner and Krieger, David. *Einstein—Peace Now*! Weinheim: WILEY-VCH Verlag GmbH & Co. KGaA, 2005.

Brockman, John edited. *My Einstein*. New York: Pantheon Books, 2006.

Brown, Lloyd. *The Young Paul Robeson*. Boulder: Westview Press, 1997.

Brown, Sidney. *Electrical Transmission or Reproduction of Sound*. US 1 – 559 – 847, 1925 – 11 – 3.

Buck, Thomas and Blank, Joseph. Einstein: An Intimate Memoir. *Harper's Magazine*, 1964, Vol. 229, No. 1372.

Bucky, Peter. *The Private Albert Einstein*. Kansas City: A University Press Syndicate Company, 1992.

Buder, Leonard. 'Refuse to Testify,' Einstein Advises Intellectuals Call In by Congress. *New York Times*, 1953 – 6 – 12.

Cabrera, Luis edited. *Global Governance, Global Government*. Albany: State U-niversity of New York Press, 2011.

Cabrera, Luis. World Government: Renewed Debate, Persistent Challenges. *European Journal of International Relations*, 2010, Vol. 16, No. 3.

Caudill, Susan. Trying to Harness Atomic Energy, 1946—1951: Albert Einstein's Publicity Campaign for World Government. *Journalism & Mass Communication Quarterly*, 1991, Vol. 68, No. 1—2.

Caute, David. *The Great Fear: The Anti-Communist Purge Under Truman and Eisenhower*. New York: Simon and Schuster, 1978.

Challenge to McCarthy. *New York Times*, 1954 – 5 – 7.

Clark, Grenville and Louis Sohn. *World Peace through World Law: Two Alternative Plans*. Cambridge: Harvard University Press, 1958.

Clark, Grenville. Einstein Quoted on Politics. *New York Times*, 1955 – 4 – 22.

Clark, Ronald. *Einstein: The Life and Times*. New York: Harry N. Abrams, Inc. , 1984.

Coast G. O. P. Paper Assails Einstein. *New York Times*, 1954 – 4 – 11.

Coburn, Elaine. What is Socialism? What are Socialist Studies? *Socialist Studies*, 2009, Vol. 5, No. 2.

Cohen, Chapman. *God and the Universe: Eddington, Jeans, Huxley & Einstein*. New York: The Freethought Press Association, 1931.

Cohen, Gerald. *Why not Socialism?* . Princeton: Princeton University Press, 2009.

Cohen, Robert and Wartofsky, Marx edited. *Logical and Epistemological Studies in Contemporary Physics*. Boston: D. Reidel Publishing Company, 1974.

Cole, Ken. The Last Putting Themselves First: Knowledge and Progress. *Progress in Development Studies*, 2005, Vol. 5, No. 1.

Congressional Investigations. *Bulletin of Atomic Scientist*, 1953, Vol. 9, No. 6.

Corredor, Ma. *Conversations with Casals*. Translated from the French by Andre

Mangeot. New York: E. P. Dutton & Co., Inc., 1958.

Cottrell, Leonard and Eberhart, Sylvia. *American Opinion on World Affairs in the Atomic Age*. Princeton: Princeton University Press, 1948.

Cranberg, Lawrence. Einstein: Amateur Scientist. *Physics Today*, 1979, Vol. 32, No. 12.

D' Alto, Nick. Einstein's Wing. *Air & Space Smithsonian*. 2005, Vol. 20, No. 1.

Dannen, Gene. The Einstein-Szilard Refrigerators. *Scientific American*, 1997, Vol. 276, No. 1.

DeBenedetti, Charles edited. *Peace Heroes in Twentieth-Century America*. Bloomington: Indiana University Press, 1986.

Douglas, William. The Black Silence of Fear. *New York Times*, 1952 – 1 – 13.

Dr. Einstein Hits Soviet Scientists For Opposing 'World Government'. *New York Times*, 1948 – 1 – 30.

Dr. Einstein's Counsel. *New York Times*. 1954 – 11 – 11.

Dr. Macartney Says Einstein Can't Shake Faith of People. *New York Times*, 1930 – 11 – 17.

Dr. Ward Attacks Einstein Theories. *New York Times*, 1930 – 11 – 10.

Dryden, Hugh. The Scientist in Contemporary Life. *Science*, 1954, Vol. 120, No. 3130.

Duberman, Martin. *Paul Robeson*. New York: Alfred A Knopf, 1988.

Einstein Again Praises A Witness for Balking. *New York Times*, 1954 – 4 – 20.

Einstein Criticized, M'Carthy Says Giver of Such Advice Is 'Enemy of America'. *New York Times*, 1953 – 6 – 14.

Einstein Dies! Academic Freedom Was A Concern of Physicist. *The Daily Princetonian*, 1955 – 4 – 18, Vol. LXXIX, No. 51, extra.

Einstein Disputes Survival Battle. *New York Times*, 1936 – 10 – 16.

Einstein on Education. *The Nation and the Athenaeum*. 1921, Vol. 30, No. 10.

Einstein Urges World Government For Atomic Control to Avoid War. *New York Times*, 1945 – 10 – 27.

Einstein, Albert. *Ideas and Opinions*. New York: Crown Publishers, Inc, 1982.

Einstein, Albert. *Out of My Later Years*. Secaucus: The Citadel Press, 1956.

Einstein, Albert. Personal God Concept Causes Science-Religion Conflict. *The Science News-Letter*, Vol. 38, 1940.

Einstein, Albert. Science and God: A German Dialogue. *The Forum*, 1930, Vol. 83, No. 6.

Einstein, Albert. *The Collected Papers of Albert Einstein*, Vol. 10. *The Berlin Years: Correspondence, May-December* 1920 *and Supplementary Correspondence*, 1909—1920. Buchwald, Diana et al edited. Princeton: Princeton University Press, 2006.

Einstein, Albert. *The Collected Papers of Albert Einstein*, Vol. 12, *The Berlin Years: Correspondence, January-December* 1921. Buchwald, Diana et al edited. Princeton: Princeton University Press, 2009.

Einstein, Albert. What I Believe. *Forum and Century*, 1930, Vol. 84.

Einstein, Albert. Why Socialism. *Monthly Review*, 1949, Vol. 1, No. 1.

Einstein: Inventor of Camera Device. *New York Times*, 1936 – 11 – 27.

Einstein: The Plumber, A Conversation with Professor Cornelius Lanczos. *Hungarian Review*, 1979, No. 9.

Einstein's Article Scored and Praised. *New York Times*, 1930 – 11 – 17.

Einstein's Faith Defended. *New York Times*, 1930 – 11 – 10.

Einstein's Views On God Criticized. *New York Times*, 1940 – 9 – 15.

Eisinger, Josef. *Einstein on the Road*. New York: Prometheus Books, 2011.

Emery, Stephen. Scientist Einstein goes Unscientific on Socialism. *Weekly People*, 1949 – 12 – 31. http: //www. deleonism. org/text/ae000004. htm.

Engel, David. *Zionism*. Harlow: Pearson Education Limited, 2009.

Ferre, Frederick. Einstein on Religion and Science. *American Journal of Theology & Philosophy*, 1980, Vol. 1, No. 1.

Fine, Arthur. *The Shaky Game: Einstein, Realism and the Quantum Theory*, Chicago: The University of Chicago Press, 1986.

Folsing, Albrecht. *Albert Einstein: A Biography*. Translated by Ewald Osers.

New York: Viking, 1997.

For a World Government: Einstein Says This is Only Way to Save Mankind. *New York Times*, 1945 – 9 – 15.

Foster, John. Education and the Structural Crisis of Capital: the U. S. Case. *Monthly Review*, 2011, Vol. 63, No. 3.

Fowler, Dean. Einstein's Cosmic Religion. *Zygon*, 1979, Vol. 14, No. 3.

Fox, Kenneth. Einstein and McCarthy. *Physics Today*, 1980, Vol. 33, No. 5.

Frank, Philipp. *Einstein: His Life and Times*. New York: Alfred A Knopf, 1972.

Frank, Philipp. Einstein's Philosophy of Science. *Review of Modern Physics*, 1949, Vol. 21, No. 3.

French, A. P. , *Einstein: A Centenary Volume*. Cambridge: Harvard University Press, 1979.

Fried, Albert. *McCarthyism: The Great American Red Scare, A Documentary History*. New York: Oxford University Press, 1997.

Galison, Peter. and Holton, Gerald and Schweber, Silvan Edited. *Einstein For the 21st Century*. Princeton: Princeton University Press, 2008.

Gallup, George. *The Gallup Poll: Public Opinion* 1935—1971, Vol. 1, New York: Random House, 1972.

Gallup, George. *The Gallup Poll: Public Opinion* 1935—1971, Vol. 2, New York: Random House, 1972.

Gardner, Howard. *Creating Minds: an Anatomy of Creativity Seen Through the Lives of Freud, Einstein, Picasso, Stravinsky, Eliot, Graham, and Gandhi*. New York: Basicbooks, 1993.

Gimbel, Steven. *Einstein's Jewish Science*. Baltimore: The Johns Hopkins University Press, 2012.

Glick, Thomasf edited. *The Comparative Reception of Relativity*. Dordrecht: D. Reidel Publishing Company, 1987.

Golden, Frederic. Albert Einstein. *Time*, 1999 – 12 – 31, Vol. 154, No. 27.

Goldman, Robert. *Einstein's God*. Northvale: Jason Aronson Inc. , 1997.

Griffin-Beale, Christopher. *Christian Schiller: In His Own Words*. London: A & C Black Limited, 1984.

Grosz, Peter. Herr Dr. Prof. Albert Who? Einstein the Aerodynamicist That's Who! Or Albert Einstein and His Role in German Aviation in World War I. *W. W. Aero*, 1988, No. 118.

Hayes, Denis. What Einstein can Teach Us about Education. *Education*, 2007 – 3 – 13, Vol. 35, No. 2.

Heater, Derek. *World Citizenship and Government: Cosmopolitan Ideas in the History of Western Political Thought*. New York: St. Martin's Press, Inc., 1996.

Henry, Granville. *Christianity and the Images of Science*. Macon: Smyth & Helwys Publishing, Inc., 1998.

Hentschel, Klaus edited. *Physics and National Socialism*. Basel: Birkhauser Verlag, 1996.

Herman, Arthur. *Joseph McCarthy: Reexamining the Life and Legacy of America's Most Hated Senator*. New York: The Free Press, 2000.

Hermann, Armin. *The New Physics: The Route into the Atomic Age*. Munich: Inter Nationals Bonn-bad Godesberg, 1979.

Hermanns, William. *Einstein and the Poet: in Search of the Cosmic Man*. Brookline Village: Brander Press, Inc., 1983.

Hewlett, Richard and Anderson, Oscar. *A History of the United States Atomic Energy Commission: the New World*, 1939—1946. Pennsylvania: The Pennsylvania State University Press, 1962.

Hewson, Martin and Sinclair, Timothy edited. *Approaches to Global Governance Theory*. New York: State University of New York Press, 1999.

Hirsh-Pasek, Kathy and Golinkoff, Roberta. *Einstein Never Used Flash Cards*. Emmaus: Rodale, 2004.

Hoffmann, Banesh. *Albert Einstein: Creator and Rebel*. New York: The Viking Press, 1972.

Holden, Frank. *Mercury-Meter*. US 853—789, 1907 – 5 – 14.

Holton, Gerald and Elkana, Yehuda edited. *Albert Einstein: Historical and Cultural Perspectives*. Princeton: Princeton University Press, 1982.

Holton, Gerald. *Victory and Vexation in Science: Einstein, Bohr, Heisenberg, and Others*. Cambridge: Harvard University Press, 2005.

Howard, Don and Stachel, John edited. *Einstein: The Formative Years*, 1879—1909. Boston: Birkhauser, 2000.

Howard, Don. Einstein and Duhem. *Synthese*, 1990, Vol. 83.

Howard, Don. Was Einstein Really a Realist? *Perspectives on Science: Historical, Philosophical, Social*, 1993, Vol. 1, No. 2.

Huberman, Leo and Sweezy, Paul. *Introduction to Socialism*. New York: Modern Reader Paperbacks, 1968.

Hughes, Thomas. Einstein, Inventors, and Invention. *Science in Context*, 1993, Vol. 6, No. 1.

If Einstein Were Young Again, He Says, He'd Become a Plumber. *New York Times*, 1954 - 11 - 10.

Illy, Jozsef. *Albert Meets America: How Journalists Treated Genius during Einstein's 1921 Travels*. Baltimore: The Johns Hopkins University Press, 2006.

Illy, Jozsef. *The Practical Einstein: Experiments, Patents, Inventions*. Baltimore: The Johns Hopkins University Press, 2012.

Iram, Yaacov. Curricular and Structural Developments at the Hebrew University, 1928—1948. *History of Universities*, 1992, Vol. 11.

Jaeger, Lydia. *Einstein, Polanyi and the Laws of Nature*. West Conshohochen: Templeton Press, 2010.

Jammer, Max. *Einstein and Religion: Physics and Theology*. Princeton: Princeton University Press, 1999.

Jerome, Fred. *Einstein on Israel and Zionism*. New York: St. Martin's Press, 2009.

Jerome, Fred and Taylor, Rodger. *Einstein on Race and Racism*. New Brunswick: Rutgers University Press, 2005.

Johnsen, Julia compiled, *United Nations or World Government*. New York: The H. W. Wilson Company, 1947.

Josephson, Paul. *Physics and Politics in Revolutionary Russia*. Berkeley: University of California Press, 1991.

Jr. Robeson, Paul. *The Undiscovered Paul Robeson: Quest for Freedom*, 1939—1976. Hoboken: John Wiley & Sons, Inc. , 2010.

Kantha, Sachi Sri. *An Einstein Dictionary*. Westport: Greenwood Press, 1996.

Katz, Milton. *Ban the Bomb*. New York: Greenwood Press, 1986.

Kihss, Peter. Witness, on Einstein Advice, Refuses to Say if He Was Red. *New York Times*, 1953 – 12 – 17.

Kincheloe, Joe and Steinberg, Shirley and Tippins, Deborah. *The Stigma of Genius: Einstein, Consciousness and Education*. New York: Peter Lang Publishing, Inc. , 1999.

Kolinsky, Martin. Premeditation in the Palestine Disturbances of August 1929? *Middle Eastern Studies*, 1990, Vol. 26, No. 1.

Krass, Nathan. Einstein Excludes, I Would Include. *New York Times*, 1930 – 11 – 16.

Kung, Hans. *Does God Exist? —An Answer for Today*. Translated by Quinn, Edward. New York: Doubleday & Company, Inc. , 1980.

Lamport, Harold. Einstein Stand Criticized. *New York Times*, 1953 – 6 – 18.

Lanouette, William and Silard, Bela. *Genius in the Shadows: A Biography of Leo Szilard*. New York: Charles Scribner's Sons, 1992.

Laqueur, Walter. *A History of Zionism*. New York: Holt, Rinehart and Winston, 1972.

Laurence, William. Einstein Rallies Defense of Rights, in Replies on Eve of His 75th Birthday He Advocates Resistance to 'Inquisition'. *New York Times*, 19 54 – 3 – 14.

Letter From an Old Sweetheart. *Time*, 1953 – 6 – 22, Vol. 61, No. 25.

Levidow, Les. *Radical Science Essays*. London: Free Association Books, 1986.

Lilienthal, Alfred. *The Zionist Connection: What Price Peace?* New York: Dodd,

Mead & Company, 1978.

Lippmann, Walter. International Control of Atomic Energy. Dexter Masters and Katharine Way edited. *One World or None: A Report to the Public on the Full Meaning of the Atomic Bomb*, New York: Whittlesey House, 1946.

Litvinoff, Barnet. *To the House of Their Fathers: A History of Zionism.* New York: Frederick A. Praeger, Publishers, 1965.

Lunardini, Christine. *The American Peace Movement in the Twentieth Century.* Santa Barbara: Abc-Clio, Inc. , 1994.

M' Carthy Asserts Silence Convicts: Senator Says in TV Debate if Witness Invokes Constitution He Proves He is a Red. *New York Times*, 1953 - 6 - 22.

M' Carthy Tests Einstein Advice. *New York Times*, 1954 - 1 - 8.

Mandelbaum, Michael. *The Case For Goliath: How American Acts As The World's Government in the 21st Century.* New York: Public Affairs, 2005.

Mangone, Gerard. *The Idea and Practice of World Government.* New York: Columbia University Press, 1951.

Maymin, Phil. Einstein was Wrong When it Came to Socialism. *Fairfield Weekly*, 2010 - 10 - 7. http: //www. lewrockwell. com/maymin/maymin15. 1. html.

McCormmach, Russell. Editor's Foreword. *Historical Studies in the Physical Sciences*, 1976, Vol. 7.

Miller, Stephen. *Albert Shadowitz*, 88, *McCarthy Hearings Holdout.* https: // groups. google. com/forum/#! topic/alt. obituaries/puWnGy8262s.

Mitchell, Ralph. *Einstein and Christ: A New Approach to the Defence of the Christian religion.* Edinburgh: Scottish Academic Press, 1987.

Morgan, Ted. *Reds: McCarthyism in Twentieth-Century America.* New York: Random House, 2003.

Morrison II, Roy. Albert Einstein: The Methodological Unity Underlying Science and Religion. *Zygon*, 1979, Vol. 14, No. 3.

Moszkowski, Alexander. *Einstein: The Searcher—His Work Explained from Dialogues with Einstein.* Translated by Brose, Henry. London: Methuen & Co.

Ltd. , 1921.

Muste, A. J. Testifying Before Congress. *New York Times*, 1953 − 7 − 14.

Nadler, Steven. *Spinoza: A life.* Cambridge: Cambridge University Press, 1999.

Nathan, Otto and Norden, Heinz. *Einstein on Peace.* New York: Schocken Books, 1968.

O' Brien, Gail Williams. *The Color of the Law: Race, Violence and Justice in the Post-world War Ⅱ South.* Chapel Hill: The University of North Carolina Press, 1999.

O' Murchu, Diarmuid. *Quantum Theology.* New York: The Crossroad Publishing Company, 1997.

Pacek, Alexander and Radcliff, Benjamin. Assessing the Welfare State: The Politics of Happiness. *Perspectives on Politics*, 2008, Vol. 6, No. 2.

Pais, Abraham. *"Subtle is the Lord⋯" —The Science and the Life of Albert Einstein.* Oxford: Oxford University Press, 1982.

Palmer, C. B. Lead-Pipe Cinch. *New York Times*, 1954 − 11 − 21.

Paul, Iain. *Science and Theology in Einstein's Perspective.* Edinburgh: Scottish Academic Press, 1986.

Paul, Iain. *Science, Theology and Einstein.* New York: Oxford University Press, 1982.

Plesch, Janos. My Last Encounter with Einstein on 13th and 14th April 1955. *Notes and Records of the Royal Society of London*, 1995, Vol. 49, No. 2.

Plumber Einstein Happy, Scientist is Glad Chicago Local Didn't Mind His 'Sharp Remark'. *New York Times*, 1954 − 11 − 20.

Poppel, Stephen. *Zionism in Germany 1897—1933: The Shaping of a Jewish Identity.* Philadelphia: The Jewish Publication Society of America, 1977.

Powell, Corey. *God in the Equation.* New York: The Free Press, 2002.

Pyenson, Lewis. Einstein's Education: Mathematics and the Laws of Nature. *ISIS*, 1980, Vol. 71, No. 3.

Reiser, Anton. *Albert Einstein: A Biographical Portrait.* New York: Albert & Charles Boni, Inc. , 1930.

Religion of Good Urged by Einstein. *New York Times*, 1940 – 9 – 11.

Reves, Emery. *The Anatomy of Peace*. New York: Harper & Brothers Publishers, 1945.

Roper, Elmo et al. American Attitudes on World Organization. *The Public Opinion Quarterly*, 1953, Vol. 17, No. 4.

Rosenkranz, Ze'ev. *Einstein before Israel: Zionist Icon or Iconoclast?* Princeton: Princeton University Press, 2011.

Rowe, David and Schulmann, Robert. *Einstein on Politics*. Princeton: Princeton University Press, 2007.

Russell, Bertrand. *Free Thought and Official Propaganda*. Johnson's Court: Watts & Co. , 1922.

Ryan, Dennis. *Einstein and the Humanities*. New York: Greenwood Press, 1987.

Sachar, Howard. *A History of Israel: from the Rise of Zionism to Our Time*. New York: Alfred A. Knopf, 1996.

Sayen, Jamie. *Einstein in America: the Scientist's Conscience in the Age of Hitler and Hiroshima*. New York: Crown Publishers, Inc. , 1985.

Schilpp, Paul edited. *Albert Einstein: Philosopher-Scientist*. New York: Tudor Publishing Company, 1951.

Schrecker, Ellen. *Many are the Crimes: McCarthyism in America*. Boston: Little, Brown and Company, 1998.

Schrecker, Ellen. *The Age of McCarthyism: A Brief History with Documents*. New York: Bedford Books of St. Martin's Press, 1994.

Schulmann, Rebort. Einstein and Oppenheimer: The Meaning of Genius Book Review. *Physics Today*, 2009, Vol. 62, No. 4.

Schutz, Eric. *Markets and Power: the 21st Century Command Economy*. Now York: M. E. Sharpe, Inc. , 2001.

Science, Philosophy, and Religion; A Symposium. Conference on Science, Philosophy and Religion in Their Relation to the Democratic Way of Life, Inc. , New York, 1941.

Sears, David and Huddy, Leonie and Jervis, Robert edited. *Oxford Handbook of Political Psychology*. Oxford: Oxford University Press, 2003.

Shadowitz, Albert. *Special Relativity*. New York: Dover Publications, 1988.

Shadowitz, Albert. *The Electromagnetic Field*. New York: Dover Publications, 2012.

Shadowitz, Sarah. *Albert Shadowitz*, http://groups.yahoo.com/neo/groups/ParanormalGhostSociety/conversations/topics/9541.

Shaw, Bernard. *The Intelligent Woman's Guide to Socialism and Capitalism*. New York: Brentano's Publishers, 1928.

Simon, John. Albert Einstein, Radical: A Political Profile. *Monthly Review*, 2005, Vol. 57, No. 1.

Smith, Alice. *A Peril and a Hope: the Scientists' Movement in America* 1945—1947. Chicago: The University of Chicago Press, 1965.

Sorkin, Rafael and Schulmann, Robert. Einstein and Socialism. *Physics Today*, 2009, Vol. 61, No. 10.

Spencer, Millard. *Fluid-Conductor Motor*. US 1 − 792 − 449, 1931 − 2 − 10.

Spitz, David. Democracy and the Problem of Civil Disobedience. *The American Political Science Review*, 1954, Vol. 48, No. 2.

Stark, Johannes. The Pragmatic and the Dogmatic Spirit in Physics. *Nature*, 1938, Vol. 141, Issue 3574.

Stenger, Victor. *Quantum Gods: Creation, Chaos and the Search for Cosmic Consciousness*. New York: Prometheus Books, 2009.

Stern, Fritz. *Dreams and Delusions*. New York: Alfred A. Knopf, Inc., 1987.

Stone, Geoffrey. Free Speech in the Age of McCarthy: A Cautionary Tale. *California Law Review*, 2005, Vol. 93, No. 5.

Szilard, Leo. *The Collected Works of Leo Szilard*. Feld, Bernard and Szilard, Gertrud edited. London: The MIT Press, 1972.

Tannsjo, Torbjorn. *Global Democracy: The Case for a World Government*. Edinburgh: Edinburgh University Press, 2008.

Teacher Advised by Einstein is Out, Brooklyn Man Instructed Not to Testify by

Scientist and Five Others Ousted Here. *New York Times*, 1953 – 6 – 19.

The Editor Comments. *The Reporter*, 1954 – 11 – 18, Vol. 11, No. 9.

The Hebrew University of Jerusalem, Jerusalem, 1950.

The Times Published Einstein on Socialism. *New York Times*, 1931 – 2 – 24.

The World. *New York Times*, 1954 – 11 – 14.

Thoreau, Henry. *On the Duty of Civil Disobedience*. London: The Simple Life Press, 1903. http: //www. feedbooks. com/book/219/.

Tillich, Paul. The Religious Symbol. *Daedalus*, 1958, Vol. 87, No. 3.

Tipler, Frank. *The Physics of Christianity*. New York: Doubleday, 2007.

Trainer, Matthew. Albert Einstein's expert opinions on the Sperry vs. Anschutz gyrocompass patent dispute. *World Patent Information*, 2008, Vol. 30, No. 4.

Union Card for Einstein, Plumbers' Chief Promises him Honorary Membership. *New York Times*, 1954 – 11 – 11.

Union of Science and Democracy For Human Betterment Is Urged. *New York Times*, 1940 – 9 – 12.

Urey, Harold. The Atom and Humanity. *Science*, 1945, Vol. 102, No. 2653.

Vucinich, Alexander. *Einstein and Soviet Ideology*. Stanford: Stanford University Press, 2001.

Wainwright, Joel. Climate Change, Capitalism, and the Challenge of Transdisciplinarity. *Annals of the Association of American Geographers*, 2010, Vol. 100, No. 4.

Weart, Spencer and Szilard, Gertrud edited. *Leo Szilard: His Version of the Facts*. Cambridge: The MIT Press, 1978.

Weiss, Thomas. What Happened to the Idea of World Government. *International Studies Quarterly*, 2009, Vol. 53, No. 2.

Weizmann Pleads for Palestine Aid. *New York Times*, 1921 – 4 – 13.

Welles, Sumner. The Atomic Bomb and World Government. *The Atlantic Monthly*, 1946, Vol. 177.

Wendt, Alexander. Why a world state is Inevitable. *European Journal of Interna-*

tional Relations, 2003, Vol. 9, No. 4.

White, Theodore. U. S. Science: The Troubled Quest. *The Reporter*, 1954 − 9 − 14, Vol. 11, No. 4. And White, Theodore. U. S. Science: The Troubled Quest— II. *The Reporter*, 1954 − 9 − 23, Vol. 11, No. 5.

Whitney, Mike. Global Train-Wreck: The Great Credit Bust of 2008. *Socialism and Democracy*, 2008, Vol. 22, No. 2.

Williams, Juan. *Thurgood Marshall: American Revolutionary*. New York: Times Books, 1998.

Wittner, Lawrence. *Rebels Against War: the American Peace Movement* 1933— 1983. Philadelphia: Temple University Press, 1984.

Yoder, Andrew. Einstein and Education. *Education Theory*, 1968, Vol. 18, No. 1.

Yunker, James. *Rethinking World Government: A New Approach*. Lanham: University Press of America, Inc. 2005.

后　记

　　本书是 2011 年国家社会科学基金青年项目"爱因斯坦社会哲学思想及其价值研究（项目编号：11CZX016）"的研究成果。

　　首先感谢上海交通大学科学史与科学文化研究院江晓原教授、关增建教授、钮卫星教授等领导和老师。正是由于他们的支持，我获得了上海交通大学"骨干人才基金"的资助，使我可以在美国圣母大学访问半年，从而得以利用圣母大学图书馆丰富的藏书，也可以在半年的时间里安心地从事课题研究。

　　感谢清华大学刘兵教授。刘老师是我的博士导师，博士毕业之后，刘老师仍然关心着学生的成长，督促学生认真做好教学与科研工作。刘老师渊博的学识、敏锐的洞察力，以及对学术的热情，一直是我学习的榜样。感谢上海交通大学李侠教授的指导和帮助。侠哥性情豪爽、思想深刻、助人为乐，能与这样的良师益友共事真乃人生一大幸事。

　　感谢南京大学蔡仲教授。蔡老师是我的硕士导师，虽然硕士毕业之后很少再当面向蔡老师请教，但有困惑之处还总是去打扰蔡老师。正是蔡老师把我领进学术研究的殿堂，让我感受到了学术的乐趣与魅力。

　　感谢美国圣母大学 John J. Reilly Center for Science Technology and Values 主任霍华德（Don Howard）教授。2008 年，当我受国家留学基金委的资助，以联合培养博士生的身份来到圣母大学访问时，霍华德教授给予我无私、热情的帮助，使我的博士论文得以顺利完成。2013 年再次造访，霍华德教授仍然继续关心、指导我的研究，令我受益匪浅。

　　感谢同济大学马克思主义学院的丁晓强教授、张劲教授、田晖教授、李占才教授、王滨教授、胡春风教授、胡晓静老师和黄敏斐老师。在同济大学工作的两年里，得到各位领导和老师的鼓励和帮助，真的很感谢他们。

感谢中国矿业大学曹巍老师、徐黎华老师、殷实老师以及原来在中国矿业大学一起共事的领导和朋友。虽然离开矿大多年，但大家一如既往地关心、支持我，使我备感温暖。

感谢课题组成员吴红、史斌、李春敏的大力支持与配合。没有大家的共同努力，本课题也不可能按期完成。课题组成员为本书的写作提出了很好的建议，令我受益良多。对于书中的不当之处，自然由我本人负责。

感谢美国圣母大学商学院 Jerry Wei 教授、化工系张勇博士后、哲学系陈勃杭博士，他们的热情帮助使我在美国学习的半年里过得非常愉快。

最后，我必须感谢中国社会科学出版社郭晓鸿和慈明亮两位老师。他们耐心细致的工作态度令我非常感动，也使本书增色不少。

感谢我的家人的支持与理解。希望我的努力与取得的小小成绩能够给他们带来些许慰藉。

虽然作者尽了很大的努力，但由于能力有限，书中不当之处恳请各位专家、读者批评指正。

杜严勇

2014 年 12 月